# 信息化教学项目实践

祝爱芬 著

吉林出版集团股份有限公司
全国百佳图书出版单位

图书在版编目（CIP）数据

信息化教学项目实践 / 祝爱芬著 . -- 长春：吉林出版集团股份有限公司，2021.12（2023.1 重印）
ISBN 978-7-5731-1189-0

Ⅰ.①信… Ⅱ.①祝… Ⅲ.①中小学-计算机辅助教学-教学研究 Ⅳ.①G434

中国版本图书馆 CIP 数据核字（2021）第 271191 号

## 信息化教学项目实践
XINXIHUA JIAOXUE XIANGMU SHIJIAN

| 著　　者 | 祝爱芬 |
| --- | --- |
| 责任编辑 | 杨亚仙 |
| 装帧设计 | 万典文化 |

| 出　　版 | 吉林出版集团股份有限公司 |
| --- | --- |
| 发　　行 | 吉林出版集团社科图书有限公司 |
| 地　　址 | 吉林省长春市南关区福祉大路 5788 号　邮编：130118 |
| 印　　刷 | 唐山富达印务有限公司 |
| 电　　话 | 0431-81629711（总编办） |
| 抖 音 号 | 吉林出版集团社科图书有限公司 37009026326 |

| 开　　本 | 787 mm×1092 mm　1/16 |
| --- | --- |
| 印　　张 | 13 |
| 字　　数 | 300 千字 |
| 版　　次 | 2021 年 12 月第 1 版 |
| 印　　次 | 2023 年 1 月第 2 次印刷 |

| 书　　号 | ISBN 978-7-5731-1189-0 |
| --- | --- |
| 定　　价 | 48.00 元 |

如有印装质量问题，请与市场营销中心联系调换。0431-81629729

# 前言

信息化教学能力是指教师应用以计算机、网络为核心的信息技术进行教育教学的能力，是信息化社会教师必备的专业能力。2010年7月29日发布的《国家中长期教育改革和发展规划纲要（2010－2020）》指出："信息技术对教育发展具有革命性影响……到2020年，基本建成覆盖城乡各级各类学校的教育信息化体系，促进教育内容、教学手段和方法现代化。"信息技术在教育教学中得到普遍应用，为学生的学习和发展营造了丰富多彩的信息化学习环境，提供了优质的信息化学习资源，成为学生学习的认知工具，逐步实现了教学内容的呈现方式、学生的学习方式和师生互动方式的变革，信息技术对教育教学产生了深远影响。因此，无论是各级各类学校中的教师，还是教师的后备力量——在校师范生都应该具备相应的信息化教学能力，能够运用信息技术革新教学，取得更优的教学效果。

2014年5月，教育部颁布了《中小学教师信息技术应用能力标准（试行）》，《标准》对中小学教师在教育教学和专业发展中应用信息技术提出了基本要求和发展性要求，其中应用信息技术优化课堂教学的能力是基本要求，应用信息技术转变学习方式的能力为发展性要求。这两类能力构成了完整的信息化教学能力。同年6月，教育部办公厅下发了《中小学教师信息技术应用能力培训课程标准（试行）》，要求实施主题式培训，强化任务驱动，突出实践导向。针对上述两大类信息化教学能力，设置了"应用信息技术优化课堂教学"和"应用信息技术转变学习方式"两大系列课程共计24个主题。

本书作者在深入研究上述标准和文件的基础上，结合近十年来师范生信息技术应用能力培养的经验，充分考虑教师在日常教学中对信息技术的需求，总结归纳了5大模块13个信息化教学实践项目，这些模块和项目有助于提高在校师范生和在职教师的信息技术应用水平，提升其信息素养，使其更好地适应信息化教学和教育信息化进程的需要。

本书有如下特点：

（1）全书贯穿了项目化教学思路。内容围绕《中小学教师信息技术应用能力标准（试行）》，紧密结合中小学教师的信息化教学能力需求，精心设计模块和项目内容，列出了项目目标和所需环境条件。

（2）突出了实践性和实用性。通过各模块项目的实施，能切实增强师范生和在职教师的信息化教学动手操作能力和实践运用能力。

（3）创新了项目化教学的评价方式。各项目进行过程中，师生拿出适量时间开展学生自评、组间互评和教师评价，确定学生各项目的最终成绩，各项目按照一定占比，确定课程总成绩。这种评价方式更能客观准确地衡量学生的学习表现，而且简单高效、易于操作。

本书是泰山学院教师教育研究专项课题《泰山学院师范生信息技术应用能力培养模式研究》的阶段性成果（项目编号：JY-02-201931），作者多年来从事师范生信息化教学能力培养和研究，在师范生信息化教学能力培养内容、思路、过程方法和考核评价方面有一定独到的见解，希望能对提升师范生和在职教师的信息化教学能力有一定助力。

本书写作过程中参考借鉴了大量专家、学者的相关论著和网络资源，前人的观点和做法给予作者很多启发和灵感，在此表示衷心感谢。同时感谢对本书写作和出版提供支持和帮助的各位同事、书稿编辑和其他工作人员。

由于作者水平有限，书中难免有不足之处，敬请广大读者批评指正。

作　者

2021 年 11 月

# 目 录

## 模块一　信息化教学设备的操作及运用

### 项目一　交互一体机的操作及运用 ················································ 2
1　项目目标 ································································································ 2
2　项目环境与条件 ···················································································· 3
3　项目实施 ································································································ 3
  3.1　交互一体机设备操作 ································································ 3
  3.2　交互一体机备授课软件 ···························································· 4
  3.3　交互一体机的周边软件 ·························································· 11
4　项目评价 ······························································································ 13

### 项目二　智慧教室的操作及运用 ···················································· 15
1　项目目标 ······························································································ 16
2　项目环境与条件 ·················································································· 16
3　项目实施 ······························································································ 16
  3.1　智慧教室的系统构成 ······························································ 16
  3.2　智慧课堂教学软件平台 ·························································· 18
  3.3　智慧教室的教学应用案例 ······················································ 24
4　项目评价 ······························································································ 28

## 模块二　信息化教学素材采编

### 项目一　文本素材 ············································································ 30
1　项目目标 ······························································································ 30
2　项目环境与条件 ·················································································· 30
3　项目实施 ······························································································ 30
  3.1　文本理论知识 ·········································································· 30
  3.2　文本素材的获取 ······································································ 31
4　项目评价 ······························································································ 35

## 项目二　图形图像素材 ································································ 36
### 1　项目目标 ································································ 36
### 2　项目环境与条件 ························································ 36
### 3　项目实施 ································································ 37
#### 3.1　图形图像理论知识 ················································ 37
#### 3.2　图形图像素材的获取 ·············································· 39
#### 3.3　图形图像素材的处理 ·············································· 41
### 4　项目评价 ································································ 45

## 项目三　音频素材 ································································ 47
### 1　项目目标 ································································ 47
### 2　项目环境与条件 ························································ 47
### 3　项目实施 ································································ 48
#### 3.1　音频理论知识 ······················································ 48
#### 3.2　音频素材的获取 ···················································· 49
#### 3.3　音频素材的编辑 ···················································· 50
### 4　项目评价 ································································ 58

## 项目四　视频素材 ································································ 59
### 1　项目目标 ································································ 59
### 2　项目环境与条件 ························································ 59
### 3　项目实施 ································································ 59
#### 3.1　视频理论知识 ······················································ 59
#### 3.2　视频素材的获取 ···················································· 61
#### 3.3　视频素材的编辑 ···················································· 65
### 4　项目评价 ································································ 67

## 项目五　动画素材 ································································ 68
### 1　项目目标 ································································ 68
### 2　项目环境与条件 ························································ 68
### 3　项目实施 ································································ 68
#### 3.1　动画理论知识 ······················································ 68
#### 3.2　二维动画的获取 ···················································· 69
### 4　项目评价 ································································ 74

# 模块三　信息化教学资源制作

## 项目一　互动式课件制作 …………………………………………………… 76
### 1　项目目标 ………………………………………………………………… 76
### 2　项目环境与条件 ………………………………………………………… 77
### 3　项目实施 ………………………………………………………………… 77
#### 3.1　互动式课件基础 …………………………………………………… 77
#### 3.2　课堂互动功能 ……………………………………………………… 78
#### 3.3　互动式课件的制作与评价 ………………………………………… 88
### 4　项目评价 ………………………………………………………………… 97

## 项目二　微课课件制作 ……………………………………………………… 98
### 1　项目目标 ………………………………………………………………… 98
### 2　项目环境与条件 ………………………………………………………… 98
### 3　项目实施 ………………………………………………………………… 99
#### 3.1　微课理论基础 ……………………………………………………… 99
#### 3.2　录屏式微课的制作与评价 ………………………………………… 106
#### 3.3　微课的后期编辑 …………………………………………………… 112
### 4　项目评价 ………………………………………………………………… 117

# 模块四　信息化教学工具

## 项目一　思维导图 …………………………………………………………… 120
### 1　项目目标 ………………………………………………………………… 120
### 2　项目环境与条件 ………………………………………………………… 120
### 3　项目实施 ………………………………………………………………… 121
#### 3.1　思维导图基础理论 ………………………………………………… 121
#### 3.2　手工绘制思维导图 ………………………………………………… 123
#### 3.3　软件绘制思维导图 ………………………………………………… 125
#### 3.4　思维导图的教学应用 ……………………………………………… 129
### 4　项目评价 ………………………………………………………………… 134

## 项目二　雨课堂 ……………………………………………………………… 135
### 1　项目目标 ………………………………………………………………… 135
### 2　项目环境与条件 ………………………………………………………… 135

3　项目实施 ……………………………………………………………… 136
　　　　3.1　雨课堂功能及操作 ……………………………………………… 136
　　　　3.2　雨课堂教学应用 ………………………………………………… 156
　　4　项目评价 ……………………………………………………………… 159

# 模块五　在线课程建设及应用

## 项目一　超星在线课程建设 …………………………………………… 162
　　1　项目目标 ……………………………………………………………… 162
　　2　项目环境与条件 ……………………………………………………… 162
　　3　项目实施 ……………………………………………………………… 163
　　　　3.1　创建课程 ………………………………………………………… 163
　　　　3.2　添加班级和学生 ………………………………………………… 168
　　　　3.3　创设课堂互动 …………………………………………………… 170
　　　　3.4　超星课程的管理与统计 ………………………………………… 178
　　4　项目评价 ……………………………………………………………… 187

## 项目二　超星在线课程教学应用 ………………………………………… 188
　　1　项目目标 ……………………………………………………………… 188
　　2　项目环境与条件 ……………………………………………………… 188
　　3　项目实施 ……………………………………………………………… 188
　　　　3.1　基于超星在线课程的翻转教学 ………………………………… 188
　　　　3.2　基于超星在线课程的项目式教学 ……………………………… 192
　　4　项目评价 ……………………………………………………………… 196

# 参考文献 ……………………………………………………………………… 198

# 模块一　信息化教学设备的操作及运用

随着信息技术的发展和国家"三通两平台"的建设，各级各类学校教学环境的信息化程度越来越高，信息化教学媒体设备越来越多，如交互一体机、智慧教室、电子书包、自动录播教室等，这些信息化教学设备是实现信息技术与教育教学深度融合、利用技术变革教育的物质基础。

# 项目一　交互一体机的操作及运用

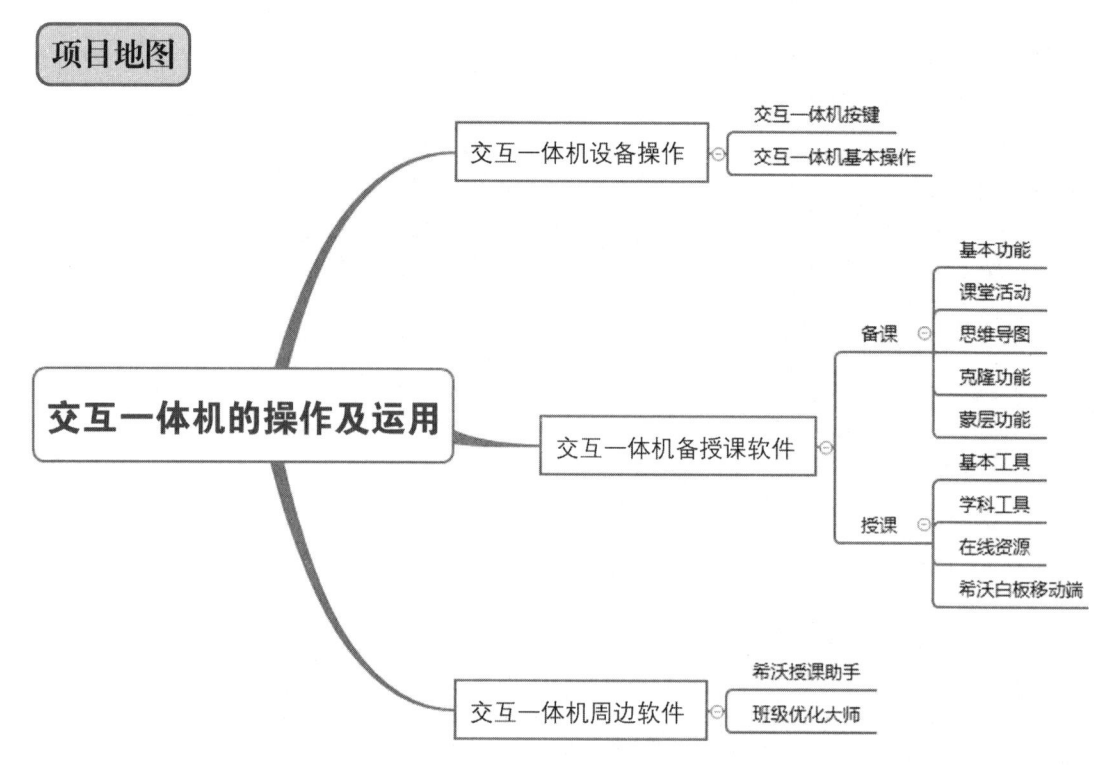

项目地图

```
                                                    ┌─ 交互一体机按键
                        ┌─ 交互一体机设备操作 ──┤
                        │                           └─ 交互一体机基本操作
                        │
                        │                                    ┌─ 基本功能
                        │                                    ├─ 课堂活动
                        │                              备课  ├─ 思维导图
                        │                                    ├─ 克隆功能
交互一体机的操作及运用 ─┼─ 交互一体机备授课软件 ──┤      └─ 蒙层功能
                        │                                    ┌─ 基本工具
                        │                              授课  ├─ 学科工具
                        │                                    ├─ 在线资源
                        │                                    └─ 希沃白板移动端
                        │
                        │                           ┌─ 希沃授课助手
                        └─ 交互一体机周边软件 ──┤
                                                    └─ 班级优化大师
```

　　交互一体机，也称作多媒体教学一体机、触摸一体机或交互式智能平板，是目前中小学课堂中最主要的教学媒体，作为一种新兴的多媒体互动终端，它融交互式电子白板、投影仪、电脑、功放、音箱、电视、中控系统等设备功能为一体，具备书写、批注、绘画、学科教学、课堂互动等功能。

　　交互一体机品牌众多，目前市场占有率较高的品牌有希沃（seewo）、鸿合（Hite Vision）、斯马特（SMART）、东方中原（Donview）等，各品牌交互式一体机都有相应的白板软件，比如希沃的希沃白板5软件、鸿合的鸿合π交互式教学软件、斯马特的Notebook等，功能各有所长，但操作大同小异，都能满足互动教学的需要。这里以希沃交互一体机及相关软件为例进行介绍。

## 1　项目目标

（1）了解交互一体机面板上各按键的功能，能熟练操作一体机设备，熟练地进行鼠标和键盘操作。

（2）掌握希沃白板5软件备课和授课模式下的各类功能，并能熟练操作。

（3）掌握希沃授课助手和班级优化大师的主要功能，并能熟练操作。

## 2　项目环境与条件

（1）配备交互一体机和多台学生电脑的多媒体网络教室，网络通畅，学生电脑有无线网卡。

（2）交互一体机和学生电脑安装希沃白板5、希沃授课助手和班级优化大师电脑端软件。

（3）学生自备智能手机，安装希沃白板5、希沃授课助手和班级优化大师手机端软件，手机流量充足。

## 3　项目实施

### 3.1　交互一体机设备操作

【任务】

(1) 了解交互一体机上各按键的功能，并能根据教学需要灵活设置和操作。

(2) 在交互一体机屏幕上完成鼠标单击、右击和双击操作。

(3) 调出虚拟键盘，切换到需要的输入法，尝试进行文字输入。

【知识储备】

#### 3.1.1　交互一体机按键

希沃交互一体机前方面板按键如图1-1-1所示。

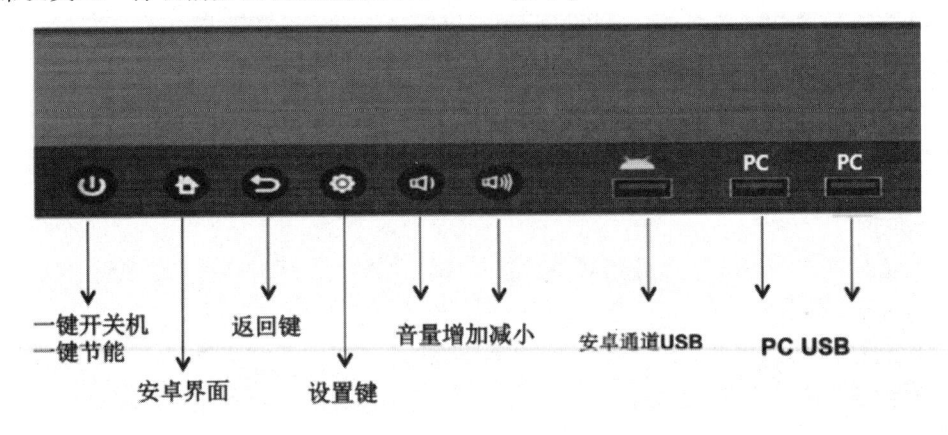

图1-1-1　交互一体机主要按键介绍

（1）一键开关机：设备通电后，该键呈红色，轻按一下，一键开机，该键变成蓝色。长按该键，弹出"关机"对话框，确定后即可关机，该键呈红色。

（2）一键节能：轻按该键，交互一体机进入待机节能状态，该键呈蓝红闪烁状态。需要继续使用时，只需要轻敲一体机屏幕即可。

（3）安卓界面：如果交互一体机的PC系统出现问题，为了不影响教学，可以按下该键进入安卓系统。

（4）设置键：按下"设置键"，可以打开"常用设置"对话框（如图1-1-2），对设备进行设置。最常见的设置是切换交互一体机的通道，包括一体机内置PC系统、安卓系统、电视通道、外接电脑通道等。另外，还可以进行音量、亮度、分辨率等调整。

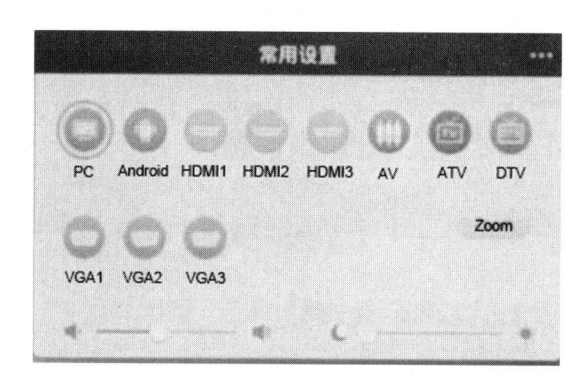

图 1-1-2　交互一体机"设置"对话框

### 3.1.2　交互一体机基本操作

（1）鼠标操作

用一根手指或书写笔在一体机屏幕上轻按一下，相当于按下鼠标左键，可以选中一个对象。

用一根手指或书写笔在一体机屏幕上长按2-3秒，出现小圆圈，相当于按下鼠标右键，可以打开右键快捷菜单。

用一根手指或书写笔在一体机屏幕上快速按两下，相当于鼠标左键双击操作，可以打开一个对象。

（2）键盘操作

打开 Word 文档或 PowerPoint 演示文稿，定位光标，此时在交互一体机左上角出现一个白条，点击白条并往外拖拽，就可以调出虚拟键盘，进行文字输入。

键盘输入法的切换方法为：同时按下 Shift 和 Ctrl 键，再按一次 Ctrl 键，就可以切换输入法了。

## 3.2　交互一体机备授课软件

【任务】

（1）在"希沃白板5"备课模式下，尝试插入文本、系统自带或自己绘制的形状、各类多媒体和表格。

（2）在"希沃白板5"备课模式下，尝试各类课堂活动的创建过程，并根据教学需要设计相应的课堂活动。

（3）在"希沃白板5"备课模式下，尝试制作学科教学思维导图。

（4）熟悉克隆和蒙层功能的基本用法，应用相应功能设计教学活动。

（5）熟练操作希沃白板的各类授课工具，包括基本工具、学科工具和在线资源。

（6）尝试应用希沃白板移动端软件实现移动教学。

【知识储备】

在希沃白板官网下载"希沃白板5"电脑端和移动端软件并安装。

### 3.2.1　备课

在电脑桌面上双击打开"希沃白板5"主程序，注册账号后登录进入"希沃云课件"界面，单击"新建课件"按钮，就可以进入备课界面（如图1-1-3）。希沃白板5备课界面与 Microsoft Office PowerPoint 有些类似，保留了 PowerPoint 中备课最需要的一些功能，摒弃了不常用的功能。

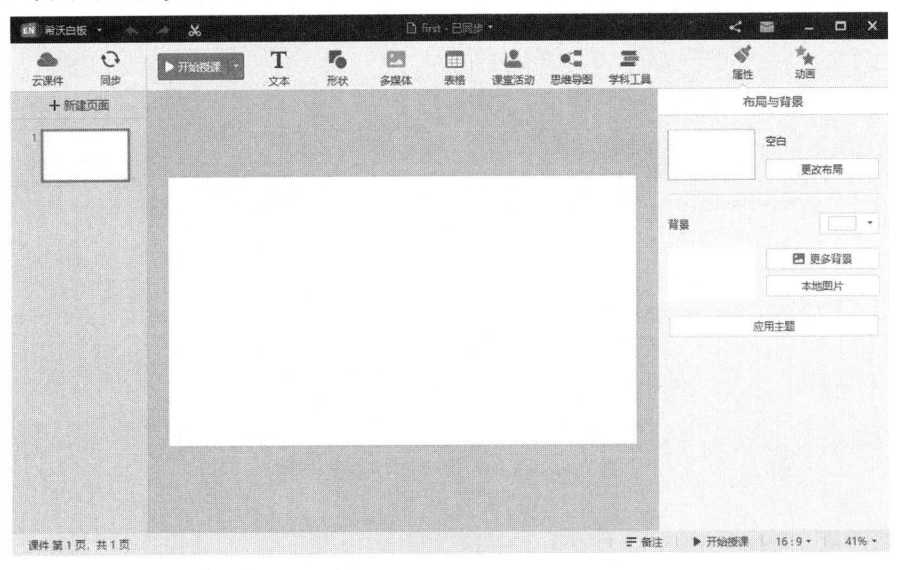

图1-1-3 希沃白板5备课界面

(1) 基本功能

界面顶端的"文本""形状""多媒体""表格"按钮是备课最基本、最常用的功能，分别用于在课件中插入文本，插入系统自带的或自由绘制的形状，插入图片、音频、视频等多媒体素材，插入表格。

(2) 课堂活动

单击"课堂活动"按钮，可以根据教学内容和教学设计添加必要的课堂交互活动。这些课堂活动既可以巩固、检测课堂上学习的知识内容，也可以活跃课堂氛围、激发学生的学习兴趣和学习积极性，还能培养学生积极参与课堂、积极思维的意识、行为和习惯。课堂活动包括趣味分类、超级分类、选词填空、知识配对、分组竞争、判断对错等六大类别，如图1-1-4所示。

【案例】：趣味分类活动

①单击希沃白板5备课界面顶端的"课堂活动"按钮，进入课堂活动界面（如图1-1-4）。单击"趣味分类"类别，选择一个适合的模板，此处选择"梦幻岛屿"。

②单击右下角的"应用"按钮，进入"趣味分类"活动的编辑界面（如图1-1-5）。

③在左侧类别"名称"中输入"CITY"，"子类别"中输入"Beijing Washington D. C. Paris London Ottawa"；右侧类别"名称"中输入"COUNTRY"，"子类别"中输入"China the U. S. France Canada Australia"；左下角可以选择活动模式，竞技模式允许多个学生先后参与活动、计分排行，设置后的界面如图1-1-6；单击右侧的"完成"按钮，完成趣味分类活动的编辑。

④此时页面效果如图1-1-7所示，进入授课模式学生即可参与课堂活动。

不同类别的课堂活动创建方式略有不同，这里仅介绍"趣味分类"活动的创建过程，其他类别的课堂活动请自行探究。

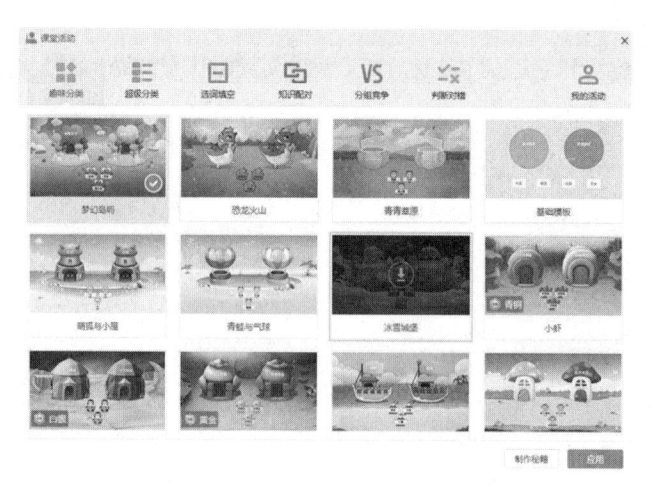

图1-1-4　希沃白板5课堂活动

图1-1-5　趣味分类活动编辑界面

图1-1-6　趣味分类活动设置

(3) 思维导图

单击"思维导图"按钮，可以创建学科教学思维导图（如图1-1-8），将复杂的学科知识用思维导图形式简洁地概括出来。教师授课时可以一级一级地展开、讲授，有利于

图1-1-7 趣味分类活动界面

提高学生注意力、激发学生思维。思维导图的每个节点可以添加多媒体、备注、联系、超链接、遮罩，拓展了思维导图的内容含量。

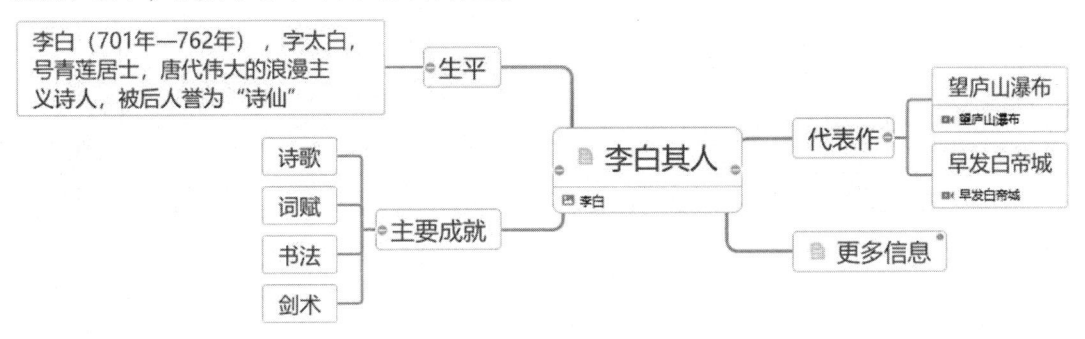

图1-1-8 思维导图效果

（4）克隆功能

克隆是希沃白板课件常用的一种交互功能，设置了克隆的多媒体对象可以被无限量地复制粘贴，应用克隆功能可以设计一些有趣的人机交互活动，起到增强课堂趣味性、激发学生思维的作用。

【案例】：词语辨析

①在白板课件页面上输入相应文本，设置合适的样式，效果如图1-1-9所示。

②选中下方标红的三个词语右击，在弹出的快捷菜单中依次单击"更多操作""打开授课克隆模式"（如图1-1-10），此时三个词语已经具备克隆功能。课件切换到授课模式，即可预览克隆效果。

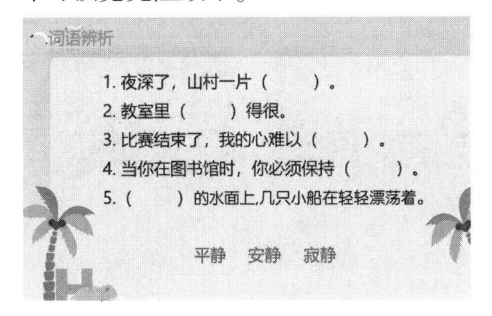

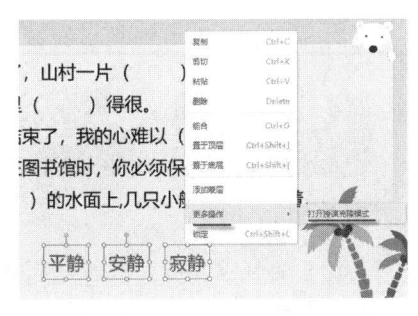

图1-1-9 词语辨析初始效果　　　　图1-1-10 打开授课克隆模式

（5）蒙层功能

蒙层功能也是希沃白板课件常用的交互功能，它可以使教学内容按照教师的教学思路随机显示，起到了设置悬念、引发学生独立思考的作用。为某个多媒体对象（比如文本、形状、图片等）添加蒙层后，开始授课伊始，该对象是不显示的，使用授课工具"橡皮"擦除蒙层，该对象方可显示。

【案例】：Which country?

①在希沃白板课件页面上，插入相关文本、素材图片，设置合适的样式，效果如图1-1-11所示。

图1-1-11 蒙层功能1

②插入"China、Australia、Britain、America"四个文本，确保这四个文本在相应图片的上一层级，设置合适的样式，效果如图1-1-12所示。

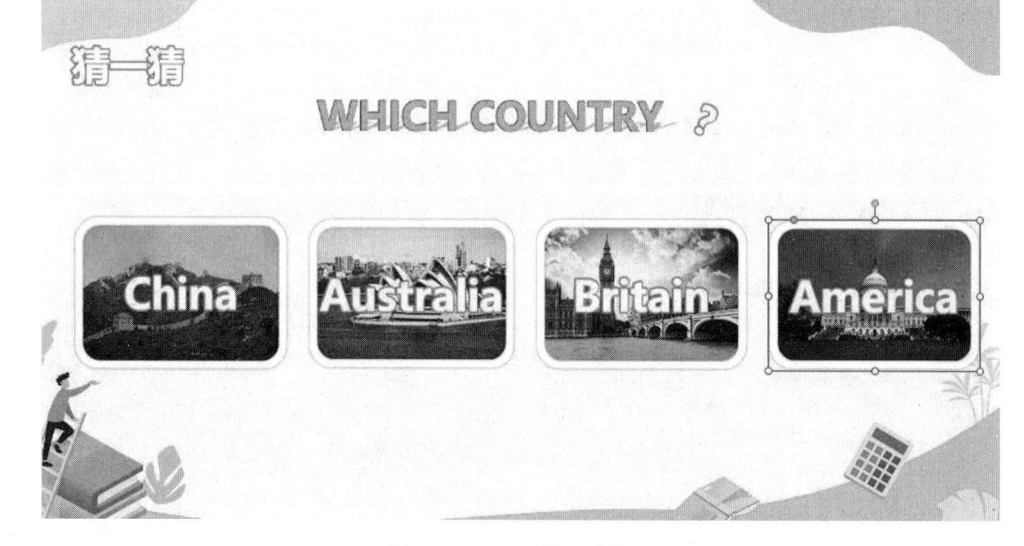

图1-1-12 蒙层功能2

③选中四个文本对象右击,在弹出的快捷菜单中单击"添加蒙层"命令(如图1-1-13),设置蒙层的对象位置处出现"点击【开始授课】后,使用【橡皮】擦除蒙层以显示内容"字样,蒙层设置完成。

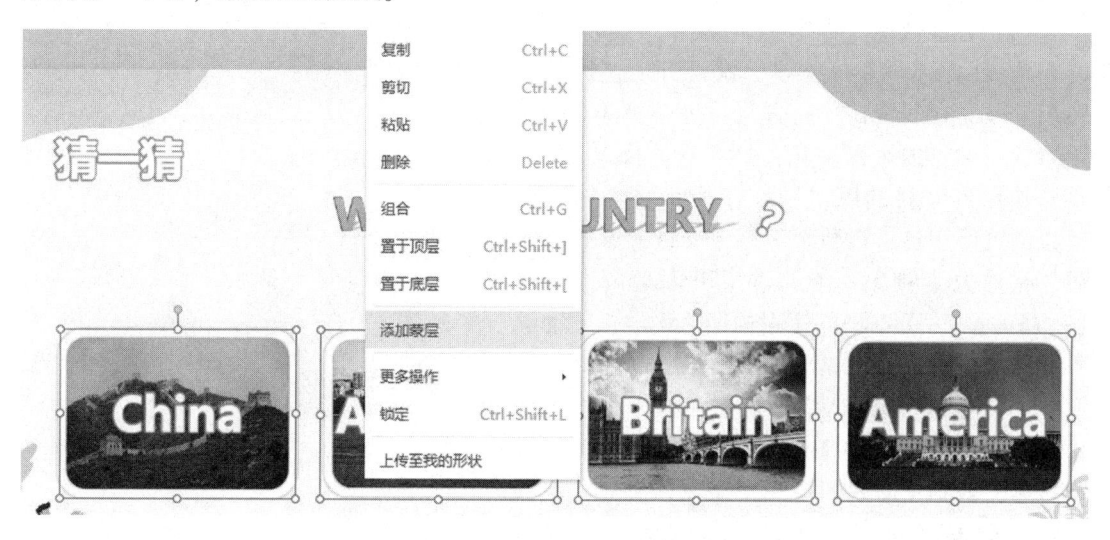

图1-1-13 蒙层功能3

### 3.2.2 授课

单击希沃白板备课页面右下角"开始授课"按钮,进入授课页面,此时白板课件全屏显示,下方出现图1-1-14所示的授课工具栏。

图1-1-14 希沃白板授课工具栏

(1)基本工具

【选择】用于选中课件页面上的对象;【笔】用于课件批注;【橡皮】用于擦除对象;【板中板】提供了一块电子白板,供教师书写板书、记录重点难点之用,可以创建无限多个电子板书页面,并且可以全部保存成图片形式;【录制胶囊】可以方便地录制讲课视频;单击【更多】按钮,出现更多的授课工具(如图1-1-15)。

(2)通用工具

使用希沃白板5软件授课时,可以根据教学需要使用板中板、计时、放大镜、截图、形状等教学通用工具。

(3)学科工具

希沃白板提供了语文、数学、英语、

图1-1-15 更多授课工具

美术、化学、地理、音乐等各学科的实用小工具（如图1-1-15），如汉字、拼音、古诗词、函数、几何、尺规、听写、英汉字典、画板、化学方程、星球、乐器等，这些小工具都是立足于实际教学需求开发的，在相关学科教学中发挥了积极的辅助作用。

（4）在线资源

希沃白板除了用于备课、授课外，还提供了各门学科的在线资源。打开【课程视频】，可以观看各门学科的微课视频；打开【题库】，可以浏览使用各学科的练习题；打开【数学画板】，可以浏览使用各学段数学学科重难点演示的小动画，化抽象为具象，帮助学生巩固理解；打开【仿真实验】，可以浏览使用物理、化学、生物学科的二维仿真实验，提高动手操作能力。

（5）希沃白板移动端

希沃白板移动端与电脑端相配合可以实现移动教学，教师不需要固守在交互一体机旁，在教室的任一角落都能够操作课件。希沃白板移动端界面如图1-1-16所示，从图中可以看出，移动端与电脑端一样，都可以访问并浏览云课件。如果电脑端已经打开了某个课件，在移动端界面顶端会有"移动授课"的文字提示，点击即可进行移动教学。

图1-1-16　希沃白板移动端界面

此时，电脑端课件全屏放映，移动端授课界面如图1-1-17所示，单击上下箭头即可切换页面。单击右上角的图标，弹出如图1-1-18所示的工具栏。【批注】工具用于在课件上批注，手机端和电脑端同步显示；【相机】和【摄像】工具可以静止图片或实时视频的方式在交互一体机屏幕上展示课堂活动；【传屏】工具可将手机屏幕投屏到电脑。

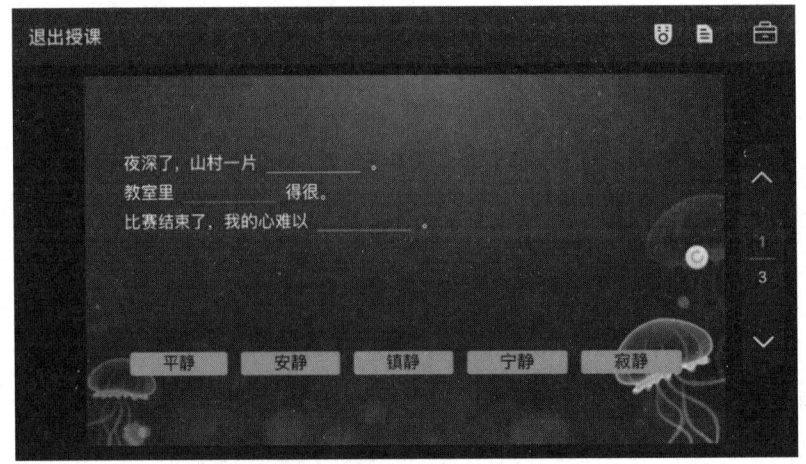

图1-1-17　希沃白板移动端授课界面

图1-1-18　移动授课工具栏

## 3.3 交互一体机的周边软件

**【任务】**
（1）下载并安装希沃授课助手电脑端和移动端，互相连接后，尝试移动展台、演示课件、屏幕同步、文件上传、触控板五大功能。
（2）下载并安装班级优化大师电脑端软件，尝试随机抽选学生和实时点评等功能。

**【知识储备】**

### 3.3.1 希沃授课助手

希沃授课助手是希沃推出的基于无线 Wi-Fi、实现移动端与电脑端互联互动的软件，通过移动端的操作，可以实现电脑端课件放映控制、屏幕同步、文件传输、移动展台和遥控操作电脑等功能。在浏览器中打开网址 http：//e. seewo. com/product/seewolink，即可下载安装软件的电脑端和移动端。电脑端界面如图 1-1-19 所示。

图 1-1-19 希沃授课助手电脑端界面

智能移动端（包括智能手机、平板电脑）必须和电脑端处于同一 Wi-Fi。可以通过三种方式实现：第一种是最理想的方式，即教室内有无线网络，电脑端和移动端都连接同一个 Wi-Fi；第二种情况是电脑端通过有线网络联网，在希沃授课助手电脑端界面中选中"启动热点"复选框（如图 1-1-19），此时软件会生成一个 Wi-Fi 热点，同时显示登录热点的密码，移动端连接该热点，即可实现电脑端和移动端处于同一 Wi-Fi；第三种情况是电脑端不能上网，这时可以使用智能手机的流量实现同一 Wi-Fi 的要求。智能手机开启流量，打开个人热点，设置好 Wi-Fi 密码，安装有无线网卡的电脑端连接该热点即可。这三种方式都能实现电脑端和移动端处于同一 Wi-Fi，一定程度上保证了在不同的教学环境和条件下都能正常使用希沃授课助手。

确定电脑端和移动端处于同一 Wi-Fi 后，使用希沃授课助手移动端扫描电脑端界面的二维码后即可实现两端的相互连接，可以正常使用希沃授课助手的功能。移动端与电脑端连接成功后，希沃授课助手移动端界面如图 1-1-20 所示。

**【移动展台】**：以静止图片或实时视频的方式展示课堂活动。
**【演示课件】**：在手机端控制电脑端希沃白板课件或 PPT 课件的放映，并实时批注。

【触控板】：手机变身为鼠标，远程遥控操作电脑。

【屏幕同步】：既可将手机屏幕投屏到电脑端，也可将电脑屏幕投屏到手机端。

【文件上传】：利用手机上传多幅图片或视频到电脑端。

### 3.3.2 班级优化大师

班级优化大师是希沃研发的一种游戏化课堂管理工具。多位老师可同步管理班级，网页端、手机端、PC 端均可使用。上课时，可以随机抽选多位同学或小组回答问题并实时点评，激发学生的好胜心，优化课堂氛围，创造更加积极的课堂。学生的课堂表现可以记录下来，以报表的形式发送给家长，家校合作，共同帮助学生成长。此外，班级优化大师还有发送通知、收发作业、打卡等功能。

图 1-1-20 希沃授课助手移动端界面

（1）电脑端软件安装

登录班级优化大师官网（https://care.seewo.com），下载并安装电脑端软件。

（2）电脑端功能操作

在电脑上登录班级优化大师后，会呈现如图 1-1-21 所示的界面。切换到光荣榜，就可以随机抽取学生并进行实时点评了（如图 1-1-22、1-1-23 所示）。

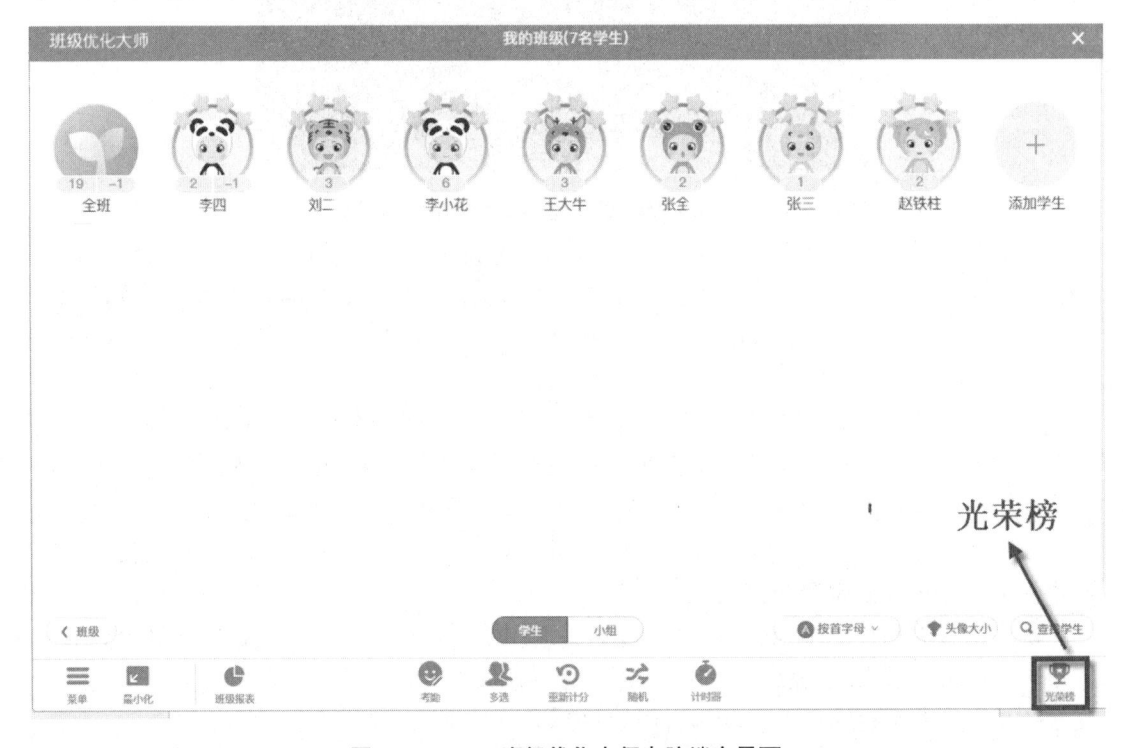

图 1-1-21 班级优化大师电脑端主界面

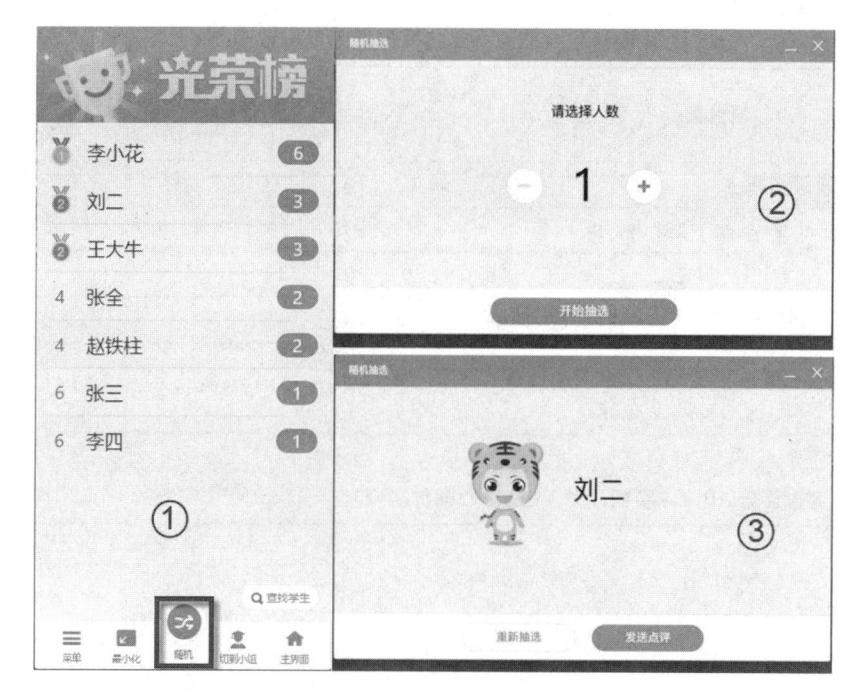

图1-1-22 随机抽选

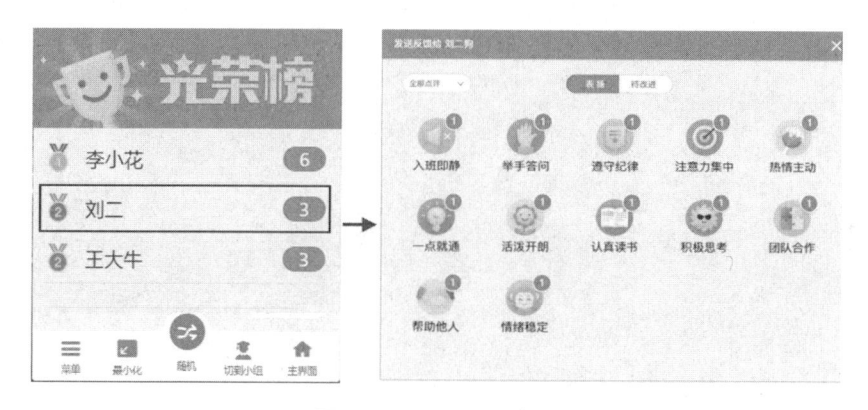

图1-1-23 实时点评

## 4 项目评价

为确保项目实施的实效性，更客观准确地评价学习者表现，教师和学习者可使用下方提供的表格（如表1-1）来检验并评价各子项目的完成情况。项目进行过程中，学习者本人对各子项目的完成情况进行实时自评，将分数写在相应位置；然后，每两个小组之间采取适当的方式（如观察、抽查、普查等）对对方组员各子项目的完成情况进行评价，将分数写在相应位置；在项目实施过程中，教师要担当好指导、定向、检查、督促的角色，确定学生的加减分。

各个子项目的"学习者自评分""组间评分"纵向相加后，写在"合计"一栏；教师对学习者的加减分写在"教师加减分"一栏；学习者该项目的最终成绩计算公式为学习者自评分×0.4＋组间评分×0.6＋教师加减分，将计算出的成绩写在"项目最终成绩"栏。

表 1–1 《交互一体机操作及运用》评价表

| 项目指标 | | 分值 | 学习者自评分 | 组间评分 | 教师加减分 |
|---|---|---|---|---|---|
| 1. 交互一体机设备操作 | | 10 | | | |
| 2. 交互一体机备授课软件 | 2.1 备课 | 30 | | | |
| | 2.2 授课 | 30 | | | |
| 3. 交互一体机周边软件 | 3.1 希沃授课助手 | 15 | | | |
| | 3.2 班级优化大师 | 15 | | | |
| 合计 | | | | | |
| 项目最终成绩（学习者自评分×0.4＋组间评分×0.6＋教师加减分） | | | | | |

# 项目二　智慧教室的操作及运用

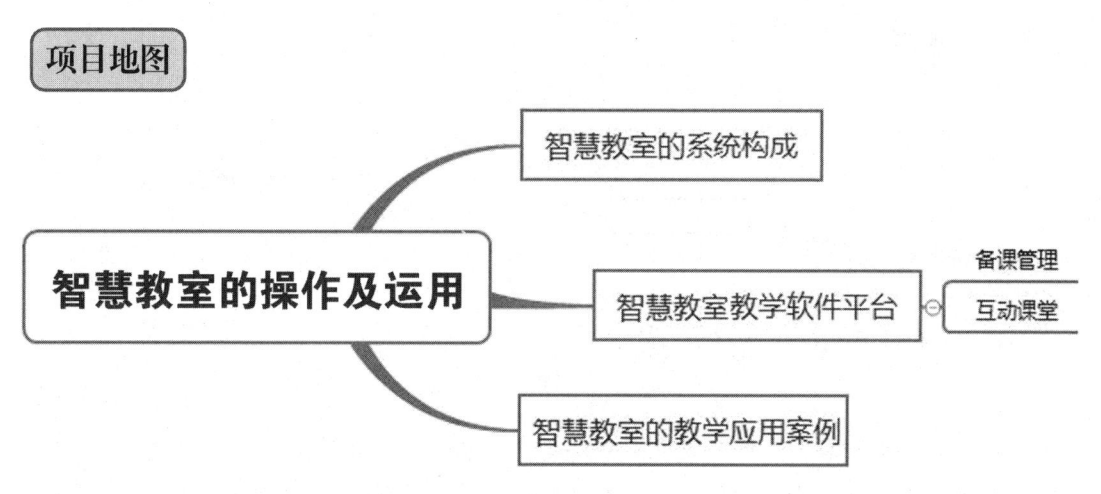

**项目地图**

```
                           ┌─ 智慧教室的系统构成
                           │
                           │                          ┌─ 备课管理
智慧教室的操作及运用 ───────┼─ 智慧教室教学软件平台 ───┤
                           │                          └─ 互动课堂
                           │
                           └─ 智慧教室的教学应用案例
```

　　智慧教室是新一代数字化课堂环境，是数字多媒体教室的高端形态，是借助各种新兴技术（包括传感技术、网络技术、人工智能技术、云计算技术、物联网技术等）构建起来的新型教室。智慧教室包括有形的物理空间和无形的数字空间，通过各类智能设备辅助教学内容呈现、便利学习资源获取、促进课堂交互开展，促进个性化学习、开放式学习和泛在学习。

　　目前中小学的智慧教室主要以电子书包为载体，以课堂翻转为教学模式，通过网络整合传统教学流程的课前、课中、课后各环节，实现中小学师生的教、学、考、练、测、评全过程的信息化教学和个性化学习。

　　不同类型、不同级别的智慧教室功能不完全一样，但大致可归纳为以下几种：

　　（1）智慧教学。在智慧教室中，教师与学生、学生与学生以及人机之间可以随时进行互动，通过互动提高学生的学习参与度，培养开放、包容、创新、实践的可贵品质。教师可以根据学生学习行为大数据来了解学生对知识的掌握水平，从而调整教学设计、优化和改进课堂教学进程。通过课前预习测评分析和课中随堂测验即时分析，教师能准确把握每个学生的学习状况，针对性地制订教学方案和辅导策略，推送个性化的学习资料。智慧教室还为小组协商讨论、合作探究提供了便利。

　　（2）课堂自动录播。借助智慧教室中的摄像机、录音话筒、图像定位服务器、录播服务器等智慧设备及软件，自动录制课堂教学过程，生成的视频可以上传到云服务器供学生课下点播学习。

　　（3）远程互动。通过全双工视音同步技术，实现主讲教室与异地课堂的同步互动教学。

　　（4）对环境的智能控制，包括智能照明、智能通风、智能窗帘、智能空调、智能安防等。

　　除此之外，有的智慧教室还具有自动考勤、远程监控、远程观评课等功能，智慧教室为更好地开展教学和管理提供了有力支撑。

## 1 项目目标

（1）了解智慧教室的基本功能，熟悉智慧教室中的设备构成和基本使用方法。
（2）掌握智慧课堂教学软件的主要功能和基本操作。
（3）能进行智慧教学设计方案的编写，并付诸教学实践。

## 2 项目环境与条件

（1）典型的智慧教室一间，智慧教学设备完善。
（2）配有多台学生电脑的多媒体网络教室，网络通畅。
（3）学生电脑端安装 Word、PowerPoint 等常用的办公软件和媒体播放器。

## 3 项目实施

### 3.1 智慧教室的系统构成

【任务】
（1）阅读文本材料，了解智慧教室的功能和一般构成要素。
（2）实地考察智慧教室，对照拓扑结构图，熟悉智慧教室中的设备构成和基本使用方法。

【知识储备】
不同学校有不同的教学定位和需求，对智慧教室的功能要求也不一样，因此智慧教室的类型、系统构成和功能各有差异，这里介绍智慧教室的一般构成要素。

（1）环境设施

环境设施是指教室的物理空间、讲桌、活动桌椅、灯光窗帘、空调、供配电、扩声系统等，这是进行教学必要的物理平台。室内空间布局要合理；色彩搭配协调，时尚明快；桌椅符合人体工程学设计，方便自由组合成圆形、三角形、U 形等不同造型，以适应不同的课堂教学组织形式，增强师生互动；室内布光均匀，健康节能；供配电系统安全可靠；扩声系统确保师生声音响亮清晰。

（2）基础网络系统

所有网络设备都连接到交换机，提供有线、无线、4G 等多种网络连接方式，保证网络线路畅通，使虚拟信息空间与物理空间无缝连接，为设备正常运行、数据收发、音视频传输等提供有力保障。

（3）物联感知系统

在教室内安装光照传感器、温湿度传感器和环境监测传感器等，分别实现对教室内灯光亮度、温湿度和 PM2.5 数值等的感知与控制。

（4）智能录播系统

智能录播系统由录播一体机、高清摄像机、拾音吊麦、音视频采集系统等构成，可以自动跟踪拍摄教师和学生镜头，自动完成教师、学生、板书、计算机画面等多个场景的切换，同步录制成高清视频，实现点播、直播和在线巡课等功能。

（5）智能中控系统

智慧教室中包含很多智能设备，利用智能中控系统可以便捷地控制和使用这些设备，主要功能有：显示环境信息，包括各种传感器感知的数据；一键录课；灯光、窗帘、空调等设备设施的控制等。

（6）电子班牌系统

电子班牌系统主要由显示终端和控制软件构成，具有电子课表、智能考勤等功能。通过电子班牌实时展示教室信息，支持教室整个学期的课表查询，学生可以查询个人课表情况。通过认证校园卡，实时对班级出勤情况进行统计并实时推送到任课老师手机。

（7）多屏互动系统

智慧教室讲台区域有一台交互一体机，教室四周墙面上通常也会有4台以上的交互一体机或液晶电视，再加上教师和学生的终端设备，智慧教室中存在多块屏幕，多个屏幕之间可以利用某个软件，通过无线网络和支持多屏互动的协议，实现屏幕共享、多屏互动。

（8）智能教学系统

该系统是信息化教学应用的核心，具备多媒体教学、课堂互动、及时反馈、数据统计等功能。智慧教学系统主要由交互一体机、学生智能终端（如智能手机、平板电脑等）和智慧教学软件平台构成，其中智慧教学软件平台是实现智能教学系统功能的核心。不同厂家提供的智慧教室解决方案中，配置了不同的智慧教学软件，这些软件的界面和功能虽有差异，但基本都能实现智能教学系统的功能。

整个智慧教室的拓扑结构如图1-2-1所示。

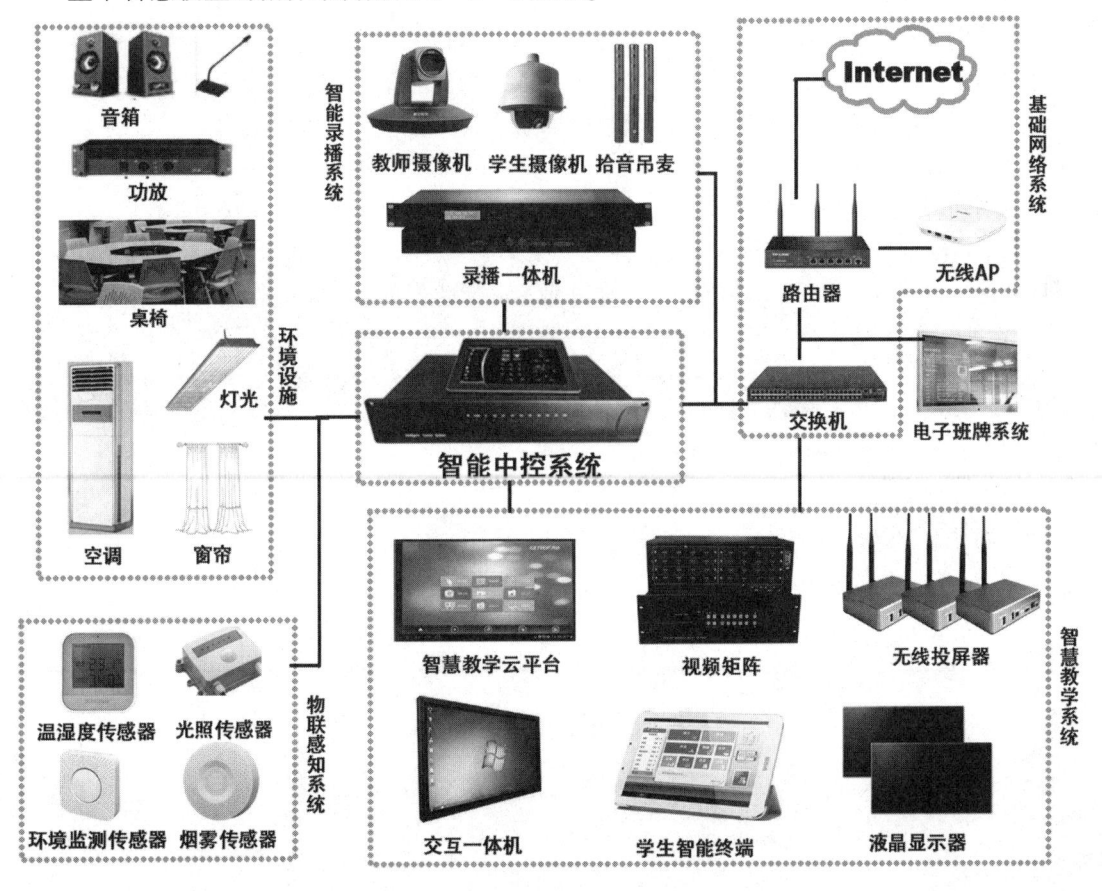

图1-2-1 智慧教室拓扑结构图

## 3.2 智慧课堂教学软件平台

**【任务】**

（1）阅读文本材料，了解智慧课堂教学软件的功能和基本操作。

（2）通过软件实操或视频观摩等方式，熟练掌握优学派智慧课堂软件的主要功能：备课和互动课堂。

**【知识储备】**

智慧教室最主要的功能是实施智慧教学，智慧设施设备为智慧教学提供了基础保障，然而智慧教学软件平台才是实现智慧教学的核心要素。智慧教学软件平台服务于课前、课中和课后整个教学流程：课前，教师利用软件平台备课、布置任务、上传资源，学生根据教师要求自主学习、参与检测；课中，师生利用软件平台共享资源、交流互动，软件平台可以自动记录学生学习过程和结果，并进行实时统计与显示，便于教师更迅速更全面地把握学生的学习情况；课后，师生可以在软件平台上进行拓展性探究与交流。

智慧教学软件平台通常有电脑端、移动端和网页端三个访问端口，教师在教室交互一体机上可以登录平台，学生可以在电子书包、智能手机等学习终端上登录平台，师生也可以通过网页登录软件平台。智慧教学软件平台是教师交互一体机与智能学习终端之间进行互动的软件基础。

不同厂商提供的智慧教室解决方案不同，包含的智慧教学软件平台功能也有差异，这些功能满足了智慧教学的部分需求，同时也在根据新的教学需求不断更新改进与完善。优学派智慧课堂、青鹿智慧课堂、优教云智慧课堂、科大讯飞的"畅言智慧课堂"沐坤科技的"课堂3.0"、TEAM MODEL 的"HiTeach"等智慧教学软件平台都在教学中得到了广泛应用。下面以优学派智慧课堂为例介绍一下智慧教学软件平台的功能和基本操作。

用指定账户登录优学派智慧课堂，进入如图1-2-2所示的界面，可以看到优学派智慧课堂具有"备课管理""互动课堂""批改作业""统计分析""资源管理""课外辅导"和"班级管理"等七大功能，其中"备课管理"和"互动课堂"是教师使用最频繁的功能。

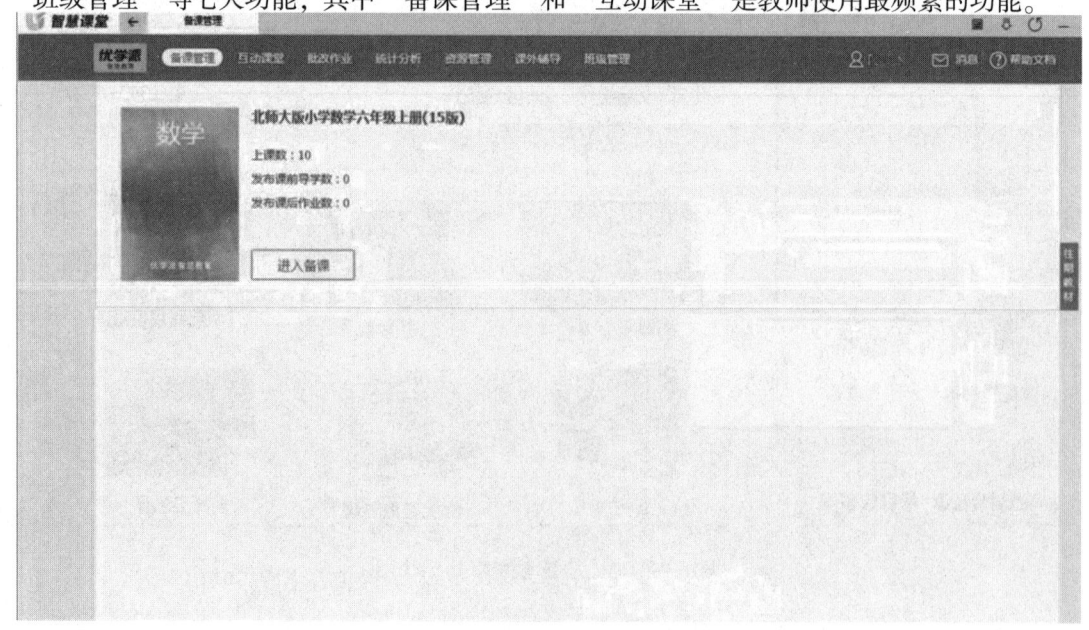

图1-2-2 优学派智慧课堂主界面

## 3.2.1 备课管理

在优学派智慧课堂主界面中选择相应的教材，进入备课管理页面（如图1-2-3所示）。选择章节和课时后，就可以进行备课工作了。备课管理页面中提供了电子互动课本供教师参考，教师可以在"课前导学""课堂教学"和"课后作业"三个教学环节中添加学习资源。

**图1-2-3　备课管理界面**

点击界面右上角的"上传资源"，可以上传文档、图片、视频、音频等本地资源，需要设置资源的名称、类别、学科、教材章节、知识点等信息，如图1-2-4所示。

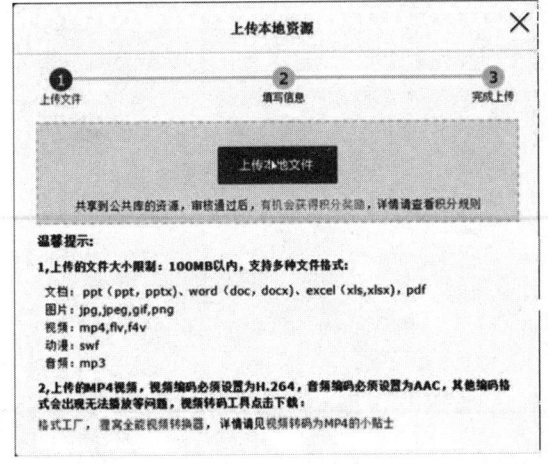

**图1-2-4　上传本地资源**

点击界面右上角的"创建资源"，可以创建课件、试卷、答题卡、互动题板、微课、试题等多种形式的资源（如图1-2-5所示）。试题类型丰富多样，包括单选题、多选题、问答题、选择填空等20种。图1-2-6和图1-2-7分别是选择填空和互动题板的创建界面。

点击界面右上角的"互动教学软件"，可以添加语文、数学、英语、物理、化学、生物等学科的互动教学资源（如图1-2-8所示），其中"汉字听写"的设置界面如图1-2-9所示。

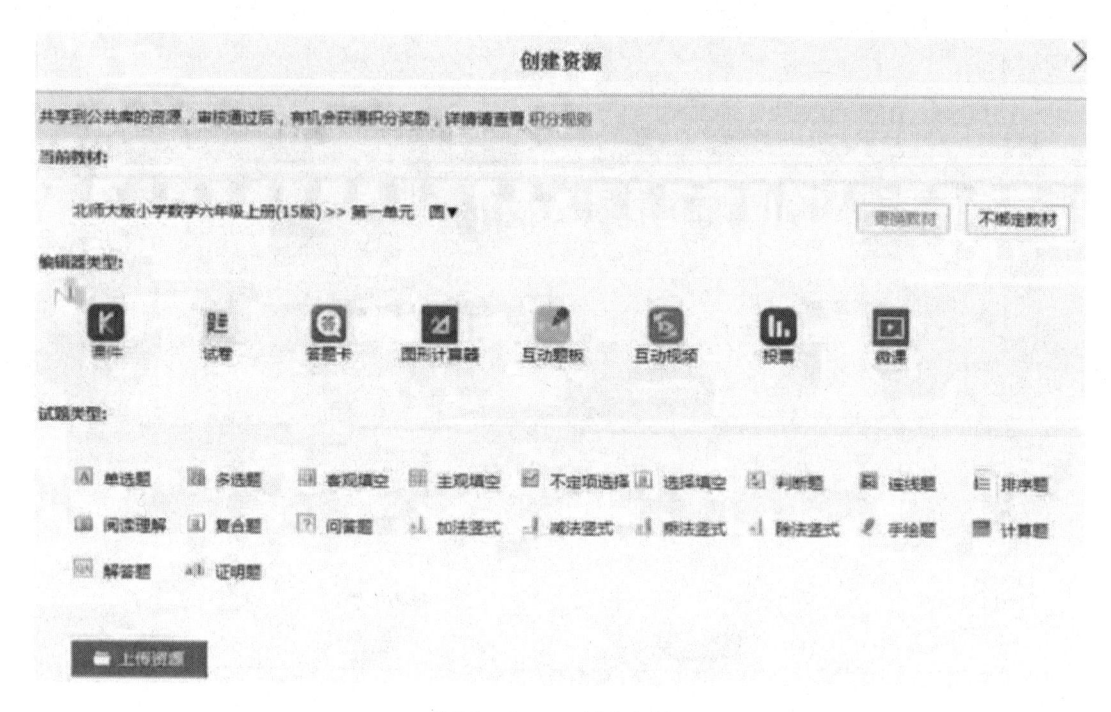

图1-2-5 创建资源

图1-2-6 选择填空创建界面

图1-2-7 互动题板创建界面

图1-2-8 互动教学软件

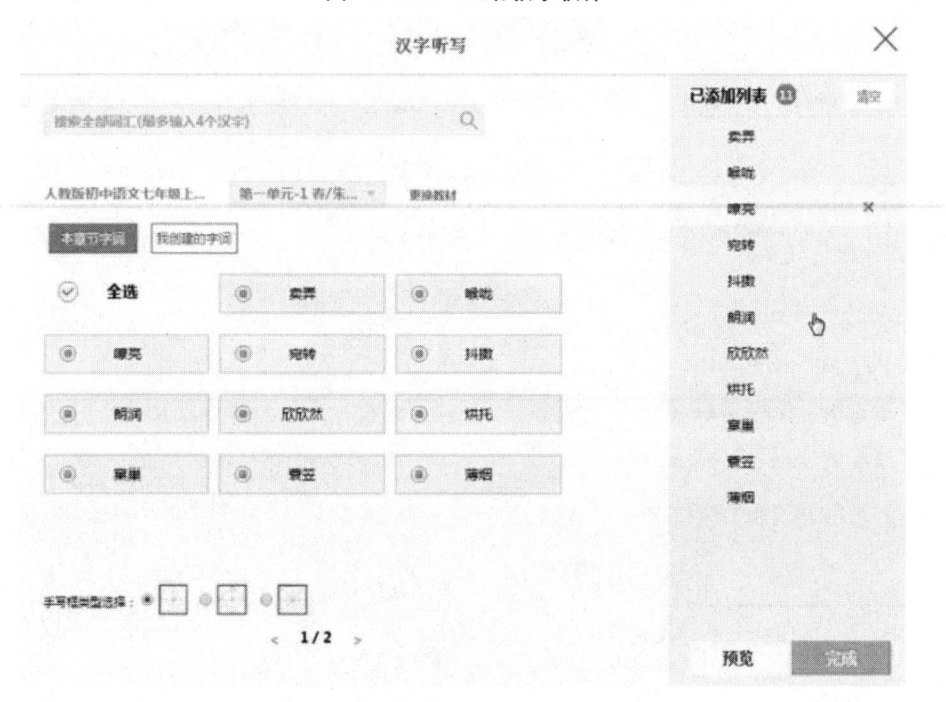

图1-2-9 汉字听写设置界面

点击界面右上角的"资源中心",可以进入优学派智慧课堂的后台资源库(如图1-2-10所示)。这里的资源类型非常多,包括课件、试题试卷、单题、答题卡、微课、互动探究、素材、学案/导学案、教案、备课参考等多种类别,可以根据教材版本、章节课时等进行浏览和引用。

图 1-2-10　优学派智慧课堂资源中心

### 3.2.2　互动课堂

在优学派智慧课堂主界面点击"互动课堂",进入互动课堂界面(如图1-2-11所示)。在右侧的黑色工具栏上点击"换班",可以切换授课班级;点击"点名",可以查看学生平板电脑连接的情况;点击"开始上课",进入授课界面(如图1-2-12所示)。

图 1-2-11　互动课堂界面

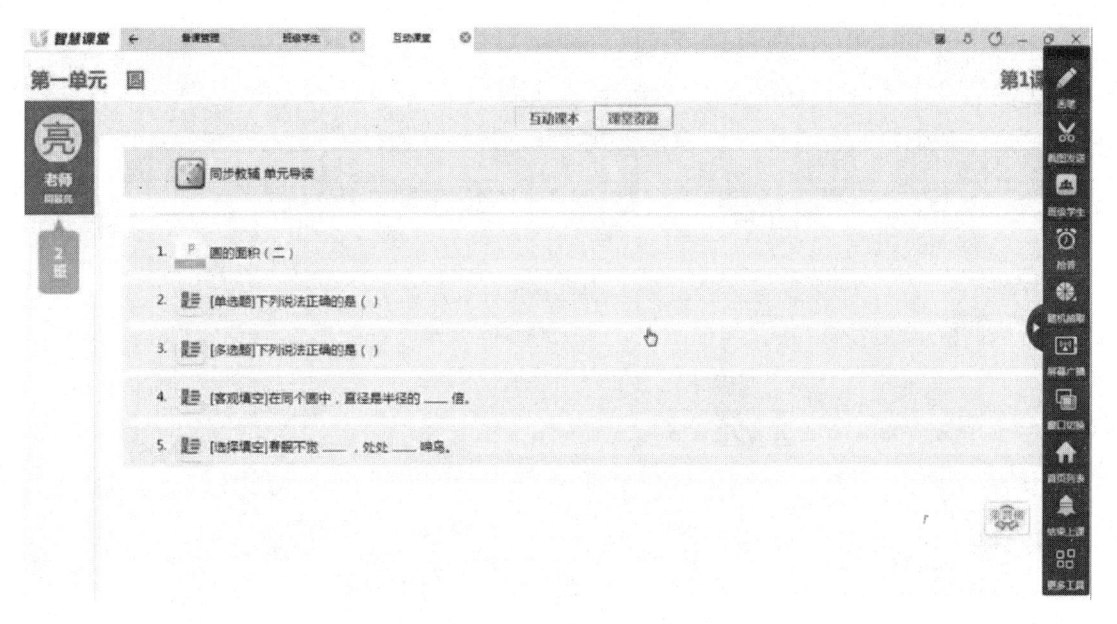

图1-2-12 互动课堂授课界面

互动课堂授课界面右侧是授课工具栏，包含许多互动教学工具。"画笔"工具用于在电脑屏幕上书写标注；"截图发送"工具可以截取教师屏幕的一部分作为某一类习题（如单选题、多选题、判断题、问答题、互动题板）发送到学生电脑；"抢答"工具用于学生抢答，抢答成功的学生在教师端和学生端电脑上都会显示；"随机抽取"工具用于从班级学生中随机抽取若干名，抽取的学生会在教师端屏幕上显示；"屏幕广播"功能可以将教师端屏幕同步广播到学生电脑；"窗口切换"功能可在课堂资源PPT课件演示页面与互动课堂授课页面之间进行切换；"结束上课"工具用于结束上课，学生电脑被解锁，学生可自由操控电脑；"更多工具"中包含屏幕下拉、幕布、聚光灯、课堂统计、黑板、锁屏、小组对抗、投票、计时器、发送白板等功能。

互动课堂授课界面的左侧是"课堂资源"区。点击PPT课件，可以将其下载到本地电脑，自动打开，可全屏放映。点击某个试题资源打开试题，借助界面右下角工具栏（如图1-2-13所示），可以放大、缩小或复原显示试题，教师讲清楚试题要求后，点击"发送"，即可将试题发送到学生电脑。

试题发送成功后，可以点击界面右下角工具栏中的"查看进度"（如图1-2-14所示），查看学生的做题进度。该界面右下角呈现一个工具栏（如图1-2-15所示），点击"表扬已完成"和"表扬"，可以对某些学生进行表扬，学生电脑会收到表扬信息；点击"学生投屏"，可将一名学生在电脑上的操作投影到教师端大屏幕；点击"返回试题"，可以返回到试题界面；点击"结束练习"，会显示试题的详细作答情况，还可以查看答案（如图1-2-16所示）。

图1-2-13 课堂资源——试题浏览　　　　图1-2-14 试题发送后工具栏

图1-2-15　查看进度界面工具栏

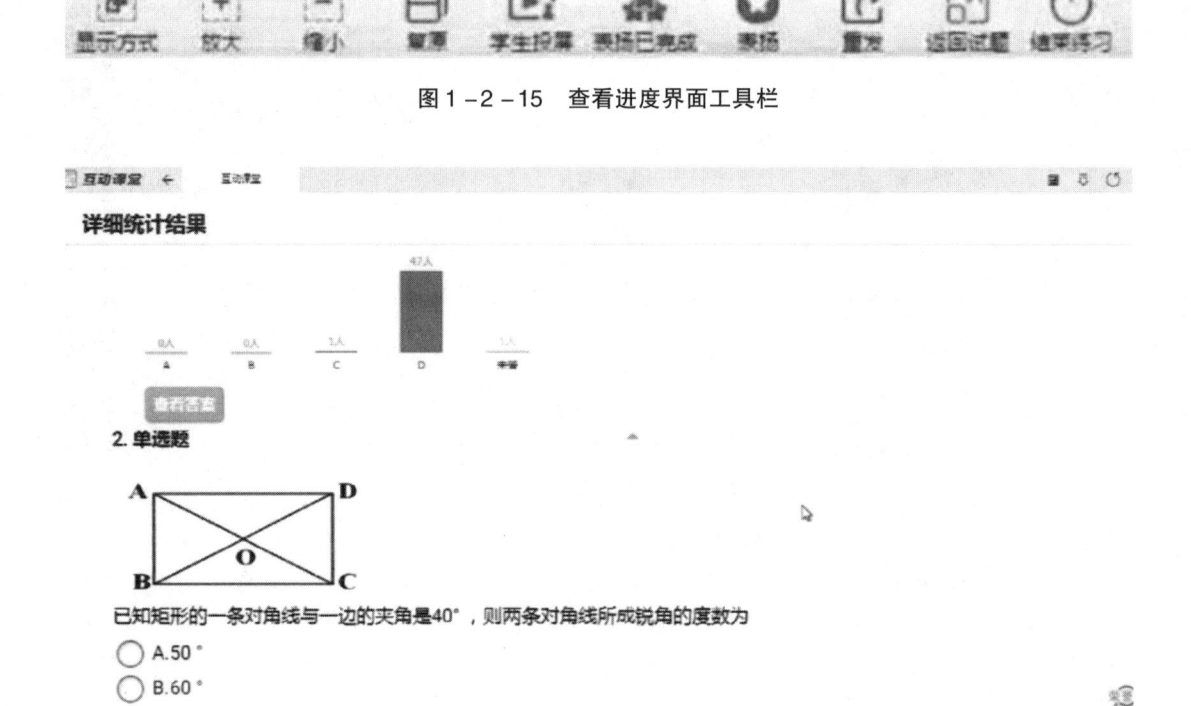

图1-2-16　试题作答统计

## 3.3　智慧教室的教学应用案例

【任务】

（1）研读智慧教学案例，把握智慧教学软件的各种功能在整个教学过程中的应用情况，总结归纳教学中的智慧之处。

（2）选取本专业某个知识点进行智慧教学设计方案的编写。要求：

①按照提供案例的格式。

②充分体现优学派智慧课堂软件的功能运用，便于教学管理、实施与评价。

【知识储备】

《石油宝库》是潮州新世纪外国语学校赵莉英老师执教的一节课，她灵活运用优学派电子书包和智慧课堂教学软件进行了信息技术与教学深度融合的实践，实现了课前与课堂学习的有机衔接，创设了互动参与、自主探究、协作交流的教学情境，是一个典型的智慧教学案例。以下案例基于《石油宝库》课堂实录视频，依照信息化教学设计方案的格式规范编写而成（如表1-2所示）。

表1-2 智慧课堂教学案例——《石油宝库》

| 课题 | 石油宝库 | 授课人 | 赵莉英 |
|---|---|---|---|
| 学校名称 | 潮州新世纪外国语学校 | | |
| 课时安排 | 1课时 | 科 目 | 历史与社会 |

**一、教材分析**

《石油宝库》是2012年人教版《历史与社会》七年级上册第三单元《各具特色的区域生活》第五课《干旱的宝地》第1课时的内容,本课是在学生学习了世界地图及自然环境的基础上,通过学习西亚波斯湾地区的案例,理解干旱地区的自然条件如何影响人类的生活和社会经济的发展,并从中体会人类是如何利用自己的智慧与干旱环境和谐共存。

**二、教学目标**

知识与技能:
1. 掌握波斯湾地区的地理位置、气候、主要产油国、地形、水文等五个要素。
2. 了解波斯湾地区石油生产的特点。
3. 掌握波斯湾地区石油的主要输出路线。
4. 了解石油的出口给波斯湾地区人民带来的影响。

过程与方法:
1. 通过参与互动题板活动,强化对波斯湾地区区位优势的理解。
2. 通过自主探究、师生互动,提炼出波斯湾地区石油生产的六大特点。
3. 通过自主探究、展示讲解活动,强化对波斯湾地区石油主要输出国和地区以及沿途经过的海域、海峡和运河的理解和记忆。
4. 通过合作探究、辩论等活动,深刻体会石油出口给波斯湾地区人民带来的影响。

情感态度价值观:
能认识到人类如何利用环境和资源去改造自然,逐步树立可持续发展的观念。

**三、教学重难点**

重点:波斯湾地区的地理位置和自然环境;波斯湾地区石油生产的特点;波斯湾地区石油的主要输出路线。

难点:结合不同类型的地图,分析并描述波斯湾地区的地理位置、自然环境、石油的主要输出路线。

**四、教学方法**

讲授法、自主探究法、讨论法、演示法、互动练习法

**五、教学媒体**

交互一体机、学生终端、多媒体课件、优学派智慧课堂平台、传统教具

| 六、教学过程 | | | |
|---|---|---|---|
| 教学环节 | 教师活动 | 学生活动 | 信息技术支撑 |
| 课前 | 在优学派智慧课堂平台发布课前学习任务：<br>观看微课视频，结合教材，完成课前学习任务单，在教学平台上参与针对性检测，并提出学习困惑。 | 完成教师布置的任务。 | 电子书包<br>优学派智慧课堂平台 |
| 课中 | 1. 课前学习反馈<br>出示互动试题作答情况<br><br>2. 寻石油之分布<br>出示课前学生在教学平台上提出的相关困惑，引出探究活动——寻石油之分布。<br>简单说明探究活动，随机抽取5位同学，分别结合世界气候类型图、波斯湾地区国家及石油分布图、波斯湾地区的地形图、亚洲和欧洲的分区图介绍波斯湾地区的气候、主要产油国、地形、水文、地理位置等5个要素。教师点评。<br><br>发送互动题板，检测学生对波斯湾地区区位优势的掌握情况。<br><br>抽查学生的作答情况，并进行反馈。<br><br>3. 话石油之特征<br>出示课前学生在教学平台上提出的相关困惑，引出探究活动——话石油之特征。<br>出示一段文本材料，截图发送到学生终端，让学生找出关键词、标记序号，并给出提示：波斯湾地区石油生产有6个特点。<br>教师巡视学生作答情况。<br>抽查学生作答情况，师生互动交流，提炼出石油生产的6大特点。<br><br>4. 绘石油之路线<br>出示课前学生在教学平台上提出的相关困惑，引出探究活动——绘石油之路线。（提问学生）<br>出示情境：<br>假如你是某产油国运输部经理，请设计以下石油运输的路线：说出途经的主要海域、海峡、运河。 | <br><br><br>5位同学分别上台结合地图介绍波斯湾地区的气候、主要产油国、地形、水文、地理位置等5个要素。<br><br><br><br>学生参与互动题板活动。<br><br><br><br><br>学生在文本材料上找关键词并标记。 | 智慧课堂—聚光灯<br><br>智慧课堂－随机抽取<br>智慧课堂－画笔<br><br><br><br><br>智慧课堂－互动课堂－互动题板<br><br><br><br>智慧课堂－截图发送<br>互动题板、学生投屏<br>智慧课堂－画笔 |

续表

|  |  |  |  |
|---|---|---|---|
|  | ＡＢＣＤ四种情境<br>　　让学生在课前绘制的路线图上标注ABCD，发布问答题，让学生拍照上传。<br>　　教师巡视，表扬已完成的同学。<br>　　随机对比四位同学的路线图，四位同学依次上台讲解ＡＢＣＤ四条路线，并说出途经的主要海域、海峡、运河。<br>　　投票选出讲解最好的同学。<br><br>　5. 叹石油之影响<br>　　出示课前学生在教学平台上提出的相关困惑，引出探究活动——叹石油之影响。<br>　　困惑：<br>　　（1）石油带来了哪些变化？<br>　　（2）当经济得到发展，但是自然资源和环境受到破坏，这样的经济不够长远，这样是利还是弊？<br>　　（3）石油的生产和销售是利大于弊，还是弊大于利的？<br>　　播放视频资源，让学生结合视频和教师提供的拓展资料，展开合作探究：<br>　　石油出口是利大于弊，还是弊大于利？<br><br>　　通过抢答确定正反双方共6位同学，计时6分钟，展开辩论。<br><br>　　通过投票，选出本堂课最佳辩手，点评表扬。<br><br>　　教师总结。<br><br>　6. 走可持续发展之路<br>　　出示课前学生在教学平台上提出的相关困惑，引出探究活动——如何走可持续发展之路。<br>　　困惑：<br>　　石油是取之不尽，用之不竭的吗？<br>　　如何实现石油业的可持续发展？<br>　　学生通过抢答，发表自己的见解，教师点评。 | 学生上台讲解石油输出的路线。<br><br><br><br><br><br><br><br>小组合作探究<br><br><br>抢答的6位同学围绕辩题展开辩论。 | 互动课堂－问答题<br><br>互动课堂－问答题－随机对比<br>智慧课堂－投票表扬点评<br><br><br><br><br><br><br><br><br><br><br>智慧课堂－抢答<br>智慧课堂－计时<br><br>互动课堂－多选投票<br>智慧课堂－小组对抗、点评<br><br><br><br><br><br><br><br>智慧课堂－抢答 |
| 课后 | 让学生将学习本节课后产生的新困惑提交到智慧课堂平台班级空间，进一步质疑和释疑。 |  | 智慧课堂平台 |

# 4　项目评价

为确保项目实施的实效性，更客观准确地评价学习者表现，教师和学习者可使用表1-3来检验并评价各子项目的完成情况。项目进行过程中，学习者本人对各子项目的完成情况进行实时自评，将分数写在相应位置；然后，每两个小组之间采取适当的方式（如观察、抽查、普查等）对对方组员各项目的完成情况进行评价，将分数写在相应位置；在项目实施过程中，教师要担当好指导、定向、检查、督促的角色，确定学生的加减分。

各子项目的"学习者自评分""组间评分"纵向相加后，写在"合计"一栏；教师对学习者的加减分写在"教师加减分"一栏；学习者该项目的最终成绩计算公式为学习者自评分×0.4 + 组间评分×0.6 + 教师加减分，将计算出的成绩写在"项目最终成绩"栏。

表1-3　《智慧教室的操作及运用》评价表

| 项目指标 || 分值 | 学习者自评分 | 组间评分 | 教师加减分 |
|---|---|---|---|---|---|
| 1. 智慧教室的系统构成 || 20 | | | |
| 2. 智慧课堂教学软件平台 | 2.1　备课管理 | 20 | | | |
| | 2.2　互动课堂 | 25 | | | |
| 3. 智慧教学设计方案 || 35 | | | |
| 合计 |||||||
| 项目最终成绩 （学习者自评分×0.4 + 组间评分×0.6 + 教师加减分） |||||

# 模块二　信息化教学素材采编

　　信息化教学素材是指开发信息化教学资源时必需的各类多媒体素材，包括文本、图形图像、音频、视频和动画等。多媒体素材是信息化教学资源开发的重要基础，信息化教学资源的质量与媒体素材质量直接相关，如果媒体素材粗制滥造，制作的信息化教学资源就会"先天不足"，因此高质量素材的获取、制作和处理非常重要。本模块将系统介绍各类媒体素材的特点、作用、常见的文件格式及其特点以及素材采集、制作与处理的方法。

# 项目一 文本素材

**项目地图**

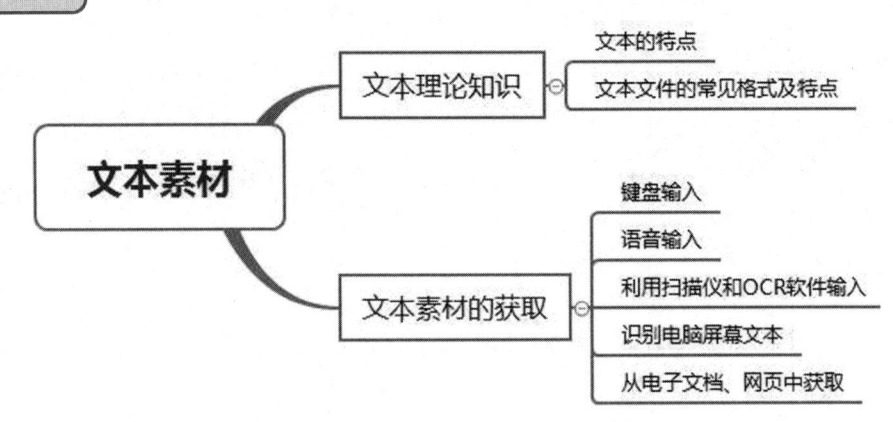

```
                           ┌─ 文本的特点
              ┌─ 文本理论知识 ─┤
              │              └─ 文本文件的常见格式及特点
              │
   文本素材 ──┤              ┌─ 键盘输入
              │              ├─ 语音输入
              └─ 文本素材的获取 ─┼─ 利用扫描仪和OCR软件输入
                              ├─ 识别电脑屏幕文本
                              └─ 从电子文档、网页中获取
```

文本是指在计算机屏幕上呈现的文字、数字、字母和符号等内容。文本是多媒体课件中最重要的媒体元素之一，几乎贯穿多媒体课件的全过程，主要用于对知识的描述性表示，如：概念、定义和原理的阐述，问题的表述，标题、菜单、导航、按钮、提示的制作等。

## 1 项目目标

（1）了解文本的特点，知道文本文件的常见格式和特点。
（2）熟练操作并掌握文本素材的各类获取方式，包括键盘输入、语音输入、利用扫描仪和OCR软件输入，识别电脑屏幕文本，从电子文档、网页中获取素材。
（3）能根据不同的文本获取需要，选择最佳的文本获取方式。

## 2 项目环境与条件

（1）配备多台学生电脑的多媒体网络教室，网络通畅。
（2）学生电脑上安装有 Word、PowerPoint、讯飞输入法、QQ、清华 TH-OCR、CajViewer、Adobe Redader 等软件。
（3）配备录音话筒、扫描仪（或照相机、智能手机）等相关操作素材。

## 3 项目实施

### 3.1 文本理论知识

【任务】
阅读文本材料，了解文本相比于其他媒体的特点，知道文本文件的常见格式和特点。

以便制作信息化教学资源时灵活选用。

【知识储备】

### 3.1.1 文本的特点

与其他媒体相比，文本具有以下特点：（1）编码形式简单；（2）容易处理，占用存储空间最少，最方便用计算机输入和存储；（3）处理和传输容易；（4）适于表达复杂而确切的内容，能准确有效地传播教学信息；（5）通过字体、字号、字形和颜色等格式的改变可以使表现形式丰富多样；（6）便于建立超文本链接。

### 3.1.2 文本文件的常见格式及特点

目前流行的文字处理软件种类很多，不同软件生成的文件格式各有不同，主要有以下几种：TXT 格式、DOC 格式、RTF 格式、WPS 格式和 PDF 格式等。选用文本素材文件格式时要考虑课件开发工具能否识别这些格式，以避免准备的文本素材无法插入其中。

（1）TXT 格式

TXT 格式是 Windows 系统中"记事本"程序默认的文件存储格式，文件扩展名为".txt"，是纯 ASCII 码文本文件。该格式除回车、换行、文字大小、字体外，没有颜色、间距等其他格式化信息。

（2）DOC 格式

DOC 格式是 Microsoft Office Word 默认的文件存储模式，文件扩展名为".doc"，它包含丰富的字符格式、段落格式和页面格式等信息，还能嵌入图片、图表和超链接。

（3）RTF 格式

RTF 格式是 Windows 系统中"写字板"程序默认的文件存储格式，文件扩展名为".rtf"，是 Rich Text Format（富文本格式）的英文缩写，是由微软公司开发的跨平台文档格式。大多数的文字处理软件都能读取和保存 RTF 文档，因此，常用于各种文字处理软件之间的文本交换，其特点是保持原文字设置不变。

（4）WPS 格式

WPS 格式是金山文字处理软件默认的文件存储格式，文件扩展名为".wps"，与 DOC 格式类似，可以对字符和段落设置不同的格式，但是其通用性受到一定限制。

（5）PDF 格式

PDF 全称为 Portable Document Format，译为可移植文档格式，是 Adobe 公司开发的一种便携文本格式。该格式与操作系统平台无关，在 Windows、Mac OS、UNIX 等操作系统中通用，因此，成为在 Internet 上进行电子文档发行和数字化信息传播的理想文档格式。

越来越多的电子图书、电子期刊、产品说明书、单位公告、网络资料、电子邮件等都开始使用 PDF 格式的文件。PDF 格式已经成为数字化信息事实上的一个工业标准。PDF 文件需要使用相关的阅读器进行阅读，官方阅读工具是 Adobe Reader。

## 3.2 文本素材的获取

【任务】

（1）练习使用键盘输入文本，体会其优缺点。

（2）练习使用语音输入法输入文本，总结高效输入的注意事项。

（3）练习使用扫描仪和 OCR 软件将印刷文稿中的文本识别为计算机文本。

(4) 练习使用 QQ 屏幕识图功能识别电脑屏幕上不能编辑的文本。

(5) 练习从电子文档和加密网页中获取文本。

【知识储备】

大部分课件开发工具都有文本编辑功能，但对于大量的文本信息一般不采取在课件开发时直接输入，而是在前期就预先准备好所需的文本素材。以下是文本素材获取的常见方法。

### 3.2.1 键盘输入

键盘输入就是用计算机键盘或鼠标器，将文本材料逐字逐句地输入计算机。其中，英文字符可以直接从键盘输入，而汉字输入通常需要使用相应的输入法，如"搜狗拼音输入法""百度输入法""讯飞输入法"等。键盘输入法的优点是误码率低、易修改和不需附加录入设备，缺点是费时费力，不宜输入长篇文档。

### 3.2.2 语音输入

语音输入法是将声音通过话筒输入计算机后直接转换成文字的一种输入方法。利用语音识别技术，就能将输入计算机中的声音信息转换为文本，这是最方便、最自然、最快捷的文本录入方式，可以高速度建立文本，节省录入时间。

目前很多汉字输入法都带有语音输入功能，如搜狗语音输入、讯飞语音输入等，语音录入方便快捷，识别准确率高。

【实践案例】

利用讯飞输入法语音输入文字。

(1) 在电脑中安装讯飞输入法。

(2) 将电脑输入法切换为"讯飞输入法"，呈现如图 2-1-1 所示界面。

(3) 单击 图标，出现如图 2-1-2 所示界面，以正常的语速语调录入即可。

图 2-1-1　讯飞输入法界面　　　　图 2-1-2　语音输入界面

### 3.2.3 利用扫描仪和 OCR 软件输入

如果需要进行大量文字录入，用手工录入无疑会浪费许多时间。而利用扫描仪和 OCR 软件输入，则可以大大加快文字录入速度，提高工作效率。

这种文本输入方法是利用与计算机相连的扫描仪将印刷文本以图像的方式扫描到计算机中，再用 OCR 软件将图像中的文字识别出来，转换为文本格式的文件。

需要注意的是，扫描仪本身并没有文字识别功能，它只能把文稿扫描到计算机中并以图片的方式保存，文字识别则由 OCR 软件完成。目前比较成熟的 OCR 软件有清华 TH-OCR、汉王 OCR、尚书 OCR、ABBYY FineReader、TryOCR 等。

【实践案例】

将纸质书中的文本扫描识别为计算机中可编辑的文本。

(1) 利用扫描仪将纸质书中的文本扫描到计算机内部，保存为 JPG 格式的图像。

(2) 运行清华 TH-OCR 软件，执行"文件"|"打开"菜单命令，打开需要识别的

JPG 格式图像，进行倾斜校正和版面分析，如图 2-1-3 所示。

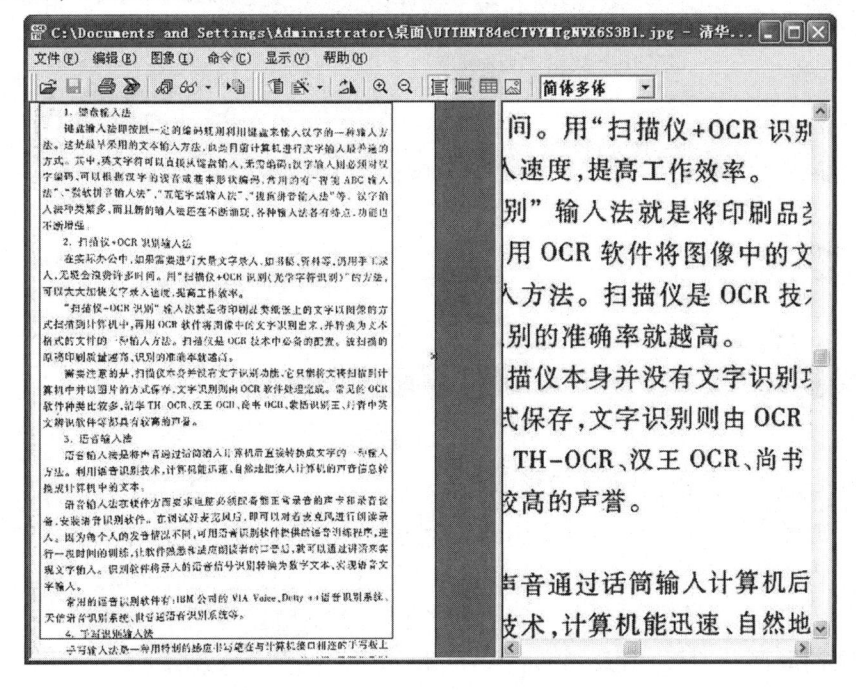

图 2-1-3　清华 TH—OCR 识别界面

（3）执行"命令"|"全部识别"菜单命令，即可将印刷文本识别到记事本文件中，转换为可以编辑的文本。

### 3.2.4　识别电脑屏幕文本

教师在制作多媒体课件时，经常需要查阅参考百度文库、道客巴巴等文档分享网站中的 Word、PPT 或 PDF 等文档资料，这些文档中的文本只有在开通 vip 会员后才允许复制，但是我们可以通过屏幕文本识别软件（如天若 OCR 软件、QQ 屏幕识图等）将这些文本识别为计算机文本。

QQ 软件是使用范围较为广泛的即时通讯软件，大部分教师电脑上都安装有该软件，因此使用 QQ 软件中的屏幕识图功能识别电脑屏幕文本非常便捷，而且识别准确率非常高。

【实践案例】

使用 QQ 屏幕识图识别电脑屏幕文本。

（1）在浏览器中打开文档分享网站中的某个文档。

（2）运行 QQ 软件，打开某个对话窗口，将鼠标移到输入框上方的剪刀图标处，出现图 2-1-4 所示的菜单，选择"屏幕识图"（或者按下 Ctrl + Alt + O）。

（3）框选需要识别的屏幕文本，识别后出现"屏幕识图"窗口（如图 2-1-5），点击窗口右下角的各工具按钮可以进行计算机文本的编辑、复制和下载等操作。

图 2-1-4　QQ 屏幕识图

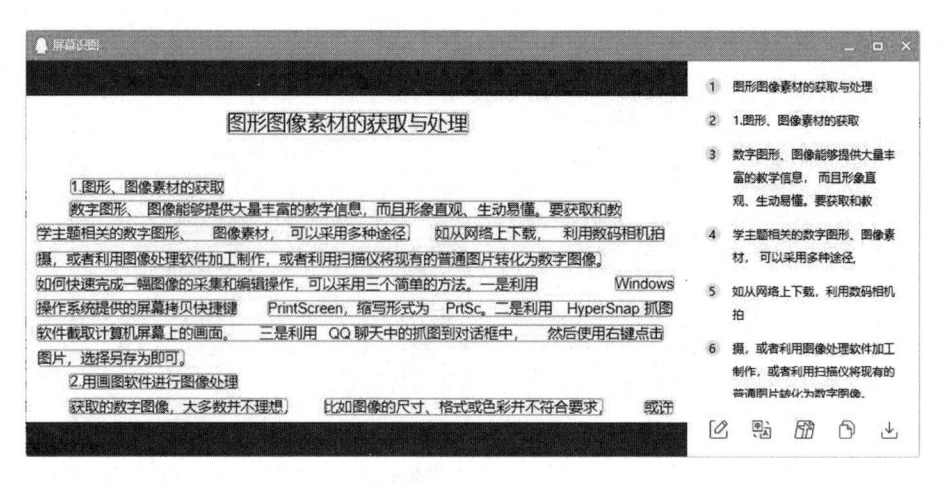

图 2-1-5　屏幕识图窗口

### 3.2.5　从电子文档、网页中获取

制作大型的多媒体课件时，需要用到大量的文字信息，使用上述文本输入方法效率比较低。由于目前电子文档和相关网站中有很多可以利用的文本素材，因此可以从这些电子文档和网站中获取。当然，获取时一定要遵守版权法的规定，尊重他人的知识产权。

电子文档最常见的格式包括.pdf、.caj 和.pdg，可以分别使用 Adobe Reader、CAJ-Viewer 和超星阅读器打开，从而利用软件中专门的工具来获取文本。一般的网页中获取文本可以采用复制粘贴的方法，具体情况具体分析。

【实践案例】

加密网页上的文字无法选中，不能进行复制，可以采用以下方法获取其中的文字。

(1) 在 IE 浏览器中打开加密网页，执行"工具"|"Internet 选项"命令，打开"Internet 属性"对话框（如图 2-1-6）。

(2) 单击"该区域的安全级别"区域中的"自定义级别"按钮，打开"安全设置——Internet 区域"对话框（如图 2-1-7）。

(3) 禁用其中的"Java 小程序脚本"和"活动脚本"。

(4) 刷新网页，就可以选中上面的文字进行复制粘贴操作了。

图 2-1-6　"Internet 属性"对话框　　图 2-1-7　"安全设置"对话框

# 4 项目评价

为确保项目实施的实效性，更客观准确地评价学习者表现，教师和学习者可使用下方提供的表格（如表2-1）来检验并评价各个子项目的完成情况。项目进行过程中，学习者本人对各个子项目的完成情况进行实时自评，将分数写在相应位置；然后，每两个小组之间采取适当的方式（如观察、抽查、普查等）对对方组员各子项目的完成情况进行评价，将分数写在相应位置；在项目实施过程中，教师要担当好指导、定向、检查、督促的角色，确定学生的加减分。

各个子项目的"学习者自评分""组间评分"纵向相加后，写在"合计"一栏；教师对学习者的加减分写在"教师加减分"一栏；学习者该项目的最终成绩计算公式为学习者自评分×0.4 + 组间评分×0.6 + 教师加减分，将计算出的成绩写在"项目最终成绩"栏。

表2-1 《文本素材》评价表

| 项目指标 | | 分值 | 学习者自评分 | 组间评分 | 教师加减分 |
|---|---|---|---|---|---|
| 1. 文本理论知识 | | 15 | | | |
| 2. 文本素材的获取 | 2.1 键盘输入 | 10 | | | |
| | 2.2 语音输入 | 15 | | | |
| | 2.3 利用扫描仪和OCR软件输入 | 20 | | | |
| | 2.4 识别电脑屏幕文本 | 25 | | | |
| | 2.5 从电子文档、网页中获取 | 15 | | | |
| 合计 | | | | | |
| 项目最终成绩<br>（学习者自评分×0.4 + 组间评分×0.6 + 教师加减分） | | | | | |

# 项目二　图形图像素材

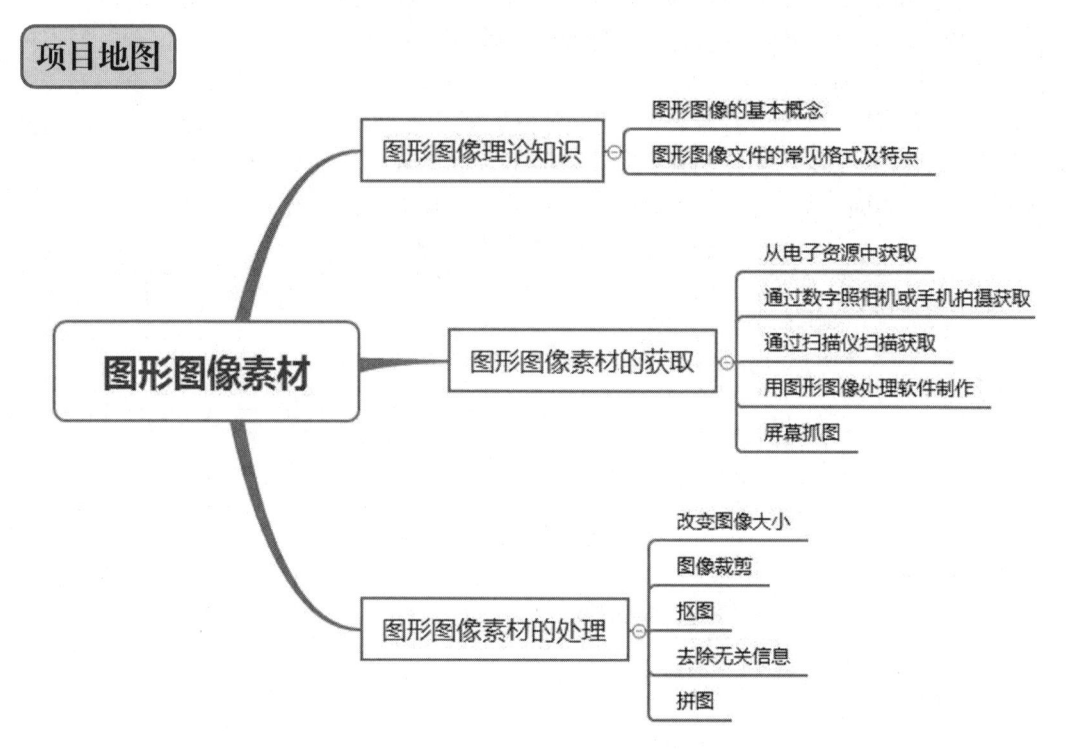

**项目地图**

- 图形图像素材
  - 图形图像理论知识
    - 图形图像的基本概念
    - 图形图像文件的常见格式及特点
  - 图形图像素材的获取
    - 从电子资源中获取
    - 通过数字照相机或手机拍摄获取
    - 通过扫描仪扫描获取
    - 用图形图像处理软件制作
    - 屏幕抓图
  - 图形图像素材的处理
    - 改变图像大小
    - 图像裁剪
    - 抠图
    - 去除无关信息
    - 拼图

在多媒体课件开发中，图形图像也是最常用的媒体元素之一。图形图像包含的信息具有形象直观、易于理解、信息量大等特点。合理地使用图形图像，不仅可以使用户界面赏心悦目，还能增强多媒体作品内容的表现力，在某些场合还可以传递出文字、音频等其他媒体素材无法表达的含义。

## 1　项目目标

（1）理解图形图像的相关概念，了解图形图像文件的常见格式及特点。
（2）能通过多种途径获取需要的图形图像素材。
（3）能运用美图秀秀等相关软件对图形图像进行各类编辑和处理。

## 2　项目环境与条件

（1）配备多台学生电脑的多媒体网络教室，网络通畅。
（2）学生电脑上安装有 Word、PowerPoint、Photoshop、美图秀秀、Snagit 等软件。
（3）配备扫描仪、照相机、智能手机及相关操作素材。

# 3 项目实施

## 3.1 图形图像理论知识

【任务】

阅读文本材料,理解图形图像的相关概念,了解图形图像文件的常见格式及特点,为图形图像素材的获取和处理奠定理论基础。

【知识储备】

### 3.1.1 图形图像的基本概念

(1) 矢量图形和位图图像

根据计算机内部表达与生成图形图像方法的不同,图形图像可以分为两类:矢量图形和位图图像。

矢量图形在数学定义为一系列由点连接的线。矢量图使用直线和曲线来描述图形,这些图形的元素是一些点、线、矩形、多边形、圆和弧线等,这些元素都是自成一体的实体,具有形状、颜色、大小、轮廓和屏幕位置等属性,这些属性通过一组数学公式定义的指令集来描述。矢量图形的特点是色彩简单、轮廓清晰、文件体积小、任意缩放后不失真等,因此常用于表现色彩不太丰富、轮廓不太复杂的对象,各类几何图形、美术字、统计图和工程制图等常用矢量图形来表征。常用的矢量图形设计软件有 Adobe Illustrator、Adobe Freehand、CorelDraw、Flash 等,文件格式有 AI、EPS、SVG、WMF 等。

位图图像是由像素组成的,每个像素用若干个二进制位来定义该像素的颜色、亮度和属性。位图图像的优点是色彩丰富、具有较强的层次感、承载的信息量大,缺点是占用的存储空间大、缩放后会失真。因此,位图图像适合表现比较细致、层次和色彩比较丰富、包含大量细节的图像,如照片和图画等。常用的位图图像处理软件有 Adobe Photoshop、Corel Painter 等,图像文件格式有 BMP、PSD、TIFF、JPEG、GIF、PNG 等。

(2) 图像分辨率

图像分辨率是指位图图像中单位长度上所包含像素的数目,常以像素/英寸(PPI)为单位。例如 180PPI 表示图像中每英寸包含 180 个像素。分辨率越高,图像越清晰,保存后的文件体积也越大。

常见的几种媒体上的图像分辨率:电脑屏幕上(课件、网页、电子媒体)显示的图像分辨率为 72PPI;彩色印刷图像分辨率为 300PPI;报纸图像分辨率为 120PPI 或 150PPI;打印的图像分辨率通常为 150PPI;灯箱广告图像分辨率应大于 40PPI;户外特大墙面广告的图像分辨率通常为 30PPI 左右。

(3) 色彩模式

色彩源于光。物体受可见光照射后,产生光的分解现象,一部分光线被吸收,其余的被反射或折射回来,而这部分被反射或折射回来的光,就是我们所见到的物体的色彩。色彩可以用色相、饱和度和明度来描述,人眼看到的任何色彩都是这三个特性的综合效果,因此这三个特性被称为色彩三要素。所谓色彩模式就是定量颜色的方法。在不同的领域中,人们采用的色彩模式往往不同,比如计算机显示彩色图像时采用 RGB 模式,打印输出彩色图像时用 CMYK 模式等。

① RGB 模式

这是一种最基本、使用最广泛的色彩模式，源于光的三原色原理，其中 R（Red）代表红色，G（Green）代表绿色，B（Blue）代表蓝色。自然界常见的各种颜色的光，都可由红、绿、蓝三种颜色的光按不同的比例合成产生。每种颜色都有 256 种亮度值，因此 RGB 模式从理论上讲有 256×256×256 共约 16 兆种颜色。虽然自然界中的颜色远多于 16 兆种，但这些颜色已经足够模拟自然界中的各种颜色了。

② CMYK 模式

CMYK 模式也称为印刷色彩模式，顾名思义就是用来印刷的。只要是在印刷品上看到的图像，都是通过 CMYK 模式来表现的。C（Cyan）代表青色，M（Magenta）代表品红色，Y（Yellow）代表黄色，K（Black）代表黑色。

印刷品上的颜色是通过油墨产生的，不同的油墨混合可以产生不同的颜色效果。但是油墨本身不会发光，它是通过吸收一些色光，而把其他色光反射到观察者眼睛里产生颜色效果的。黄色、品红色和青色是颜料的三原色，从原理上来说，它们能混合成任何一种颜色。但是目前的制作工艺还无法生产出高纯度的油墨，黄色、品红色和青色油墨混合在一起只能得到暗棕色，而得不到真正的黑色，所以另外引入了黑色油墨。在印刷过程中，使用这 4 种颜色的印刷版来产生各种不同的颜色效果。

### 3.1.2 图形图像文件的常见格式及特点

在处理图形图像时，要随时对文件进行存储，以便再打开修改或到其他的图像软件中进行编辑，这就要求将图形图像存储为正确的格式。图形图像文件的格式很多，常见的格式及特点如下：

（1）WMF 格式

全称为 Windows MetaFile，译为 Windows 图元文件，是微软公司开发的基于 Windows 平台的矢量图形文件格式，文件扩展名为".wmf"。文件短小，图案造型化，整个图形往往由各个独立的组成部分拼接而成，图形往往较粗糙，并且只能在 Microsoft Office 中调用编辑。

（2）EMF 格式

全称为 Enhanced Meata File，译为 Windows 增强性图元文件，同 WMF 文件一样都是微软公司基于 Windows 平台开发的矢量图形文件格式，文件扩展名为".emf"。只是 EMF 是为了弥补 WMF 使用的不足而开发的，可以支持更多的 GDI 函数，图像效果更好。

（3）BMP 格式

BMP 是英文 Bitmap（位图）的简写，文件扩展名为".bmp"。它是 Windows 操作系统的标准图像文件格式，能够被多种 Windows 应用程序支持。这种格式的特点是包含的图像信息较丰富，几乎不进行压缩，但由此导致了它与生俱来的缺点——占用磁盘空间过大。因此，开发多媒体课件时，通常不直接使用 BMP 格式的图像文件，而只是在图像编辑和处理的中间过程中使用它保存最真实的图像效果，编辑完成后转换成其他图像文件格式，再应用到多媒体课件中。

（4）JPEG 格式

JPEG 是 Joint Photographic Experts Group（联合图像专家组）的缩写，文件扩展名为".TIF"或".jpeg"。JPEG 文件体积小，色彩丰富，是最常用的图像文件格式。

JPEG 是一种有损压缩格式，在对图像进行压缩时，可以保持较好的保真度和较高的压缩比。当压缩比为 16∶1 时，压缩后的图像效果几乎与原图像难以区分；当压缩比为 48∶1 时，仍可以保持较好的图像效果，仔细观察图像的边缘才可以看出不太明显的失真。

（5）GIF 格式

GIF 全称为 Graphics Interchange Format，译为图像交换格式，是 CompuServe 公司在 1987 年开发的图像文件格式。GIF 文件采用 LZW 无损压缩方案，压缩率一般在 50% 左右，压缩时丢失了很多色彩信息，最多支持 256 色。目前几乎所有相关软件都支持它，这种格式还支持动画和透明。

（6）PNG 格式

全称为 Portable Network Graphic Format，译为可移植网络图形格式，文件扩展名为".png"，是 20 世纪 90 年代中期开发的一种位图文件存储格式。PNG 格式支持透明和半透明，支持使用 24 位色彩，采用无损压缩算法，保留了原来图像中的每一个像素，可以说集中了最常用的图像文件格式（如 JPEG、GIF）的优点。

（7）PSD 格式

PSD 格式是 Photoshop 图像处理软件的专用文件格式，文件扩展名为".psd"。这种格式支持图层、通道、蒙版等各种图像特征，是一种非压缩的原始文件格式。PSD 文件占用的存储空间较大，但由于可以保留所有原始信息，在图像处理中对于尚未制作完成的图像，选用 PSD 格式保存是最佳的选择。

## 3.2 图形图像素材的获取

【任务】

(1) 练习从网络和素材光盘、教学资源库中获取图片。

(2) 练习使用照相机、手机、扫描仪等设备获取图片。

(3) 练习使用 Photoshop 制作图形图像素材。

(4) 练习使用 Snagit 软件抓取不同类型的图片。

【知识储备】

图形图像素材的获取方法很多，常见的有：

### 3.2.1 从电子资源中获取

很多素材光盘、教学资源库中都含有大量的图片素材，网络更是一个巨大的资源库，充分查找这些电子资源，可以获得大量的图形图像素材。

利用常见的图片搜索引擎（如百度、Google 等）找到需要的图片后，右击打开快捷菜单，选择"图片另存为"，即可将图片保存到自己的计算机。

### 3.2.2 通过数码照相机或手机拍摄获取

如果需要现实生活中的素材，可以用数码相机或手机拍摄下来，导入计算机并处理后应用。

### 3.2.3 通过扫描仪扫描获取

在纸质的画报、画册中找到需要的图片素材后，可以用扫描仪扫描下来，导入计算机后应用。

### 3.2.4 用图形图像处理软件制作

运用简单的"Windows 画图"软件、专业的 Photoshop、Painter、Illustrator、CorelDraw、Fireworks 等应用软件，可以方便快速地制作出自己需要的图形图像素材。

【实践案例】

利用 Photoshop 制作背景透明图像。使用图像素材时，如果图像的背景影响图像的显示效果，就必须删除图像背景，使其变为透明。

（1）使用 Photoshop 打开需处理的图像，将图像的背景图层转变为普通图层，并利用多边形套索工具选择背景并将其删除，如图 2-2-1 所示。

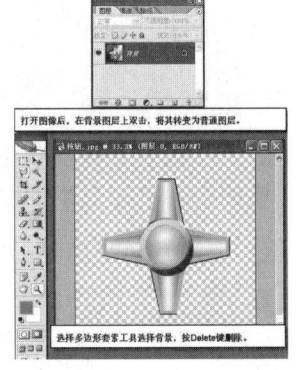

图 2-2-1 利用多边形套索工具将背景删除

（2）执行"文件" | "存储为"菜单命令，将图像存储为 GIF 格式或 PNG 格式，前后效果对比如图 2-2-2 所示。

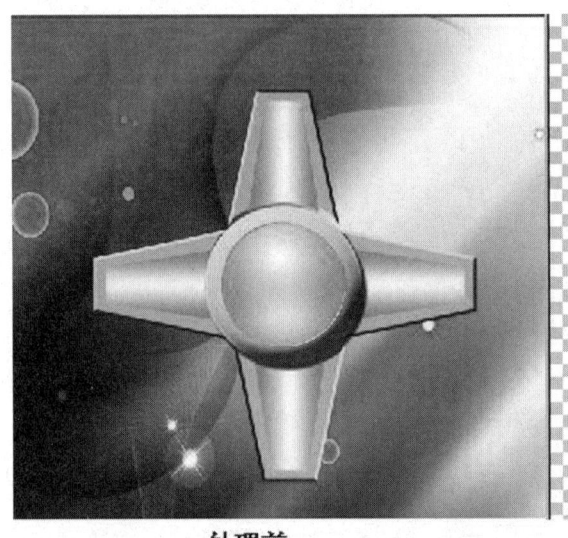

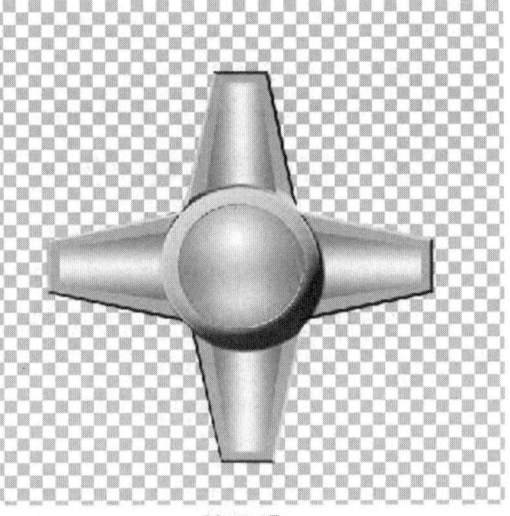

处理前　　　　　　　　处理后

图 2-2-2 前后效果对比图

### 3.2.5 屏幕抓图

出现在计算机屏幕上的图片，如果无法用常规的方法存储下来，可以运用 Snagit、HyperSnap 等软件通过屏幕抓图的方法来获取。

【实践案例】

使用键盘上的 Print Screen 可以抓取整个电脑屏幕，同时按住 Alt 和 Print Screen 键可以抓取屏幕上的活动窗口，这种抓图方法只能抓取这两类对象，使用局限性较大。

而使用 Snagit 进行屏幕抓图，捕捉范围极其灵活，可以捕捉整个屏幕或某个活动窗口，也可以随意捕捉任意位置、任意形状、任意大小的区域。下面以"抓取圆形对象"为例介绍一下使用 Snagit 抓图的方法和过程。

（1）运行 Snagit，进入其操作界面（如图 2-2-3）。在"输入"菜单中选择捕捉对象为"外形 | 椭圆"，在"输出"菜单中选择输出形式为"文件"。

图 2-2-3　Snagit 紧凑视图

（2）单击"立即捕获"按钮（或按下捕捉快捷键），进入捕捉模式。
（3）在屏幕上拖动鼠标选择某个圆形对象。
（4）松开鼠标，弹出"另存为"对话框，为捕捉的图像选择保存的位置及命名。

## 3.3　图形图像素材的处理

**【任务】**

练习使用美图秀秀软件进行图形图像素材的基本处理，包括改变图像大小、图像裁剪、抠图、去除无关信息、拼图等。

**【知识储备】**

美图秀秀是常用的一种图形图像处理软件，软件体积较小，但功能全面，能满足图形图像处理的基本需求，深受大众的认可和好评。

### 3.3.1　改变图像大小

运行美图秀秀软件，打开一幅分辨率较高、体积较大的图片，单击图片上方的"尺寸"按钮（如图 2-2-4），弹出"尺寸"对话框（如图 2-2-5），将图片的高度和宽度修改为需要大小。修改时注意锁定长度比例，避免图片失真。单击"确定"，另存图片，此时可以比较前后两幅图像体积大小的变化。

图 2-2-4　尺寸按钮

图 2-2-5　尺寸设置对话框

### 3.3.2　图像裁剪

运行美图秀秀软件,打开一幅原始图片,单击图片上方的"裁剪"按钮(如图 2-2-4),弹出"裁剪"对话框(如图 2-2-6),此时可以自由裁剪或按常用尺寸和形状裁剪,应用当前效果后,保存图片即可。

图 2-2-6　裁剪对话框

### 3.3.3 抠图

为了保证多媒体课件的美观性，素材图片中和课件内容无关的背景像素需要抠除。在美图秀秀中打开需要进行抠图处理的图片，单击主界面顶端的"抠图"按钮，进入"抠图"界面（如图2-2-7）。可以采用自动、手动和形状三种抠图方式，自动抠图适用于背景和主体边界分明的图片，手动抠图适用于精细抠图，形状抠图适用于抠取特定形状样式的图片。

图2-2-7 抠图窗口

### 3.3.4 去除无关信息

有时从网络上下载的图片素材中会有一些无关信息，比如水印、网址等，导入课件前必须去除，这样制作出的课件会更加精致美观。在美图秀秀中打开原始图片，切换到"美化图片"功能区，单击图片左侧的"消除笔"工具，进入"消除笔"窗口（如图2-2-8），此时可以调大图片显示比例、更改画笔大小，在需要去除的信息上涂抹，确保涂抹区周围是同一种颜色即可。

### 3.3.5 拼图

在课件页面中摆放多张图片时，可以调整其布局排列方式，增强美观性。美图秀秀提供了多种拼图方式和模板，可以实现多样化的拼图效果。打开一张图片，切换到"拼图"功能区（如图2-2-9），可以进行自由拼图、模板拼图、海报拼图、图片拼接。

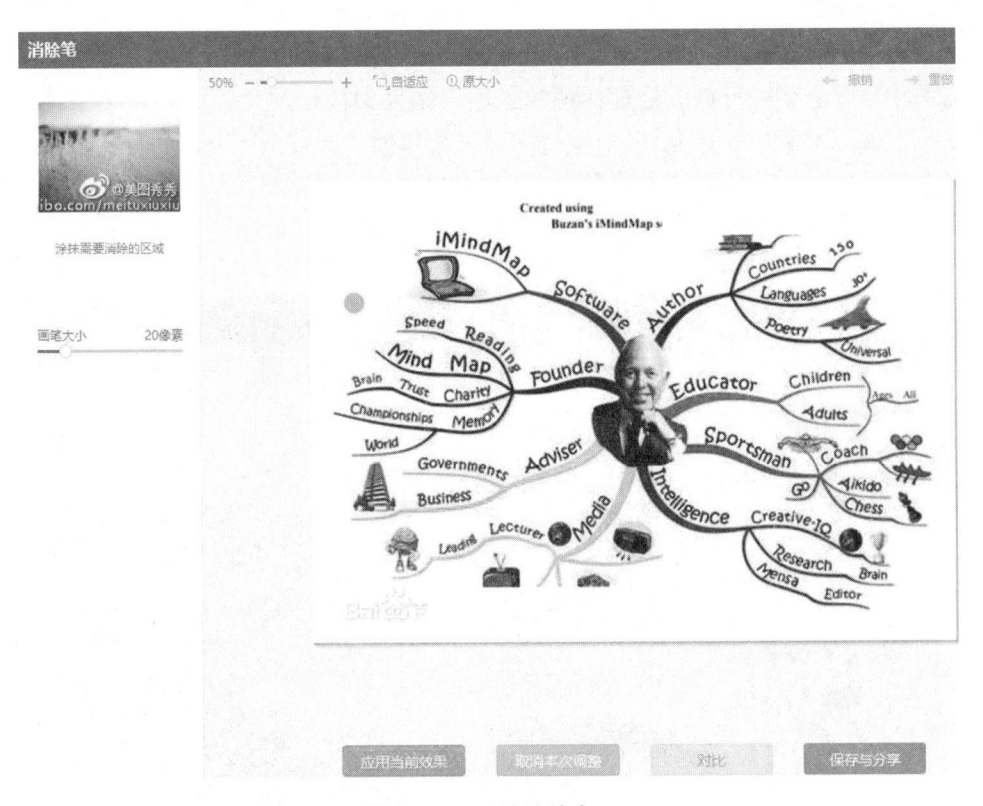

图 2-2-8　消除笔窗口

图 2-2-9　拼图窗口

单击"模板拼图",打开"模板拼图"对话框(如图2-2-10),在右侧的"在线素材"中选取合适的模板,单击对话框左侧的"添加多张图片",单击"确定"即可完成拼图。

图 2-2-10 模板拼图对话框

# 4 项目评价

为确保项目实施的实效性,更客观准确地评价学习者表现,教师和学习者可使用下方提供的表格(如表2-2)来检验并评价各个子项目的完成情况。项目进行过程中,学习者本人对各个子项目的完成情况进行实时自评,将分数写在相应位置;然后,每两个小组之间采取适当的方式(如观察、抽查、普查等)对对方组员各子项目的完成情况进行评价,将分数写在相应位置;在项目实施过程中,教师要担当好指导、定向、检查、督促的角色,确定学生的加减分。

各个子项目的"学习者自评分""组间评分"纵向相加后,写在"合计"一栏;教师对学习者的加减分写在"教师加减分"一栏;学习者该项目的最终成绩计算公式为学习者自评分×0.4+组间评分×0.6+教师加减分,将计算出的成绩写在"项目最终成绩"栏。

表2-2 《图形图像素材》评价表

| 项目指标 | | 分值 | 学习者自评分 | 组间评分 | 教师加减分 |
|---|---|---|---|---|---|
| 1. 图形图像理论知识 | | 10 | | | |
| 2. 图形图像素材的获取 | 2.1 从电子资源中获取 | 5 | | | |
| | 2.2 通过数码照相机或手机拍摄获取 | 5 | | | |
| | 2.3 通过扫描仪扫描获取 | 5 | | | |
| | 2.4 用图形图像处理软件制作 | 15 | | | |
| | 2.5 屏幕抓图 | 20 | | | |
| 3. 图形图像素材的处理 | 3.1 改变图像大小 | 5 | | | |
| | 3.2 图像裁剪 | 5 | | | |
| | 3.3 抠图 | 10 | | | |
| | 3.4 去除无关信息 | 10 | | | |
| | 3.5 拼图 | 10 | | | |
| 合计 | | | | | |
| 项目最终成绩<br>(学习者自评分×0.4+组间评分×0.6+教师加减分) | | | | | |

# 项目三 音频素材

项目地图

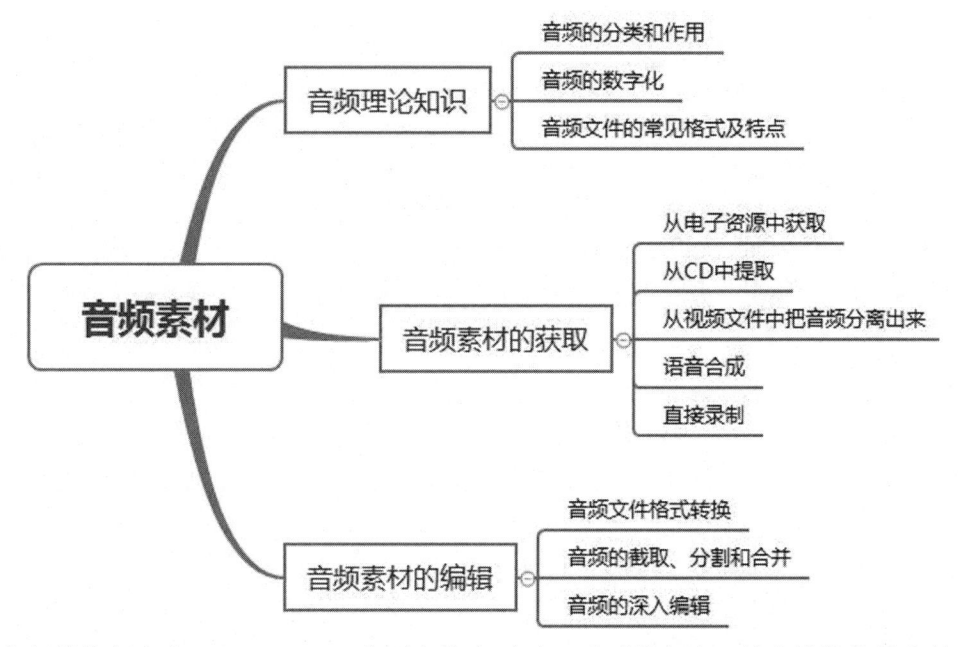

- 音频素材
  - 音频理论知识
    - 音频的分类和作用
    - 音频的数字化
    - 音频文件的常见格式及特点
  - 音频素材的获取
    - 从电子资源中获取
    - 从CD中提取
    - 从视频文件中把音频分离出来
    - 语音合成
    - 直接录制
  - 音频素材的编辑
    - 音频文件格式转换
    - 音频的截取、分割和合并
    - 音频的深入编辑

音频是指频率在 20Hz～20kHz 范围内的人耳可以听到的声波，是多媒体作品中的重要元素。在多媒体课件中，恰到好处地运用音频，可以使课件中要表现的内容更加生动活泼，起到烘托和渲染的作用。

## 1 项目目标

（1）了解音频的分类和作用，知道模拟音频数字化的具体过程，熟悉音频文件的常见格式及特点。

（2）能通过多种途径获取需要的音频素材。

（3）能运用相关软件对音频素材进行各类编辑和处理。

## 2 项目环境与条件

（1）配备多台学生电脑的多媒体网络教室，网络通畅。

（2）学生电脑上安装有 Word、PowerPoint、Windows Media Player、格式工厂、QQ 影音播放器、朗读女、Moo0 录音专家、SMMVSplitter、Adobe Audition 等软件。

（3）配备 CD 光盘、录音话筒、相关操作素材。

# 3 项目实施

## 3.1 音频理论知识

**【任务】**

阅读文本材料,了解音频的分类和作用,知道模拟音频数字化的具体过程,熟悉音频文件的常见格式及特点,为音频素材的获取和处理奠定理论基础。

**【知识储备】**

### 3.1.1 音频的分类和作用

多媒体课件中的音频包括音乐、语音和音效三种类型。音乐是由有组织的乐音来表达人们思想感情、反映现实生活的一种艺术化声音形式,在课件中主要充当背景音乐,是一种衬托性的声音,可以起到烘托气氛、强调主题的作用。语音是指人们说话的声音(如解说、课文朗读等),可以用来叙述、说明课件的内容。音效指声音的特殊效果,如雨声、铃声、机器声、动物叫声等,可以从自然界中录音获得,也可以采用特殊方法人工模拟制作,在课件中适当采用音效,可以提高课件使用者的注意力。

### 3.1.2 音频的数字化

计算机处理音频信号之前,必须将模拟的声音信号数字化,产生数字音频。具体过程包括:采样、量化、编码。

采样是每间隔一段时间读取一次模拟声音信号幅度,使声音信号在时间上被离散化。采样的主要参数是采样频率。采样频率是指将声音数字化时,每秒钟所抽取声波幅度样本的次数,其计量单位是千赫兹(kHz)。一般来讲,采样频率越高声音失真越小,用于存储数字音频的数据量也越大。经常使用的采样频率有11.025kHz(低品质)、22.05kHz(适用于语音和中等品质的音乐)和44.1kHz(用于CD品质的音乐)等。

量化就是把采样得到的声音信号幅度转换为数字值,使声音信号在幅度上被离散化。量化位数反映采样点能够表示的数值范围,常用的有8位、12位和16位。

编码就是按照一定的格式把经过采样和量化得到的离散数据记录下来,并在有效的数据中加入一些用于纠错和控制的数据。编码方式不同,音频文件的格式也不一样。

### 3.1.3 音频文件的常见格式及特点

(1) WAV 格式

WAV 格式是微软公司开发的一种波形声音文件格式,是 Windows 本身存放数字声音的标准格式,采用".wav"作为扩展名。它是最早的数字音频格式,被 Windows 平台及其应用程序广泛支持。

WAV 文件存放的一般是未经压缩处理的音频数据,利用该格式记录的声音和原声基本一致,质量最高,但由于体积很大(1分钟的CD音质需要10M字节),不适于在网络上传播。

(2) MP3 格式

MP3 是一种以高保真为前提实现的高效压缩技术,压缩率为10:1~12:1,文件扩展名为".mp3"。MP3 技术使得在较小的存储空间内存储大量的音频数据成为可能,所以 MP3

成为目前最为流行的一种音乐文件。

（3）WMA 格式

WMA 的全称是 Windows Media Audio，它是微软公司推出的与 MP3 格式齐名的一种新的音频格式，扩展名为".wma"。WMA 是以减少数据流量但保持音质的方法来达到比 MP3 压缩率更高的目的，压缩率一般可以达到 18∶1 左右。压缩比和音质方面都超过了 MP3，目前应用得越来越广泛。WMA 还可以通过 DRM（Digital Rights Management）方案加入防止拷贝，或者加入限制播放时间和播放次数，甚至是限制播放机器，可有力地防止盗版。

（4）MIDI 格式

MIDI 的全称是 Musical Instrument Digital Interface，译为乐器数字接口，文件扩展名为".mid"，它提供了电子乐器与计算机内部之间的连接界面和信息交流方式。

MIDI 存储和传输的不是波形信号，而是音符、控制参数等指令。它指示 MIDI 设备要做什么、怎么做（如演奏哪个音符、多大音量等），因此文件体积较小。MIDI 文件重放的效果完全依赖声卡的档次，其最大用处是在电脑作曲领域。

（5）CD 音频

文件扩展名是.CDA，是存储在 CD 光盘中的数字音频，可以通过 CD-ROM 驱动器读取并采集到多媒体计算机中转换为波形音频。CD 音频采取的是 44.1kHz 的采样率、16bit 立体声，音质效果很好，是对原始声音近似无损的保留。

## 3.2 音频素材的获取

【任务】

（1）练习从音乐光盘、教学资源库和网络上获取音频素材。

（2）练习从 CD 光盘中提取音频素材。

（3）练习利用多种软件从视频文件中提取音频。

（4）练习利用语音合成软件将文本转换为各种类型的音频。

（5）练习使用录音软件录制电脑内外部的声音。

【知识储备】

### 3.2.1 从电子资源中获取

从音乐光盘、教学资源库和网络上查找获得。教学资源库中可以找到教学用的音乐、音效和课文朗读等音频素材。互联网上也有大量免费的音频素材可供下载，可以通过在各种搜索引擎中输入关键词搜索下载，也可以直接登录音乐网站（如百度 MP3、搜狗音乐、酷狗音乐等）获取需要的音频素材。

### 3.2.2 从 CD 中提取

CD 中的音频需要用专门软件来抓取，俗称"抓轨"。常用的抓轨工具是 Windows 系统自带的 Windows Media Player 播放器，抓轨速度快，一首乐曲一般只需十几秒。

【实践案例】

用 Windows Media Player 播放器抓轨。

（1）打开 Windows Media Player 软件窗口，把默认的"外观模式"切换到"完整模式"。

（2）打开 CD，开始播放。

（3）单击"翻录"，勾选需要转存的歌曲。

（4）单击"翻录音乐"，被选中的歌曲就会逐一转换，并存入电脑指定的文件夹中。

### 3.2.3 从视频文件中把音频分离出来

利用"格式工厂"软件可以将视频直接转换为音频文件，在"QQ影音播放器"中可以通过转码的方式将视频转换为音频文件，利用"Cool Edit"软件可以从视频中提取音频。也可以利用专业视频处理软件（如 Premiere、会声会影等）把视频打开，输出时去掉视频轨道信息，即可得到音频信息。

### 3.2.4 语音合成

语音合成是根据语言学和自然语言理解的知识，使计算机模仿人的发声，自动生成语音的过程。目前主要是按照文本（书面语言）进行语音合成，这个过程称为文语转换（Text-To-Speech，简称 TTS）。常用的语音合成软件有科大讯飞语音合成、文语通、方正畅听、播音王、能说会道 XP、听网页、朗文大师等。

### 3.2.5 直接录制

通过计算机中的声卡，利用麦克风和音频录制软件可以录制电脑外部的语音，也可以录制电脑内部的声音（如网页视音频中的声音、本机视频播放的声音等）。音频录制软件很多，常用的有 Windows 系统自带的"录音机"、Total Recorder、Moo0 录音专家和 Cool Edit 等。如果要录制电脑内部的声音，录音通道应选择"立体声混音"；如果用麦克风录制语音，录音通道应选择"麦克风"。注意调整音量大小，使录制的声音大小适当，不要出现峰值失真。

【实践案例】

使用 Moo0 录音专家录制音频。

（1）安装并运行 Moo0 录音专家软件，呈现图 2-3-1 所示的界面。

（2）在"输出文件"区设置录音文件名和保存位置，单击下方当前选项设置为"只录取人声"的列表框，可以选择录音通道。"只录取人声"选项的作用是录制电脑外部的语音；"录取任何电脑声"选项的作用是录制电脑内部的声音，比如媒体播放器中和网页中的声音；"录取任何电脑声和人声"选项的作用是同时录制电脑内部和外部的声音。录音通道选择列表框右侧的"扩大"选项，可以调整录音音量。

图 2-3-1 Moo0 录音专家主界面

（3）单击软件界面下方的"开始录音"，录制完成后，即可在指定位置找到录制好的音频文件。

## 3.3 音频素材的编辑

【任务】

（1）练习使用格式工厂软件进行音频文件格式之间的转换操作。

（2）练习使用 SMMVSplitter 软件进行音频的截取、分割和合并操作。

(3) 练习使用 Adobe Audition 软件进行音频的深入编辑操作。

【知识储备】

音频素材获取后往往需要加工处理才能使用，例如转换音频格式、插入音频片段、截取音频片段、合并音频、混音、降噪、调整音频音量、添加混响效果等。

### 3.3.1 音频文件格式转换

开发信息化教学资源的软件多种多样，每种软件对音频文件格式的支持各有不同，因此经常需要在各种音频文件格式之间进行转换。

【实践案例】

使用格式工厂软件转换音频文件格式。

(1) 安装并运行格式工厂软件，呈现图 2-3-2 所示的界面。

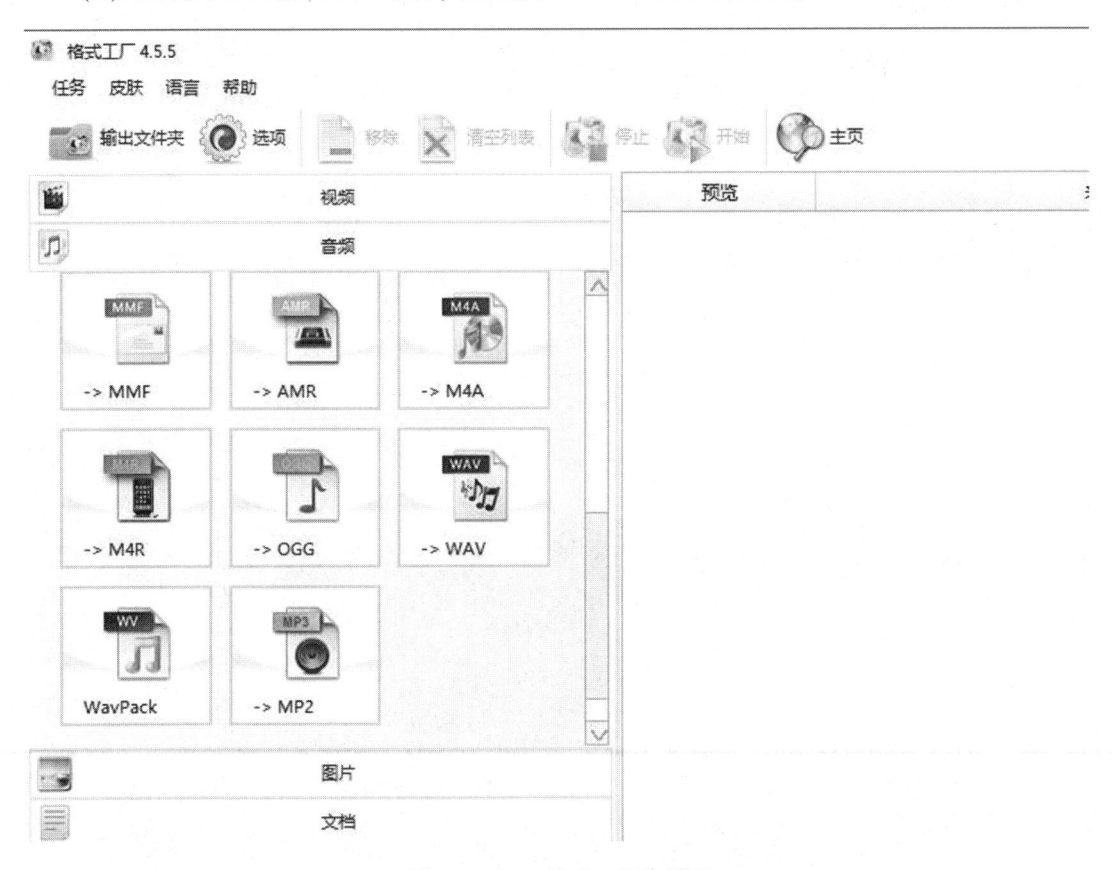

图 2-3-2　格式工厂主界面

(2) 在软件界面左侧切换到"音频"区，单击要转换成的音频格式（如 WAV），此时弹出图 2-3-3 所示的对话框。单击"添加文件"按钮，可以添加待转换的音频文件；单击"改变"按钮，可以重新设置输出文件夹；如果需要对音频参数进行调整，可以单击"输出配置"按钮。

(3) 上述设置完毕后，单击"确定"按钮，该音频转换任务就添加到软件主界面右侧列表中（如图 2-3-4）。单击界面上方的"开始"按钮，执行转换任务。转换完成后，可到指定输出文件夹中查看。

图 2 - 3 - 3　音频格式转换设置

图 2 - 3 - 4　转换任务列表

### 3.3.2　音频的截取、分割和合并

截取、分割和合并音频文件是最常进行的音频编辑，可选择的编辑软件很多，这里推荐一种好用的视音频分割工具 SMMVSplitter。

【实践案例】

使用 SMMVSplitter 进行音频的截取、分割和合并。

（1）运行 SMMVSplitter 软件，呈现图 2 - 3 - 5 所示的界面。

图 2 - 3 - 5　SMMVSplitter 软件主界面

（2）单击左上角"输入文件"图标，导入要进行编辑的音频文件，此时软件主界面下方呈现音频文件的波形图（如图 2-3-6）。

图 2-3-6　音频文件波形图

（3）将播放指针移动到某个合适的位置，然后在指针上右击，弹出图 2-3-7 所示的快捷菜单。选择"添加标记点"，此时指针下方出现一个三角标记，利用同样方式可以继续添加标记点（如图 2-3-8）。

图 2-3-7　右击快捷菜单

图 2-3-8　添加的标记点

（4）单击两标记点之间的横条，高亮显示，说明该段音频被选中。右击，在图 2-3-7 所示的快捷菜单中选择"所选区段另存为"命令，可将选中的音频段保存为单独的音频文件，实现截取操作。如果选择"所有区段另存为"，则可将所有标记点分割的各个音频段保存为单独的音频文件，实现分割操作。

（5）单击软件主界面"工具"｜"合并任务管理器"｜"显示管理器窗口"命令，可以打开合并任务管理器（如图 2-3-9）。将所有需要合并的音频文件按照先后顺序都添加到列表中,单击列表上方"开始合并"按钮,可以实现音频文件的合并操作。

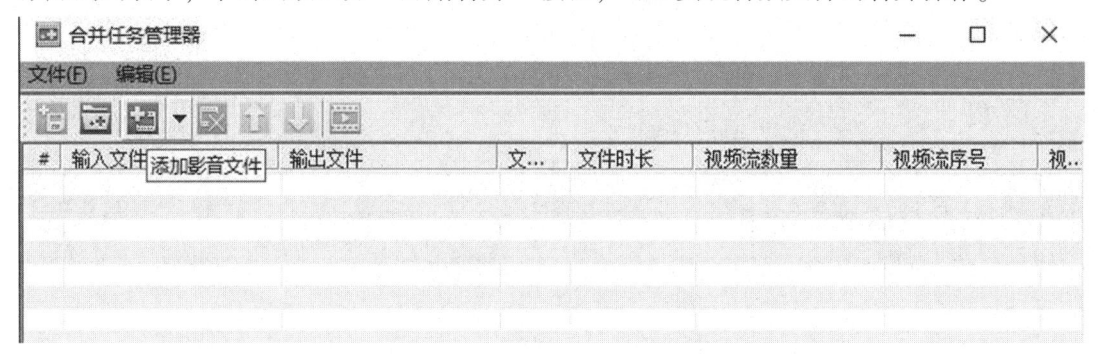

图2-3-9 合并任务管理器

### 3.3.3 音频的深入编辑

音频素材的深入编辑和处理需要利用专业的音频处理软件,如 Adobe Audition、GoldWave、Sound Forge 等。Adobe Audition 提供了先进的音频混音、编辑和效果处理功能。无论是录制音乐、制作广播节目,还是配音,Adobe Audition 均可提供充足动力,创造高质量的音频节目。

Adobe Audition 有两种界面:单轨编辑界面和多轨编辑界面。单轨编辑界面用于编辑单个音频波形,为音频添加效果;多轨编辑界面用于对多个音频进行混合,每个音轨左侧对应一个控制台,可以对音轨进行录音、静音和独奏等操作。

【实践案例】

用 Adobe Audition CS6 编辑音频。

(1) 声音的截取

打开 Adobe Audition,在资源管理器中选择文件夹,选择需要处理的音频文件,双击在轨道中打开,如图2-3-10所示。

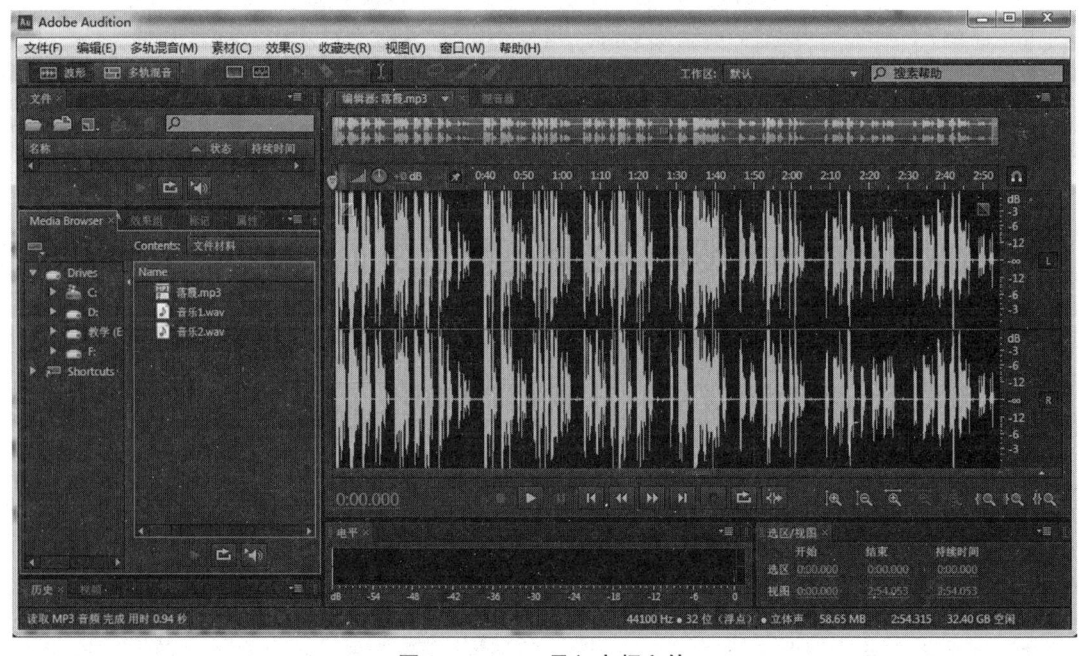

图2-3-10 导入音频文件

用控制面板中的播放、停止按钮预览声音，将不需要的部分按鼠标左键拖动选中，按 DEL 键可删除，误操作可按工具栏中的撤销箭头（或 Ctrl + Z）恢复。

（2）音量调节

方法一：单击视频→显示 HUD，将 HUD 放置在合适的位置，如图 2 - 3 - 11 所示。将鼠标放置在 +0dB 上左右拖动鼠标，或直接输入数值（负号为减小音量），调节整体音量大小。

方法二：单击菜单栏的"效果→振幅与压限→增幅"，如图 2 - 3 - 11 所示，在默认状态下可拖动滑块或直接输入提升/衰减音量的数值调节音量，也可在预设中选择相应数值。

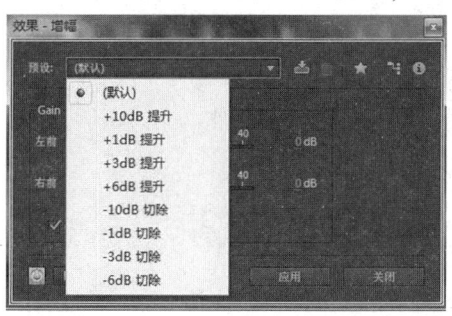

图 2 - 3 - 11 音量调节

（3）降噪

声音录制过程中，周围的环境或话筒等都会产生一些噪音，因此，必须要进行降噪。打开音频文件，选择某段噪音，单击菜单栏的"效果→降噪/修复→降噪"，如图 2 - 3 - 12 所示。单击捕捉噪声样本，获取噪音特性参数。

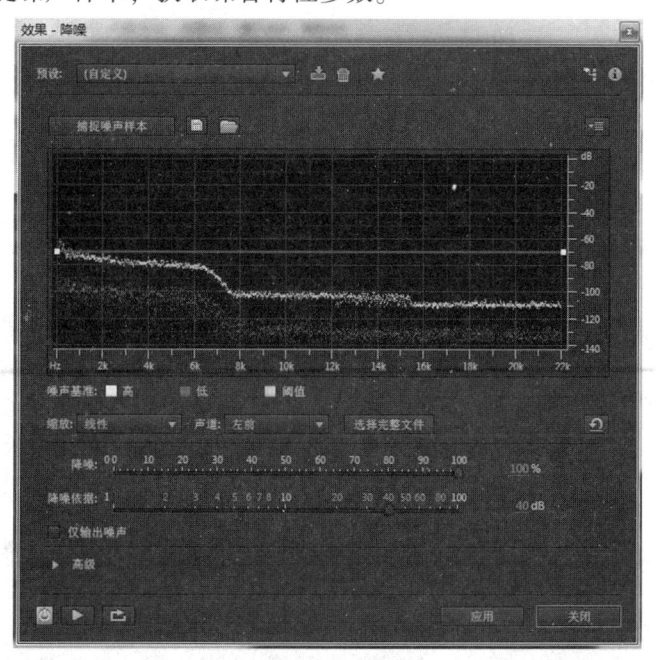

图 2 - 3 - 12 降噪器

直接关闭降噪器窗口，重新选择要降噪的音频文件或片段，再次打开降噪器，运用已有的噪音特性，单击应用即可去除噪音。头尾处没有人声的地方可能产生的噪音，可以用鼠标左键选中该段波形后右击，选择"静默"去除。

(4)混响

混响可模拟不同的听音环境,使声音变得圆润。单击"效果→混响",有几种声音混响效果可供选择,如单击"完全混响",有如图2-3-13所示的选项。

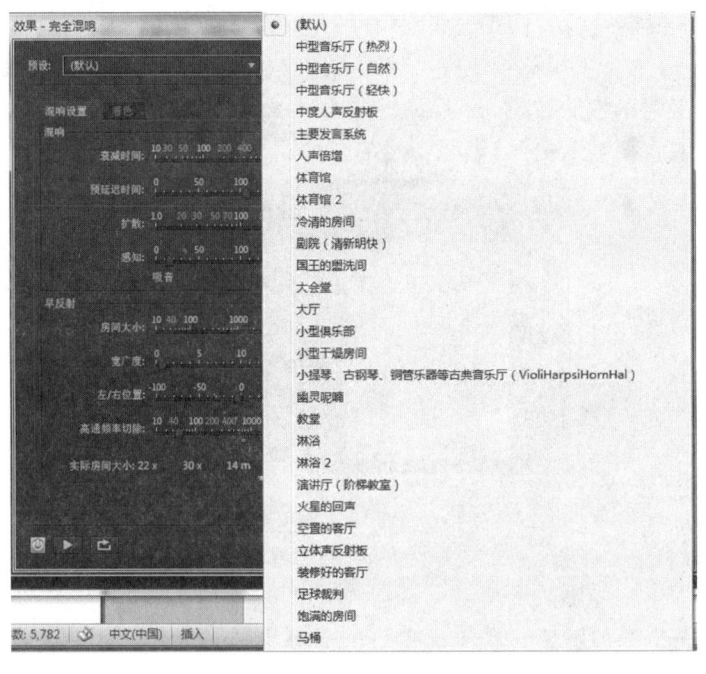

图2-3-13 混响设置

单击预设下拉菜单,可选择不同的模拟听音环境下的混响效果。也可调节衰减时间、预延迟时间、早反射中的房间大小等滑块改变混响时间的参数,单击下方的"播放"按钮监听效果,满意后单击"应用"即可。注意混响时间不宜太长,否则会含糊不清。

(5)消除人声

在资源管理器中导入下载的流行音乐,双击打开,在单音轨模式下单击"效果→立体声声像→中置声道提取",在预设中选择"人声移除",即可消除人声,如图2-3-14所示。再利用混响、频率均衡等操作,特别是进行低频段的补偿,制作较为满意的背景音乐,保存。

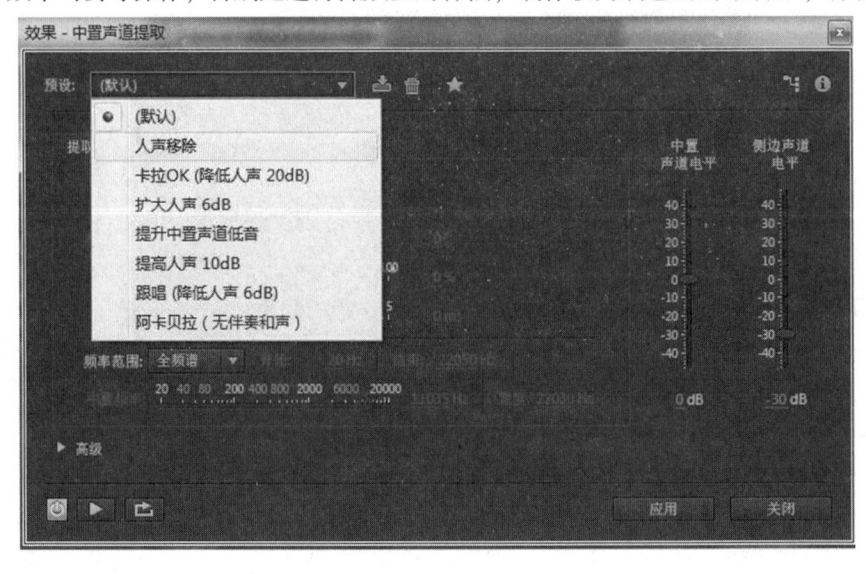

图2-3-14 消除人声

（6）混缩合成

新建一个多轨混音的工程文件，设置其采样频率和量化位数（如44100Hz，16位），确定后进入多轨道编辑界面，如图2-3-15所示。

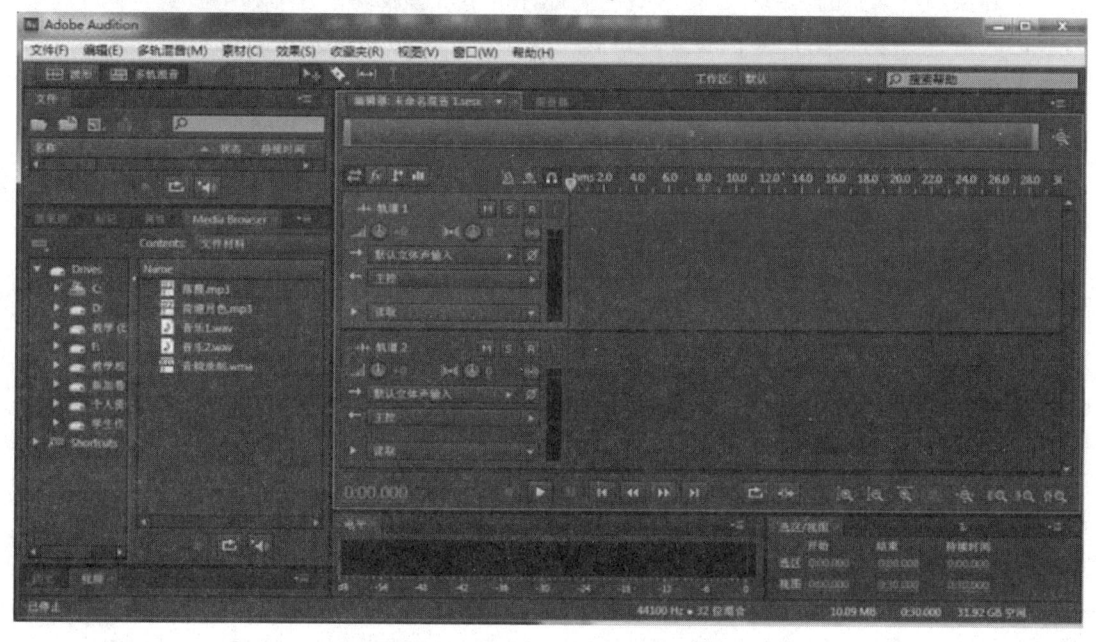

图2-3-15　多轨道编辑界面

录制的音频文件放置在轨道1，伴奏音乐放置在轨道2，单击控制面板中的"播放"按钮监听效果，如果某轨道声音较轻或过重，可以通过轨道左侧的"音量"旋钮或在旋钮右侧输入数值来改变音量大小，注意音乐不宜过大，不能掩盖人声，如图2-3-16所示。选择轨道3，右击选择"缩混混音项目为新文件"，选择"完整混音"，即可将所需混音的文件混合成单个轨道的新文件，保存，如图2-3-17所示。

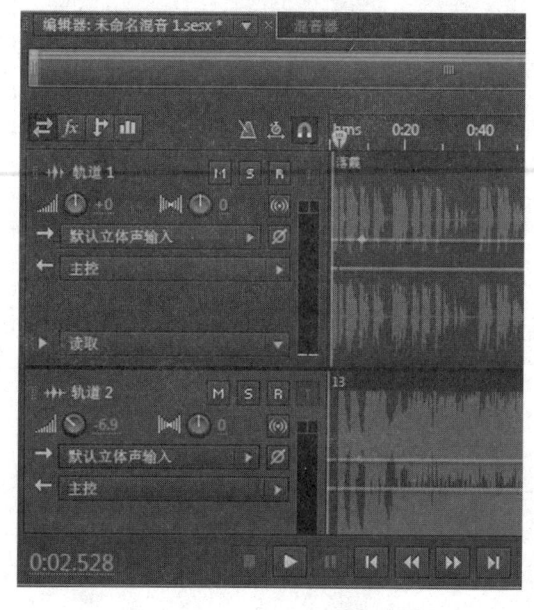

图2-3-16　多轨道直接混音　　　　图2-3-17　混音新文件

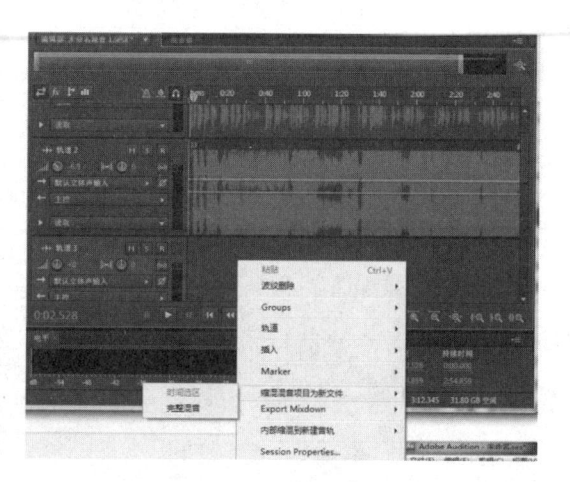

# 4 项目评价

为确保项目实施的实效性，更客观准确地评价学习者表现，教师和学习者可使用下方提供的表格（如表2-3）来检验并评价各个子项目的完成情况。项目进行过程中，学习者本人对各个子项目的完成情况进行实时自评，将分数写在相应位置；然后，每两个小组之间采取适当的方式（如观察、抽查、普查等）对对方组员各子项目的完成情况进行评价，将分数写在相应位置；在项目实施过程中，教师要担当好指导、定向、检查、督促的角色，确定学生的加减分。

各个子项目的"学习者自评分""组间评分"纵向相加后，写在"合计"一栏；教师对学习者的加减分写在"教师加减分"一栏；学习者该项目的最终成绩计算公式为学习者自评分×0.4+组间评分×0.6+教师加减分，将计算出的成绩写在"项目最终成绩"栏。

表2-3 《音频素材》评价表

| 项目指标 | | 分值 | 学习者自评分 | 组间评分 | 教师加减分 |
|---|---|---|---|---|---|
| 1. 音频理论知识 | | 10 | | | |
| 2. 音频素材的获取 | 2.1 从电子资源中获取 | 5 | | | |
| | 2.2 从CD中提取 | 5 | | | |
| | 2.3 从视频文件中把音频分离出来 | 5 | | | |
| | 2.4 语音合成 | 10 | | | |
| | 2.5 直接录制 | 20 | | | |
| 3. 音频素材的编辑 | 3.1 音频文件格式转换 | 10 | | | |
| | 3.2 音频的截取、分割和合并 | 15 | | | |
| | 3.3 音频的深入编辑 | 20 | | | |
| 合计 | | | | | |
| 项目最终成绩<br>（学习者自评分×0.4+组间评分×0.6+教师加减分） | | | | | |

# 项目四 视频素材

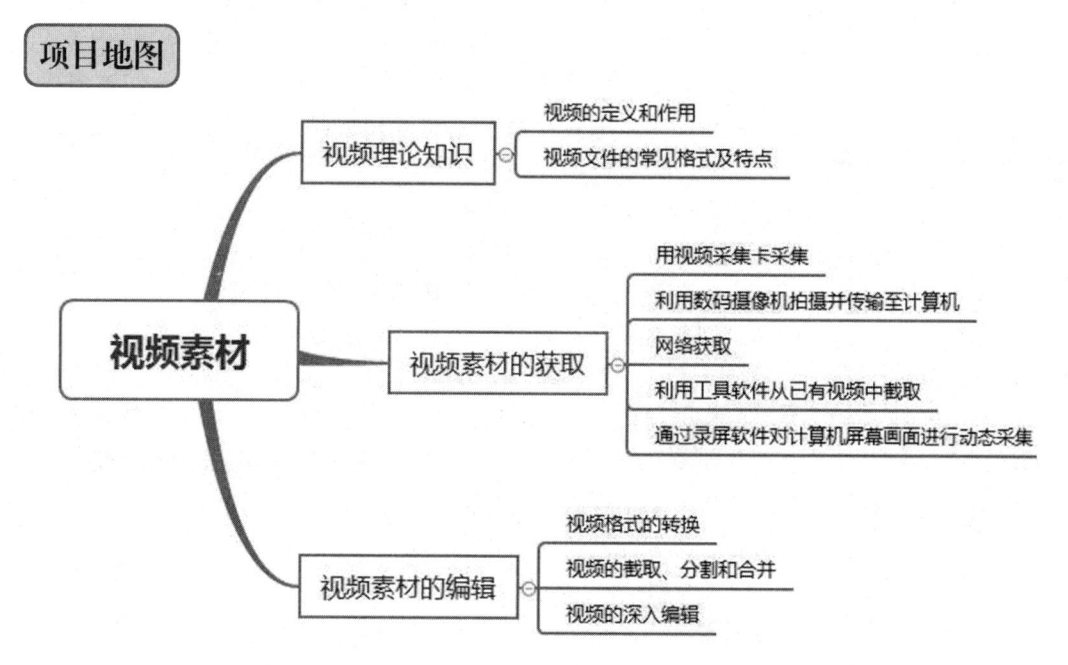

**项目地图**

- 视频素材
  - 视频理论知识
    - 视频的定义和作用
    - 视频文件的常见格式及特点
  - 视频素材的获取
    - 用视频采集卡采集
    - 利用数码摄像机拍摄并传输至计算机
    - 网络获取
    - 利用工具软件从已有视频中截取
    - 通过录屏软件对计算机屏幕画面进行动态采集
  - 视频素材的编辑
    - 视频格式的转换
    - 视频的截取、分割和合并
    - 视频的深入编辑

## 1 项目目标

（1）了解视频的定义和作用，熟悉视频文件的常见格式及特点。
（2）能通过多种途径获取需要的视频素材。
（3）能运用相关软件对视频素材进行各类编辑和处理。

## 2 项目环境与条件

（1）配备多台学生电脑的多媒体网络教室，网络通畅。
（2）学生电脑上安装有 Word、PowerPoint、谷歌浏览器、格式工厂、QQ 影音播放器、SMMVSplitter、Camtasia、硕鼠、维棠等软件。
（3）配备各实践项目所需的操作素材。

## 3 项目实施

### 3.1 视频理论知识

【任务】
阅读文本材料，了解视频的定义和作用，熟悉视频文件的常见格式及特点，为视频素材的获取和处理奠定理论基础。

**【知识储备】**

### 3.1.1 视频的定义和作用

视频是内容随时间变化的一组动态图像。当若干相关的静止画面以一定的速度播放时，由于人眼的视觉暂留特性，我们就看到了连续的视频。视频可分为模拟视频和数字视频两大类。

模拟视频是一种传输图像和声音的连续的变动电信号，每一帧图像都是实时获取的自然景物的真实图像信号，视频画面给人一种身临其境的感觉。模拟视频信号成本低、还原性好，但它的最大缺点是经过长时间的存放之后，画面的质量将大大地降低。经过多次复制之后，画面的失真会很明显。如果要通过计算机编辑模拟视频，必须首先将其数字化。数字视频是计算机能处理的视频，数字视频具有以下特点：

（1）可以不失真地进行无数次复制。

（2）数字视频便于长时间的存放。

（3）数字视频数据量大，在存储与传输的过程中必须进行压缩编码。

（4）数字视频可以进行非线性编辑，实时捕捉和录制，增加特技效果，不会导致质量损失。

视频是一种不可缺少的信息表现形式，与图形图像相比，视频更易于表现动态的、逼真的信息，尤其在展示事实性知识及实时操作方面有着其他媒体无法比拟的优越性。视频信息量大，可以提供丰富多彩、生动形象的感性材料，使学习者有身临其境的感觉，还可以向学生充分表现宏观、微观、瞬间和漫长的过程与事物，让学生观察、认识、理解和思考，拓宽学生的知识领域，激发学生学习兴趣，调动学生学习积极性，发展学生的观察力、想象力、思维能力和创造力。

### 3.1.2 视频文件的常见格式及特点

在数字视频领域，根据不同的用途，视频压缩编码的标准不同，从而形成了多种样式的视频文件格式。

（1）AVI 格式

AVI 是 Audio Video Interleave 的缩写，即音频视频交错格式，文件扩展名为".avi"。这种格式于 1992 年被 Microsoft 公司推出，随 Windows3.1 一起被人们所认识和熟知。AVI 格式的优点是可以跨平台使用、调用方便、图像质量好，缺点是文件体积大、压缩标准不统一。由于压缩标准不同，解码时也需要不同的算法，所以有时会出现支持 AVI 格式的软件打不开某个 AVI 文件的情况。

（2）MPEG 格式

MPEG 是 Moving Picture Expert Group 的缩写，文件扩展名为".mpg"".mpeg"".dat"".vob"".mp4"等。MPEG 是运动图像压缩算法的国际标准，它采用了有损压缩方法从而减少运动图像中的冗余信息。其基本方法是：在单位时间内采集并保存第一帧信息，然后只存储其余帧相对第一帧发生变化的部分，从而达到压缩的目的。

目前 MPEG 格式有三种压缩标准，分别是 MPEG-1、MPEG-2、和 MPEG-4。此外，MPEG-7 与 MPEG-21 仍处在研发阶段。

(3) Real Media 格式

Real Media 格式由 Real Networks 公司推出，是目前互联网上最流行的跨平台多媒体应用标准，文件扩展名为".rm"".rmvb"。它采用流媒体技术，用户可以边下载边观看视频信息。

(4) MOV 格式

美国 Apple 公司开发的一种视频格式，默认的播放器是苹果的 QuickTime Player。具有较高的压缩比率和较完美的视频清晰度等特点，但是其最大的特点还是跨平台性，即不仅能支持 Mac OS，也能支持 Windows 系统。

(5) ASF 格式

ASF 是 Advanced Streaming Format（高级串流格式）的缩写，是 Microsoft 公司为了和 Real Media 格式竞争而设计出来的一种网络流式视频文件格式，既适合在网络发布，也适合在本地播放，文件扩展名为".asf"。

(6) FLV 格式

FLV 是 Flash Video 的简称，是 Macromedia 公司（已被 Adobe 公司收购）开发的流式视频文件格式，扩展名为".flv"。

FLV 视频文件体积小巧，加载速度快，CPU 占用率低，视频质量良好。它的出现有效地解决了视频文件导入 Flash 后，使导出的 SWF 文件体积庞大，不能在网络上很好地使用等缺点。目前大部分在线视频网站都采用这种视频格式，如土豆、优酷、新浪博客、56、酷6、youtube 等。FLV 已经成为当前视频文件的主流格式。

## 3.2 视频素材的获取

**【任务】**

(1) 练习通过多种途径获取网络视频。

(2) 练习使用 QQ 影音播放器截取视频片段。

(3) 练习使用 Camtasia 等录屏软件录制电脑屏幕操作。

**【知识储备】**

### 3.2.1 用视频采集卡采集

为了将电视、录像等模拟信号的视频转换为计算机中的数字视频，需要用到视频采集卡。通常采集步骤如下：

(1) 安装视频采集卡和视频采集软件。Premiere、会声会影等软件都具有视频采集的功能。

(2) 将录像机、模拟摄像机、影碟机等的输出端口链接到视频采集卡的输入端口。

(3) 打开视频采集软件的"采集"功能窗口，设置好相关参数。

(4) 在"采集"窗口中浏览找到需要采集的片段，单击"记录"按钮。

(5) 采集完成后保存成视频格式的文件。

### 3.2.2 利用数码摄像机拍摄并传输至计算机

数码摄像机采集的是数字视频，它把视频图像及伴音记录在数码磁带或硬盘等介质上，然后通过 IEEE1394 接口或 USB 接口与计算机连接并传输。

### 3.2.3 网络获取

随着网络技术的发展，互联网上的视频教学资源越来越丰富，我们可以在专业的教学视频资源网上查找，也可以利用百度、Google 等搜索引擎查找，找到视频资源后用适当的方法下载。常用的下载方法有：

（1）视频播放完毕后，从 Internet 临时文件夹中获取。

打开浏览器，执行"工具"｜"Internet 选项"菜单命令，在打开的"Internet 属性"对话框"常规"选项卡"浏览历史记录"区域中单击"设置"按钮，打开"Internet 临时文件和历史记录设置"对话框。单击其中的"查看文件"按钮，可以打开 Internet 临时文件夹，从中可以查找已经下载的视频文件。

（2）使用下载链接或专用的下载软件。

若网页提供了下载链接，单击链接下载即可。若网站提供了专用的下载软件，可安装后批量下载，如爱奇艺、优酷等。

（3）获取视频属性后，利用专门的下载软件下载。

在网页视频上右击，在弹出的快捷菜单中选择"属性"，打开"属性"对话框，复制视频的路径和名称。运行"迅雷"下载工具，新建一个下载任务，则迅雷自动获取刚才复制的视频路径，开始下载。

（4）利用硕鼠、维棠等专业的视频下载工具下载 FLV、MP4 等网页视频。

（5）利用谷歌浏览器侦测。

【实践案例】

利用谷歌浏览器和迅雷侦测并下载视频。

（1）运行谷歌浏览器，打开并播放需要下载的视频。

（2）按下键盘上的 F12 键，出现"审查元素"面板，切换到"Network"子面板。刷新页面，可以看到各种元素都在加载，可以按照"Type""Size"排序快速显示各类资源，Type 为 media 的是要下载的视频资源（如图 2-4-1）。

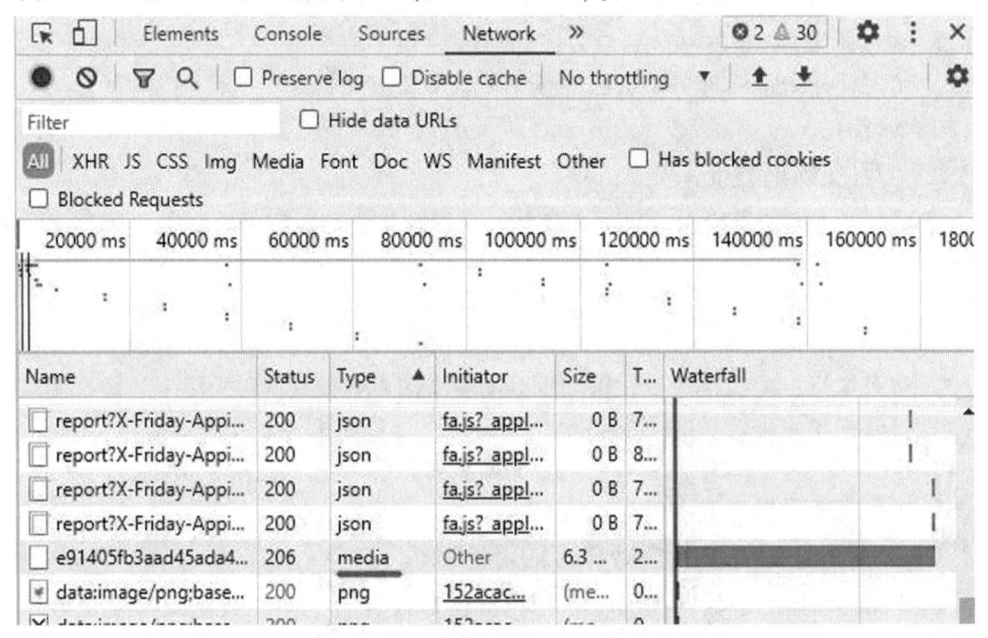

图 2-4-1　谷歌浏览器 Network 面板

（3）在视频资源 Name 上右击，在快捷菜单中依次选择"Copy"｜"Copy link address"（如图 2-4-2），获得视频的下载地址，然后在迅雷下载工具中新建一个下载任务即可。

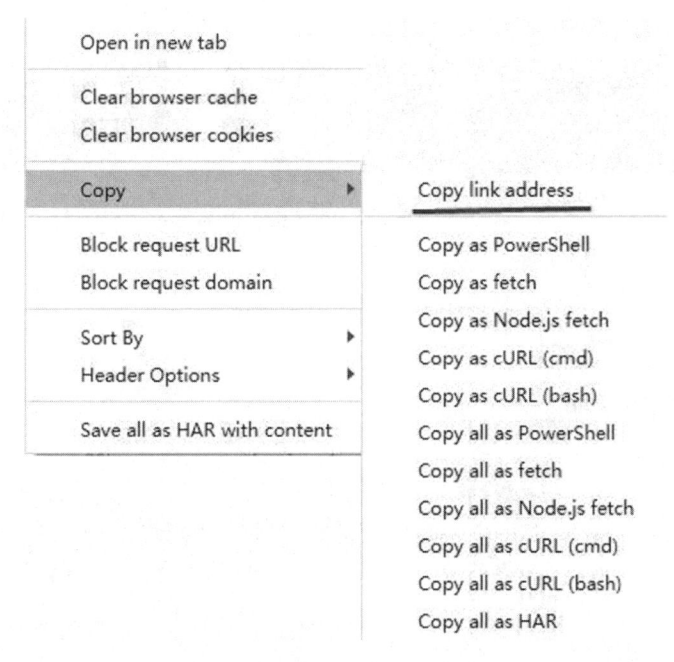

图2-4-2 获取视频下载地址

### 3.2.4 利用工具软件从已有视频中截取

开发课件时往往只需要视频的一部分，这就需要对视频文件进行截取操作。不同格式的视频往往使用不同的截取软件。ASF 格式的视频可使用 ASF Tools 等软件来分割截取；RM 或 RMVB 格式的视频可用 Real Media Editor 软件来截取和分割；SplitIt、Ultra Video Splitter、QQ 影音播放器和视频分割专家等可以对 WMV、ASF、AVI、MPEG、MOV、MP4、FLV 等多种格式的视频进行截取。

【实践案例】

用 QQ 影音播放器截取视频片段。

（1）运行 QQ 影音播放器，打开一个视频文件。

（2）打开影音工具箱，单击"截取"按钮，如图 2-4-3 所示。

图 2-4-3 影音工具箱 – 截取

(3) 设置截取的开始点和结束点（如图2-4-4）。

图2-4-4 设置起止点

(4) 单击"保存"按钮即可。

### 3.2.5 通过录屏软件对计算机屏幕画面进行动态采集

利用 Snagit、Camtasia 等软件可以将计算机屏幕中的一切操作录制为 AVI 格式的视频，轻松制作各种屏幕录像和软件教学视频。

【实践案例】

用 Camtasia 3.0.2 录屏。

(1) 在"Capture" | "Input"菜单中选择录制区域的类型（全屏、窗口、任意区域或固定区域），如图2-4-5。

(2) 在"Capture" | "Output"菜单中选择输出形式为"File"，如图2-4-6。

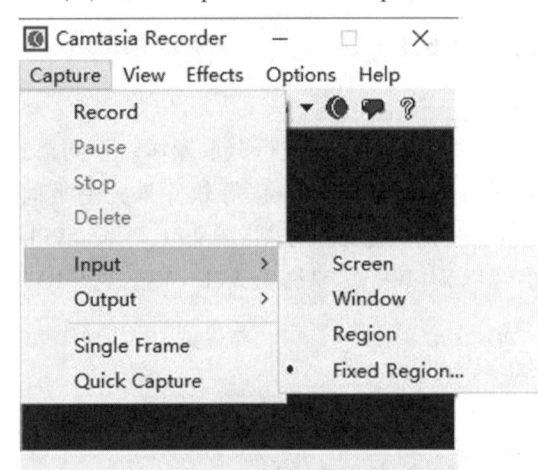

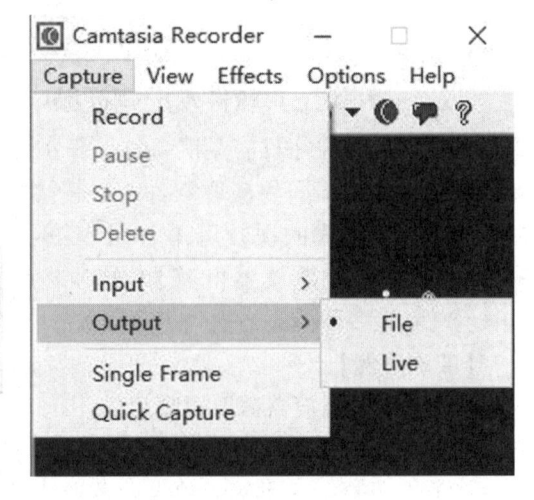

图2-4-5 选择录制区域类型　　图2-4-6 选择输出形式

(3) 在"Effects" | "Audio"菜单中设置是否录制光标键盘声音及电脑内外部音频，如图2-4-7。

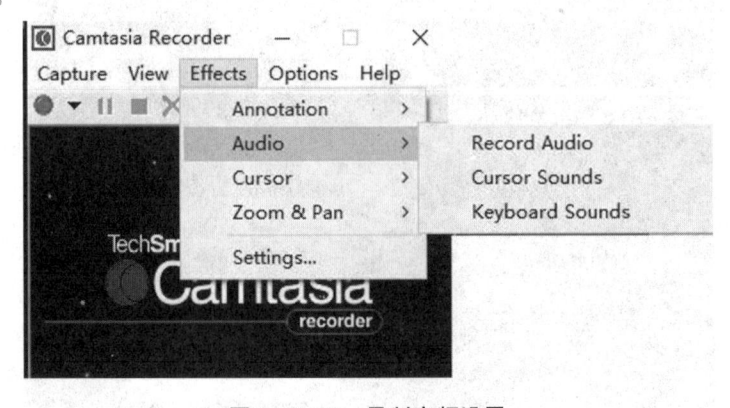

图2-4-7 录制音频设置

（4）执行"Options"|"Preferences"菜单，在打开的对话框中设置开始和结束录制的快捷键，如图2-4-8。

（5）按下相应的快捷键开始和结束录制。

## 3.3 视频素材的编辑

【任务】

（1）练习使用格式工厂软件转换视频格式，进行视频参数调整。

（2）练习使用SMMVSplitter软件进行视频的截取、分割和合并操作。

（3）练习使用Camtasia软件进行视频的深入编辑。

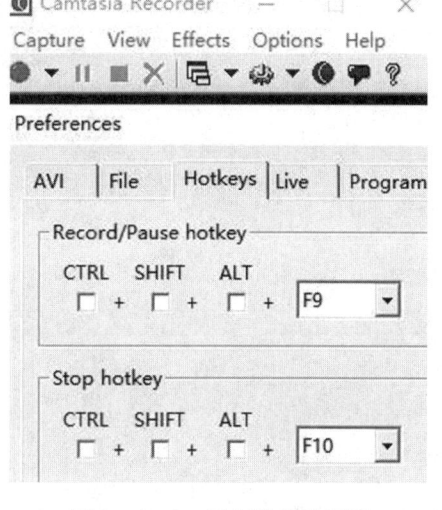

图2-4-8 录制快捷键设置

【知识储备】

### 3.3.1 视频格式的转换

不同多媒体课件开发工具对视频文件格式的兼容不尽相同，因此，常常需要将一种格式的视频文件转换为另一种格式。常用的视频格式转换工具有格式工厂、视频转换大师（WinMPG Video Convert）、Total Video Converter等。

【实践案例】

使用格式工厂软件转换视频格式。

（1）运行格式工厂软件，在软件界面中切换到"视频"区（如图2-4-9）。

图2-4-9 格式工厂视频区

（2）选择要转换成的视频格式（如MP4），打开图2-4-10所示的对话框。单击"添加文件"，将待转换的视频文件添加到下方列表；单击"改变"按钮，更改输出文件

65

夹；单击"输出配置"按钮，打开"视频设置"对话框（如图2-4-11）。

图2-4-10 视频转换对话框

图2-4-11 视频设置对话框

（3）在"视频设置"对话框中调整"屏幕大小"视频"比特率"音频"采样率"音频"比特率"等参数，可以进一步调整视频体积大小。

（4）完成上述设置后，视频转换任务就添加到软件主界面右侧列表中，单击列表上方

"开始"按钮,执行转换任务。

#### 3.3.2 视频的截取、分割和合并

有时候需要将几段视频组合在一起使用,如果觉得 Premiere、会声会影等视频编辑软件复杂,可以用一些小的工具软件,如格式工厂、视频合并专家、SMMVSplitter 等。

#### 3.3.3 视频的深入编辑

视频的进一步深入编辑处理,例如随意分割组合、叠加、画音分离、配音、添加文字、特效等,需要使用 Premiere、会声会影、Camtasia 等专业的视频编辑软件。具体编辑方法见本书模块三项目二《微课的后期编辑》,这里不进行详细介绍。

## 4 项目评价

为确保项目实施的实效性,更客观准确地评价学习者表现,教师和学习者可使用下方提供的表格(如表 2-4)来检验并评价各个子项目的完成情况。项目进行过程中,学习者本人对各个子项目的完成情况进行实时自评,将分数写在相应位置;然后,每两个小组之间采取适当的方式(如观察、抽查、普查等)对对方组员各子项目的完成情况进行评价,将分数写在相应位置;在项目实施过程中,教师要担当好指导、定向、检查、督促的角色,确定学生的加减分。

各个子项目的"学习者自评分""组间评分"纵向相加后,写在"合计"一栏;教师对学习者的加减分写在"教师加减分"一栏;学习者该项目的最终成绩计算公式为学习者自评分×0.4+组间评分×0.6+教师加减分,将计算出的成绩写在"项目最终成绩"栏。

表 2-4 《视频素材》评价表

| 项目指标 | | 分值 | 学习者自评分 | 组间评分 | 教师加减分 |
|---|---|---|---|---|---|
| 1. 视频理论知识 | | 10 | | | |
| 2. 视频素材的获取 | 2.1 网络获取视频 | 20 | | | |
| | 2.2 利用工具软件从已有视频中截取 | 10 | | | |
| | 2.3 通过录屏软件对计算机屏幕画面进行动态采集 | 15 | | | |
| 3. 视频素材的编辑 | 3.1 视频格式的转换 | 15 | | | |
| | 3.2 视频的截取、分割和合并 | 15 | | | |
| | 3.3 视频的深入编辑 | 15 | | | |
| 合计 | | | | | |
| 项目最终成绩 (学习者自评分×0.4+组间评分×0.6+教师加减分) | | | | | |

# 项目五 动画素材

项目地图

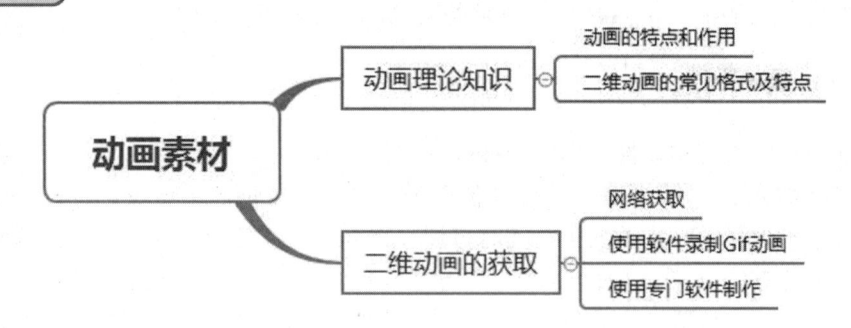

- 动画素材
  - 动画理论知识
    - 动画的特点和作用
    - 二维动画的常见格式及特点
  - 二维动画的获取
    - 网络获取
    - 使用软件录制Gif动画
    - 使用专门软件制作

## 1 项目目标

（1）了解动画的定义、特点和作用，熟悉二维动画文件的常见格式及特点。
（2）能通过多种途径获取需要的二维动画素材。

## 2 项目环境与条件

（1）配备多台学生电脑的多媒体网络教室，网络通畅。
（2）学生电脑上安装有 Word、PowerPoint、浏览器、Gif 录制软件、Ulead GIF Animator、Flash、迅雷等软件。
（3）配备各实践项目所需的操作素材。

## 3 项目实施

### 3.1 动画理论知识

【任务】
阅读文本材料，了解动画的定义、特点和作用，熟悉二维动画文件的常见格式及特点，为动画素材的获取和处理奠定理论基础。

【知识储备】

#### 3.1.1 动画的特点和作用

动画的英文是 animation，基本含义是生动活泼、热情兴奋。其词根 anima 具有生命、灵魂的意思。动画与视频类似，都是若干相关画面以一定的速度播放时产生的动态效果。动画的每一幅画面也称为帧，但动画的每一帧都是人工制作或计算机自动生成的。动画的画面播放速度一般为 12 帧/秒左右。

根据视觉空间的不同，计算机动画分为二维动画和三维动画。二维动画是平面上的画面，通常通过输入和编辑关键帧、计算和生成中间帧、定义和显示运动路径、画面上色、产生特技效果、实现画面与声音同步等手段来生成。而三维动画是立体动画，可以通过调整三维空间的视点（主视图、侧视图、俯视图），看到不同的内容。三维动画是根据数据在计算机内部生成的。制作三维动画首先要创建物体模型，然后让这些物体在三维空间产生运动（如移动、旋转、变形、变色等），再通过灯光效果设置等生成栩栩如生的画面。

动画具有以下作用：动画常用来模拟事物的变化过程，形象地说明不易被理解的抽象知识；有些人力无法企及的事物、场景也可以用动画来模拟展示；动画忽略了事物发展的次要因素，突出强化了主要的本质因素，有利于学习者把握本质规律；动画在制作时往往加强了创造性、艺术性成分，因此画面更生动有趣，在课件中使用动画容易激发学习者的学习兴趣和积极性。

### 3.1.2 二维动画的常见格式及特点

（1）GIF 格式

GIF 格式是常见的动画文件格式，文件扩展名为".GIF"。它是多帧图像的合成。GIF 文件体积较小，制作简单，网页上很多小动画都是 GIF 格式的，多媒体课件中也经常使用。

（2）SWF 格式

SWF 格式是 Adobe Flash 软件的默认文件格式，扩展名为".SWF"，是目前网络上最常见的二维矢量动画格式。SWF 文件体积小，图像清晰，交互能力强，但是制作较困难，并非任何初学者都能轻易掌握的。

## 3.2 二维动画的获取

【任务】

（1）练习使用查看源代码的方式获取 SWF 动画。

（2）练习使用 GIF 录制软件将电脑屏幕操作录制成 GIF 动画。

（3）练习使用相关软件制作 GIF 动画和 SWF 动画。

【知识储备】

### 3.2.1 网络获取

对于 GIF 格式的动画，可以直接把鼠标移动到动画上右击，在打开的快捷菜单中选择"图片另存为"即可。

对于 SWF 格式的动画，可以等动画播放完毕后在 Internet 临时文件夹中查找获取，也可以使用查看源代码、Flash 动画随手抓软件等方式实现动画下载。

【实践案例】

使用查看源代码的方式获取 SWF 动画。

（1）在浏览器中打开有 SWF 动画的网页。

（2）在网页空白处右击，在快捷菜单中选择"查看网页源代码"（如图 2-5-1）。

（3）此时，在新的浏览器标签页中展现网页的源代码。按下 Ctrl + F 快捷键，右上角出现"查找"对话框，输入"SWF"，按下 Enter 键查找（如图 2-5-2）。所有的"SWF"文本高亮显示，逐一核对，确定 SWF 动画的地址。

图 2-5-1　查看网页源代码

图 2-5-2　查找 SWF

（4）复制 SWF 动画地址，使用迅雷软件下载即可。

### 3.2.2　使用软件录制 GIF 动画

使用计算机软件（如 ScreenGif、LICEcap 等）可以将屏幕上的操作（包括播放的视频画面）录制成多帧的动态的 GIF 动画。

【实践案例】

将 PPT 放映录制成 GIF 动画。

（1）运行 GIF 动画录制软件 LICEcap，界面如图 2-5-3 所示。

（2）软件外框可以调整大小，外框包围的区域就是 GIF 动画的录制区域。设置好录制大小后，需要输入最大帧率（如 20）。

（3）全屏放映 PPT 课件，再次调整软件外框大小，确保能涵盖全部录制内容。

（4）单击"录制"按钮，弹出一个对话框，输入录制 GIF 的文件名称，选择保存位置（如图 2-5-4），开始录制。单击"停止"，结束录制。

### 3.2.3　使用专门软件制作

常用的二维动画制作软件有 Ulead GIF Animator、Photoshop 和 Macromedia Flash 等。

图 2-5-3 LICEcap 软件界面

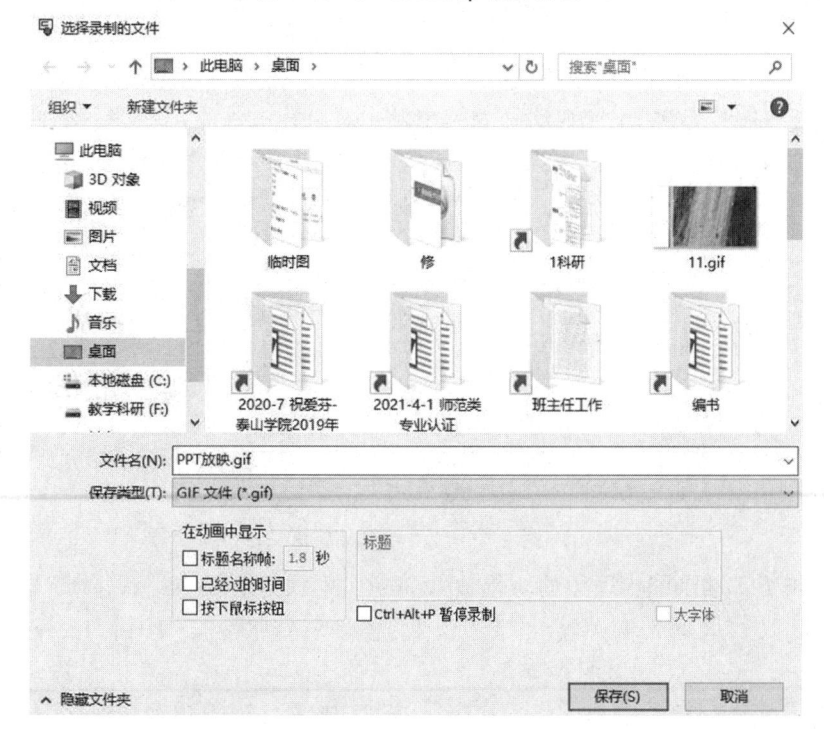

图 2-5-4 保存 GIF 动画文件

【实践案例】

用 Ulead GIF Animator 制作"跳跃的青蛙"GIF 动画。

(1) 创建图像:用绘图工具软件绘制几张青蛙跳跃的图像(如图 2-5-5 所示)。

(2) 将这些图像保存到一个文件夹中,并按顺序分别命名为 QW1、QW2、QW3、QW4、QW5。

图 2-5-5 青蛙跳跃的图像

（3）打开 Ulead GIF Animator，在"开始向导"对话框中单击"打开已存在的图像文件"按钮（如图 2-5-6 所示），并导入第一张图片 QW1。

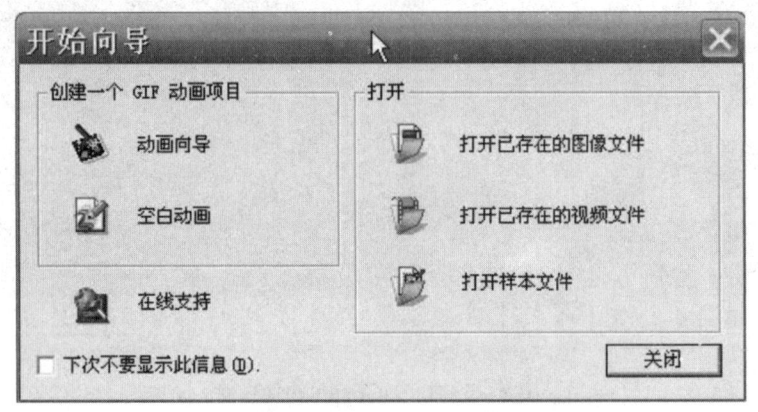

图 2-5-6 开始向导对话框

（4）在下部的动画编辑区中单击"添加帧"按钮，然后单击工具栏上的"添加图像"按钮，将第二张图片 QW2 添加为动画的第二帧。按上述方法将第三张、第四张和第五张图片分别添加为动画的第三帧、第四帧和第五帧（如图 2-5-7 所示）。

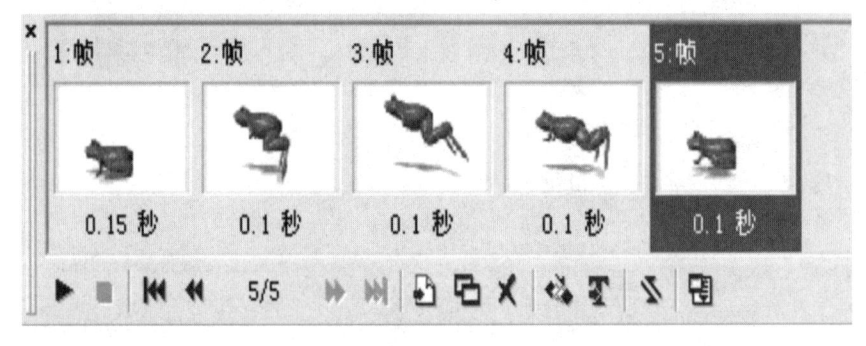

图 2-5-7 动画编辑区

（5）单击下部动画编辑区中的"播放"按钮，可预览动画的效果。

（6）单击文档区上方的"优化"选项卡中的"立刻优化"按钮，对图像进行优化处理。

（7）在"文件"菜单中选择"另存为" | "GIF 文件"菜单项，保存为 GIF 动画。

【实践案例】

使用 Flash 8 制作形状补间动画。

（1）新建一个 Flash 文档，在图层 1 上创建开始关键帧，并选中，在舞台上绘制一个"圆形"形状（如图 2-5-8 所示）。

（2）按下 F6 键创建结束关键帧并选中，在舞台上绘制新的形状"星形"（如图 2-5-9 所示）。

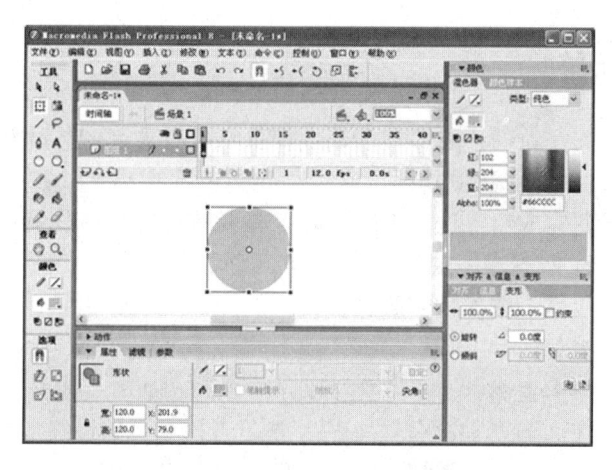

图2-5-8 在开始关键帧上绘制圆形

图2-5-9 在结束关键帧上绘制星形

（3）选中两个关键帧之间任意一帧，在属性面板"补间"下拉列表中选择"形状"，并进行其他设置（如图2-5-10所示）。

图2-5-10 创建形状补间动画

（4）按下Ctrl+Enter键，测试影片播放效果即可。

# 4　项目评价

为确保项目实施的实效性，更客观准确地评价学习者表现，教师和学习者可使用下方提供的表格（如表2-5）来检验并评价各个子项目的完成情况。项目进行过程中，学习者本人对各个子项目的完成情况进行实时自评，将分数写在相应位置；然后，每两个小组之间采取适当的方式（如观察、抽查、普查等）对对方组员各子项目的完成情况进行评价，将分数写在相应位置；在项目实施过程中，教师要担当好指导、定向、检查、督促的角色，确定学生的加减分。

各个子项目的"学习者自评分""组间评分"纵向相加后，写在"合计"一栏；教师对学习者的加减分写在"教师加减分"一栏；学习者该项目的最终成绩计算公式为学习者自评分×0.4+组间评分×0.6+教师加减分，将计算出的成绩写在"项目最终成绩"栏。

表2-5　《动画素材》评价表

| 项目指标 | | 分值 | 学习者自评分 | 组间评分 | 教师加减分 |
|---|---|---|---|---|---|
| 1. 动画理论知识 | | 10 | | | |
| 2. 二维动画的获取 | 2.1 网络获取 | 25 | | | |
| | 2.2 利用软件录制GIF动画 | 30 | | | |
| | 2.3 使用专门软件制作 | 35 | | | |
| 合计 | | | | | |
| 项目最终成绩<br>（学习者自评分×0.4+组间评分×0.6+教师加减分） | | | | | |

# 模块三　信息化教学资源制作

　　多媒体课件是各级各类学校教师使用频率最高的信息化教学资源，不同类型的多媒体课件可以实现不同的教学功能。演示型课件是目前课堂中广泛使用的一类课件，主要用于课堂讲授，由教师面向全体学生放映，演示呈现教学信息。随着教学媒体技术的更新换代以及新教学需求的出现，互动式课件和微课课件应运而生，越来越多的教师开始学习制作这两类课件，以弥补演示型课件的不足，丰富信息化教学资源的形式。

# 项目一　互动式课件制作

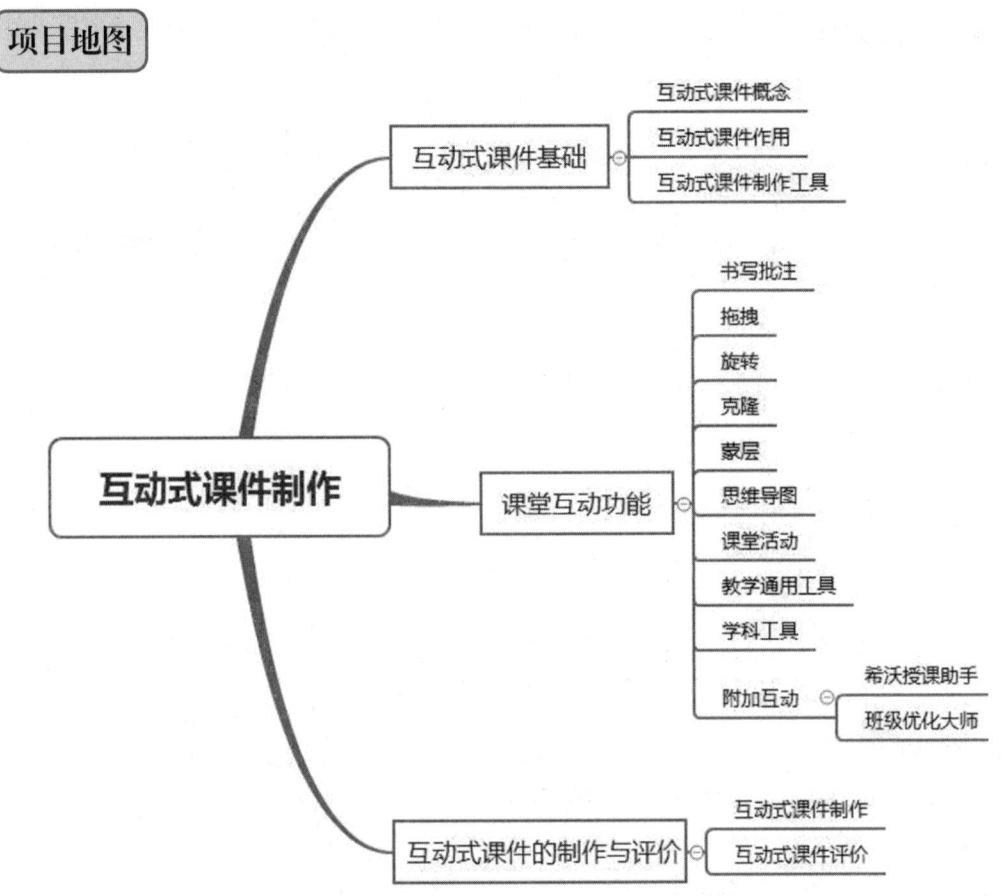

**项目地图**

- 互动式课件制作
  - 互动式课件基础
    - 互动式课件概念
    - 互动式课件作用
    - 互动式课件制作工具
  - 课堂互动功能
    - 书写批注
    - 拖拽
    - 旋转
    - 克隆
    - 蒙层
    - 思维导图
    - 课堂活动
    - 教学通用工具
    - 学科工具
    - 附加互动
      - 希沃授课助手
      - 班级优化大师
  - 互动式课件的制作与评价
    - 互动式课件制作
    - 互动式课件评价

互动式课件是指利用互动教学软件（如白板软件等）制作的多媒体课件，借助互动式课件，可以实现多种形式的人机互动，促进师生之间语言、思想和情感的互动。互动式课件弥补了传统演示型课件的不足，增强了课堂教学互动，调动了学生的学习主动性和积极性，是现代教育思想和理念背景下诞生的一种新的多媒体课件形式。

## 1　项目目标

（1）了解互动式课件的相关理论知识，包括其内涵、作用和制作工具。

（2）掌握互动式课件可以实现的主要互动功能，能利用白板教学软件及相关软件实现这些功能。

（3）掌握互动式课件的制作过程，能独立或以小组合作的方式制作一个互动式课件。

（4）能根据互动式课件评价标准，对完成的互动式课件进行质量评价。

## 2 项目环境与条件

（1）配备交互一体机的多媒体教室，能以有线或无线方式联网。
（2）安装有希沃白板5、希沃授课助手和班级优化大师软件的教师机一台，学生机若干台。
（3）教师机和学生机上安装有常见的应用软件，尤其是多媒体素材处理软件。

## 3 项目实施

### 3.1 互动式课件基础

【任务】
了解互动式课件的内涵、作用和制作工具。

【知识储备】

#### 3.1.1 互动式课件的概念

教学面对的是活生生的人，采用机械灌输的方式不可能获得良好的学习效果。好的教学应该调动学生的学习积极性，让他们真正参与到、沉浸到学习中来。传统演示型课件主要的作用是传递教学内容，是一种单向的输出，不能更好地调动学生参与学习，因此在实际教学中教师会引入一些 Authorware、Flash 等软件制作的交互式课件，弥补互动的不足，提升教学效果。但是，这类交互式课件对于普通教师来说制作难度较高，想获取和教学适配的交互式课件不容易，而且这类交互式课件并没有很好地提升师生互动效果，因此，亟需一种兼具演示性和交互性新型课件，而且制作方便，最重要的是能提高课堂互动效果，互动式课件便应运而生。

互动式课件是伴随着新的教学需要和教学问题而出现的一类课件。它是指在多媒体课件的设计制作过程中，渗透教学互动的理念，在教学过程中设置人机互动和人人互动活动，并体现在课件的页面中，使得课件既可以向学生传出信息也可以接收学生的传入信息，而后进行所需处理。

互动式课件的出现离不开教学媒体技术的创新和发展。近年来，中小学教室中最主要的教学媒体已经由最初的多媒体演示系统逐渐过渡到普通的交互式电子白板和多媒体交互一体机，这些新型教学媒体和配套软件是互动式课件制作的基础，也是互动式课件发挥作用的必备条件。

#### 3.1.2 互动式课件的作用

（1）实现互动教学，激活课堂

传统的课堂中教师单纯讲授、学生被动听讲，课堂是静态的，学生的思维活动也不活跃。但是借助互动式课件，学生可以和教学媒体、教学内容进行双向交流互动，也可以和教师进行充分的语言、行为、情感互动，整个课堂活跃起来，师生的思维相互碰撞、相互激发，学生的学习积极性被极大地调动了起来，学生乐于参与课堂、分享交流彼此的想法。

（2）减弱教师绝对权威，突出学生学习主体地位

建构主义理论认为，知识不是通过教师传授得到的，而是学习者在一定的情境下，借

助必要的学习资料自主建构的,学生是学习的主体。教师借助互动式课件将课堂主动权还给学生,学生不再迷信教师的绝对权威,在课堂互动中积极参与、充分思考,形成自己的独特见解,充分发展自己的个性和交流沟通、问题解决等高层次能力。

（3）营造良好的课堂氛围

互动式课件提供的多种课堂活动和多种互动,活跃了课堂气氛,减轻了学生课堂学习的压力,师生之间较易形成和谐、平等、民主的关系。这种轻松民主的课堂氛围更能激发学生的学习主动性和积极性,更有利于知识的意义建构,更能提高学习效率。

### 3.1.3 互动式课件的制作工具

首先明确一点,这里所指的互动式课件不包括用 Flash、Authorware 等软件制作的交互式课件,它特指利用交互式白板软件制作、在交互一体机上运行的课件。

交互式一体机品牌众多,目前市场占有率较高的品牌有希沃、鸿合、斯马特、东方中原等,各品牌交互式一体机都有相应的白板软件,比如希沃的希沃白板 5 软件、鸿合的鸿合 π 交互式教学软件、斯马特的 Notebook 等,功能各有所长,但操作大同小异,都能制作满足教学需要的互动式课件。

除交互式白板软件外,制作互动式课件还需要用到各种媒体素材处理工具,具体包括:

（1）文本获取工具。如汉王等 OCR 识别软件、天若等屏幕文字识别软件。

（2）图像获取与处理工具,如专业的图像素材网站、Photoshop、美图秀秀、Snagit 等。

（3）音频获取与处理工具,如 Windows 系统自带的录音机、Adobe Audition、QQ 影音播放器、朗读女等语音合成软件。

（4）视频获取与处理工具,如 Apowersoft 视频下载王、谷歌浏览器视频侦测工具、Camtasia 屏幕录制与编辑工具、视音频分割合并工具 SMMVSplitter、格式工厂等。

（5）动画获取与编辑工具,如 Flash 动画随手抓、ScreenGif 等 Gif 动画录制软件、Ulead GIF Animator 等 Gif 动画编辑软件、矢量动画制作软件 Adobe Flash 等。

## 3.2 课堂互动功能

【任务】

（1）了解借助互动式课件可以实现的主要互动功能。

（2）参照每种互动功能中提供的案例,尝试利用希沃白板 5 及相关软件实现该功能。

【知识储备】

在信息化教学环境中,课堂互动既包括师生与信息化教学设备和软件（如交互一体机、电子书包、智能手机、多媒体课件等）之间的人机交互,也包括师生互动（即师生之间的面对面互动交流）。课堂互动的目的是让学生积极主动地思考、主动参与课堂学习、亲自动手实践,这样学生能更好地理解并运用学到的知识技能,有利于语言、逻辑、运动、自然、人际等多元智能的发展。

互动式课件提供的互动功能主要包括两类:一类是人机交互,比如教师在课件上进行拖拽和批注、学生参与课件中提供的课堂活动等;另一类是由互动式课件引发的师生互动,比如师生借助互动式课件创设的情境讨论交流、在人机交互过程中师生之间的语言情感交流等。不同白板教学软件提供的人机交互功能大同小异,主要功能归纳如下:

模块三　信息化教学资源制作

### 3.2.1　书写批注

书写批注功能是指教师或学生利用"笔"工具在互动式课件上进行实时书写或批注，该功能简单易操作，是最基本的人机交互功能。

**【实践案例】**

如图3-1-1所示，教师在讲授《秋天的雨》一课时，让学生总结秋雨姑娘都把什么颜色送给了谁，教师随着学生的回答同步在课件中书写批注，重点要点一目了然。

图3-1-1　书写批注图示

### 3.2.2　拖拽

拖拽功能是指将一个多媒体对象（如文字、图片、音频、视频等）从课件一个位置拖动到另一个位置。利用拖拽功能，可以设计制作一些有趣的教学活动。

**【实践案例】**

如图3-1-2所示，学生可将放置在货架上的汉字的各个部件拖动到合适位置，组成新字和新词（最终效果如图3-1-3），学生在动手操作中巩固了相关字词的知识。

图3-1-2　拖拽图示

图3-1-3 拖拽最终效果

### 3.2.3 旋转

使用学科工具中的"几何"工具创建圆柱体、圆锥体、长方体、球体后，授课时选中这些立体图形，在下方出现的按钮列表中单击"旋转"，即可通过旋转从不同角度观察这些立体图形。

【实践案例】

如图3-1-4所示，创建长方体后，不同的面用不同的颜色填充，单击希沃白板5备课界面右下角的"开始授课"，进入授课界面。选中长方体，在下方的按钮列表中单击"旋转"，出现旋转图标，可以从X轴、Y轴、Z轴三个方向旋转立体图形。学生可以亲自操作，分别旋转到长方体的正面、侧面和俯视面，继而观察其特征。

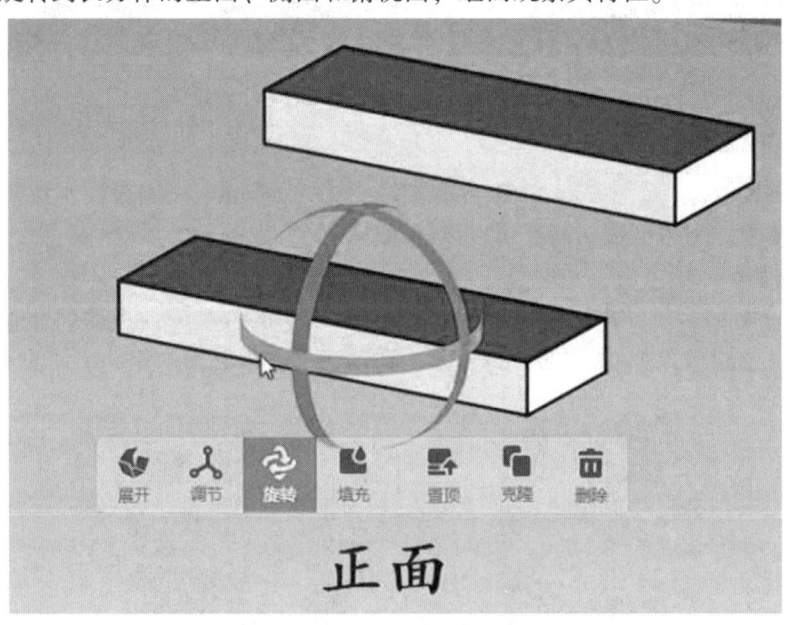

图3-1-4 几何体旋转

### 3.2.4 克隆

设置了克隆的多媒体对象可以被无限量地复制粘贴。

【实践案例】

如图3-1-5所示，将标红的"值、植、熔、容"等字设置为"打开授课克隆模式",授课时可以将相应的字克隆后拖动到正确的位置,而被克隆的字保持原来位置不变。通过该活动,很好地区分了形近字。

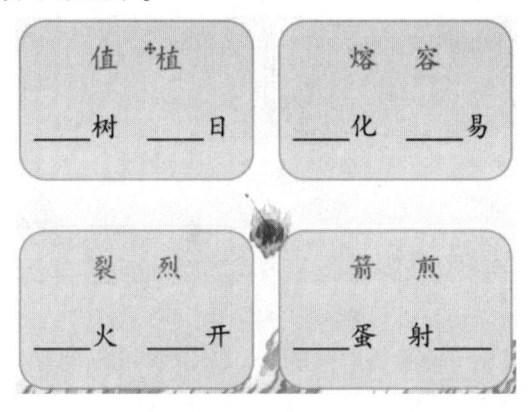

图3-1-5 克隆图示

### 3.2.5 蒙层

对于授课过程中不想立即呈现的一些教学内容,在备课时可以为其添加蒙层,授课时用"橡皮"工具擦掉即可显示。

**【实践案例】**

如图3-1-6所示,图片上的4个虚线框就是备课时添加的蒙层。教师授课时,用"橡皮"工具擦除蒙层,显示4幅图片(如图3-1-7),通过这些图片让学生猜一猜今天是个什么特殊的日子。通过蒙层功能的运用,巧妙地创设了教学情境,引发了学生的积极思考。

图3-1-6 蒙层图示

图3-1-7 蒙层擦除效果

### 3.2.6 思维导图

思维导图将复杂的学科知识用一张图式简洁地概括出来，授课时一级一级地展开，有利于学生系统把握知识之间的结构关系。

**【实践案例】**

图3-1-8所示是利用思维导图梳理课文主要内容，图3-1-9所示是利用思维导图呈现教学目标。

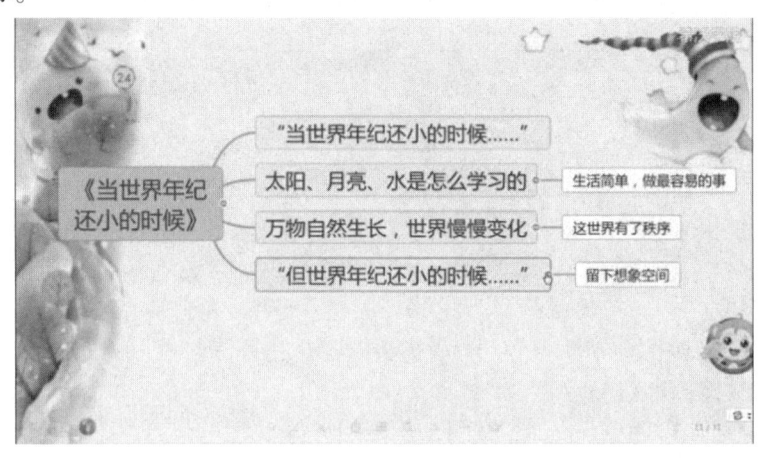

图3-1-8 梳理知识

图3-1-9 呈现教学目标

### 3.2.7 课堂活动

为了强化记忆、巩固理解或检测学习效果，可以将教学重难点设计成游戏形式的课堂活动，包括选词填空、趣味分类、分组竞争等。课堂活动寓教于乐，不仅活跃了学习气氛，还提高了学生积极参与的意识和解决问题的能力。

**【实践案例】**

如图3-1-10所示，在教学中为了区分意思相近的几个词语，教师在课件中设置了"选词填空"这一课堂活动。学生尝试将下方的词语拖动到相应位置，所有题目完成后，课件界面上会出现"检查答案"按钮，单击该按钮即时获取正确或错误的反馈（如图3-1-11）。单击"重做"按钮，可以重新参与课堂活动，进行修改或巩固加深。

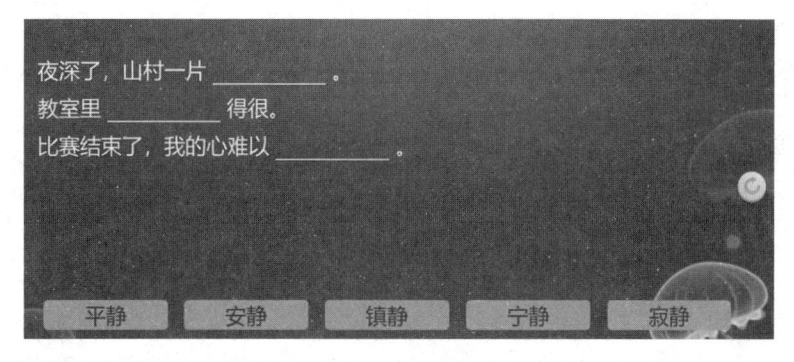

图 3-1-10　课堂活动-选词填空 1

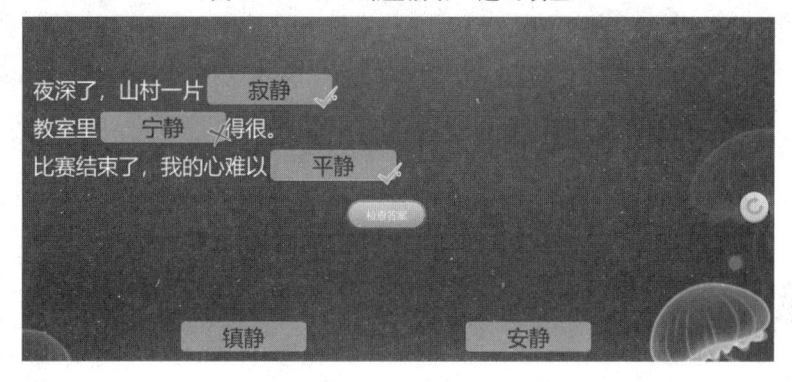

图 3-1-11　课堂活动-选词填空 2

如图 3-1-12 所示,在学习了青岛出版社小学数学四年级下册第三单元《团体操表演——因数和倍数》后,为了检测学生的掌握情况,教师在课件中设置了"判断对错"课堂活动,将容易出错的知识点设计成判断题,在课堂上任选两个学生参与活动、进行挑战答题。比赛结束后可以显示两个学生的答题情况,还可以查看正确答案(如图 3-1-13、图 3-1-14)。

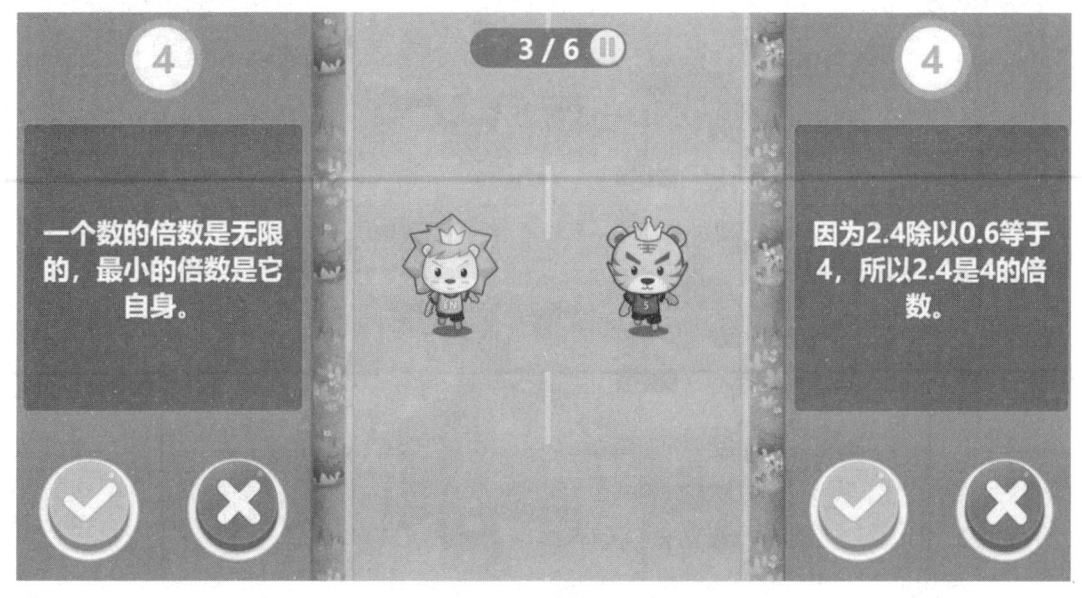

图 3-1-12　课堂活动-判断对错 1

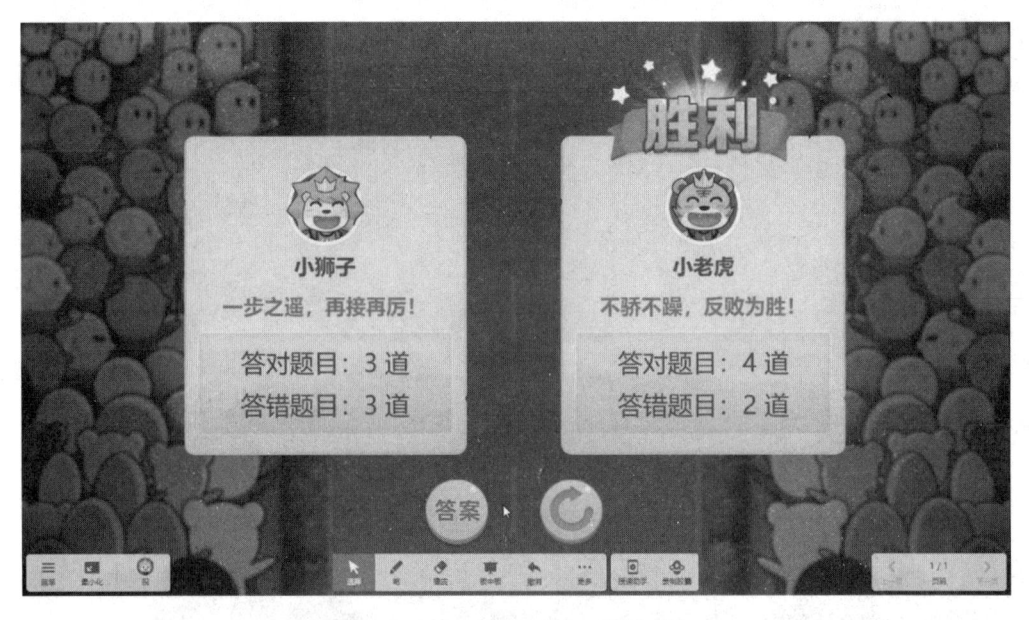

图3-1-13 课堂活动-判断对错2

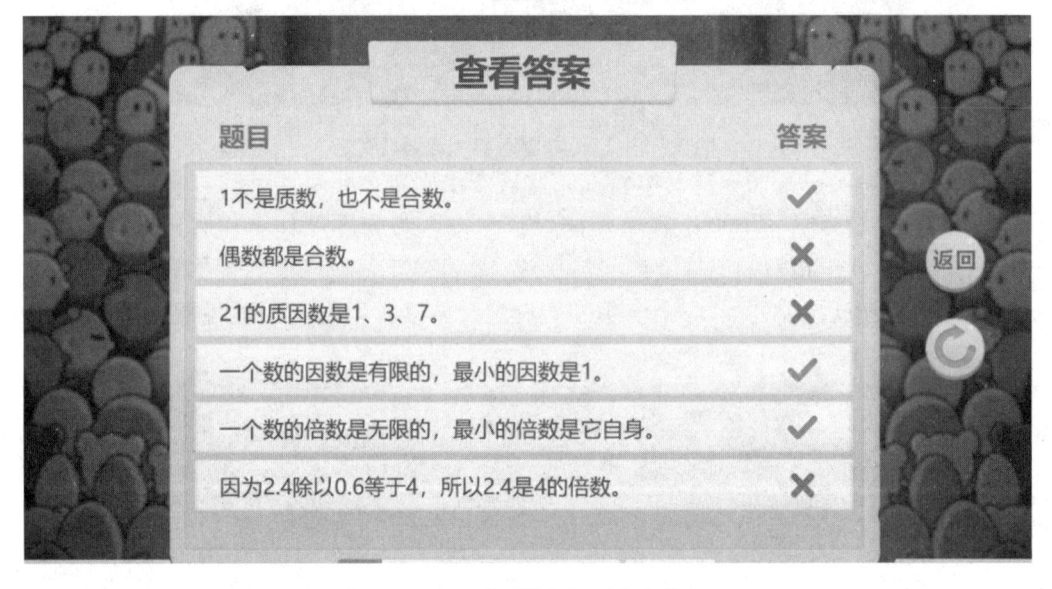

图3-1-14 课堂活动-判断对错3

### 3.2.8 教学通用工具

使用希沃白板5软件授课时,可以根据教学需要使用板中板、计时、放大镜、截图、形状等教学通用工具。

**【实践案例】**

如图3-1-15所示,教师在课件中插入了一张放大镜下的洋葱表皮图片,授课时使用"放大镜"工具放大该图片,这样学生可以更清楚地观察洋葱表皮的细节。

学生就放大镜下洋葱表皮的特点发表自己的观点后,教师运用"板中板"工具进行简洁概括(如图3-1-16所示)。

如图3-1-17所示,在进行"听音辨动物"活动时,教师运用"计时"工具中的"倒计时"使学生在限定的1分钟时间内完成。倒计时工具的运用,营造了紧张的气氛,激发了学生的挑战欲和潜能。

图 3-1-15　教学通用工具-放大镜

图 3-1-16　教学通用工具-板中板

图 3-1-17　教学通用工具-计时

### 3.2.9 学科工具

希沃白板 5 软件中提供了语文、数学、英语、美术、化学、地理、音乐等各学科的实用工具，如汉字、拼音、古诗词、函数、几何、尺规、听写、英汉字典、画板、化学方程、星球、乐器等，教师和学生在使用这些学科工具进行人机交互的过程中，大大提高了教学和学习的效率和效果。

【实践案例】

如图 3-1-18 所示，为了检测并了解学生对重点字词的掌握情况，教师在备课时运用"汉字""拼音"两种学科工具设计了字词听写页面。授课时，请学生在交互一体机上书写。

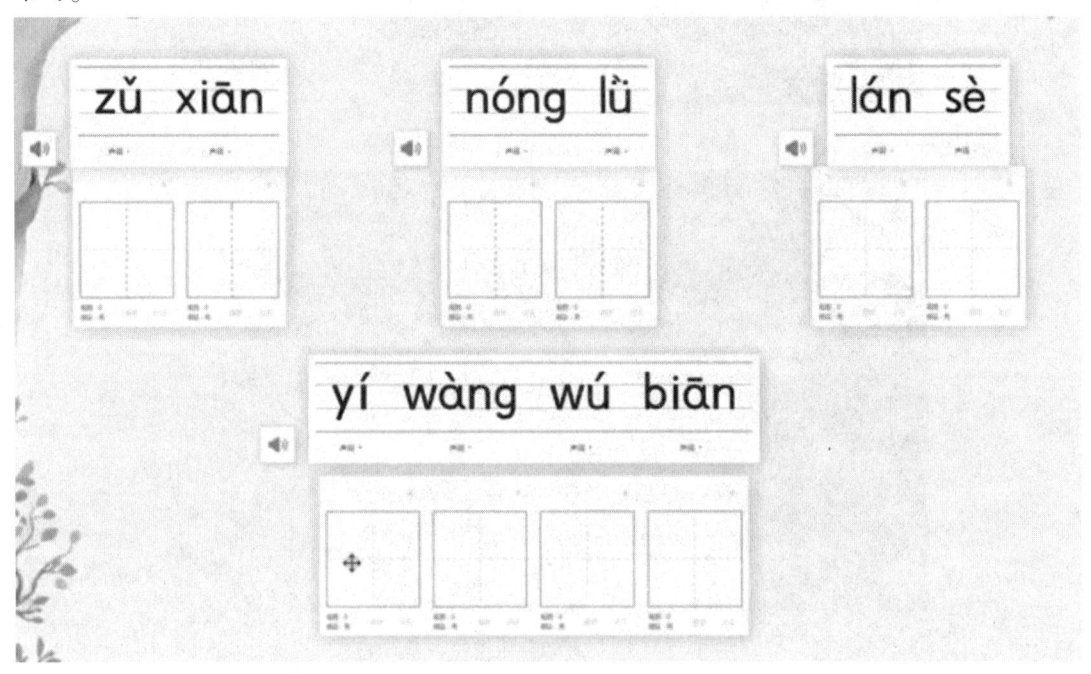

图 3-1-18 学科工具-汉字 拼音

在讲授《圆的认识》一节时，教师先用学科工具"圆规"绘制了一个圆，然后用学科工具"直尺"绘制两条半径并分别测量其长度，通过数据对比得出圆的半径长度相等的结论（如图 3-1-19）。

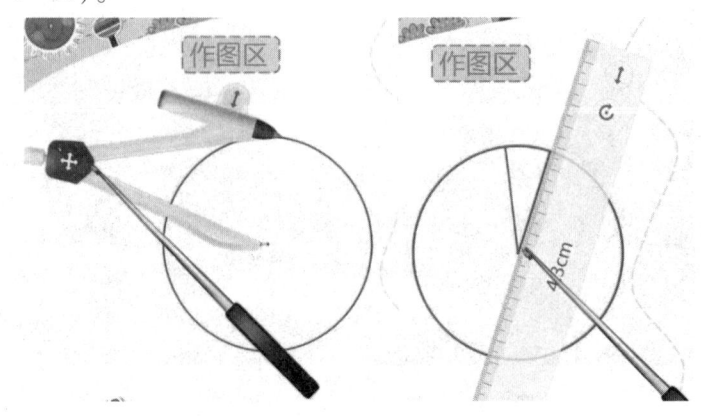

图 3-1-19 学科工具-尺规

### 3.2.10 附加互动

使用希沃白板 5 教学软件制作的互动式课件除了具备上述 9 个互动功能外，与其他软件（如希沃授课助手、班级优化大师等）相配合可以实现更多人机互动和人人互动，为教学实施提供更多便利。

（1）希沃授课助手

【实践案例】

如图 3-1-20 所示，学生分组在白纸上记录显微镜下观察到的洋葱表皮特点时，教师利用希沃授课助手手机端的"移动展台"功能，将有代表性的记录单拍照上传至交互一体机屏幕，然后小组代表展示讲解本组的记录情况。相比于学生手拿记录单在课堂前面展示讲解，这一互动的设置让全体学生都能清晰地看到该小组的记录情况，还可以在记录单上即时批注，提高了小组展示的效率。

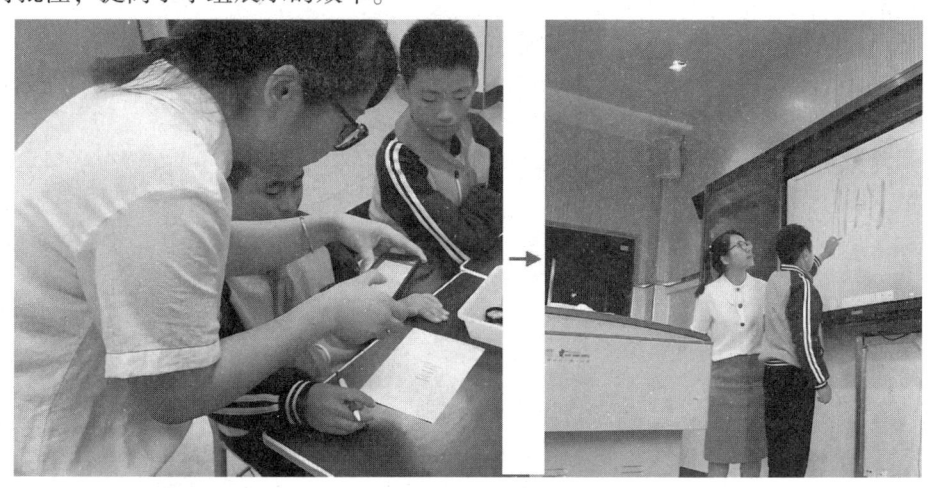

图 3-1-20　希沃授课助手运用效果

（2）班级优化大师

【实践案例】

学生回答问题或展示完毕后，教师利用班级优化大师软件选中相关学生进行实时点评（如图 3-1-21）。这一互动不仅激发了学生参与课堂的积极性，还能随时记录学生的课堂表现，便于更全面地评价学生。

图 3-1-21　班级优化大师实时点评

## 3.3 互动式课件的制作与评价

**【任务】**

（1）阅读提供的课件制作案例，参照其制作过程，利用希沃白板 5 和相关软件，独立或以小组合作的形式制作一个互动式课件并现场授课，实现互动式教学。具体要求如下：

①课件页面数量不少于 15 页，预计讲授时间为 10 – 15 分钟。

②充分利用希沃白板 5 软件的各种互动功能增强课件的交互性。

③使用互动式课件授课时，合理利用希沃授课助手和班级优化大师，增强课堂互动，提高学生参与学习的积极性。

④遵循多媒体课件制作的一般原则。

（2）根据互动式课件评价标准，对完成的互动式课件进行质量评价。

**【知识储备】**

### 3.3.1 互动式课件制作

本部分以"希沃名师杯"全国互动教学创新大赛一等奖作品《平行与垂直》为例逆向推导互动式课件的制作过程，选做案例时稍有改动。

（1）选题

在熟悉教材内容和希沃白板 5 核心功能的基础上，选择适合通过互动提升学习效果的课件主题。为了提高互动式课件的传播性和共享性，课件主题最好不拘泥于某一版本的教材内容和顺序，扩大课件适用的范围。经过综合考量，课件主题确定为《平行与垂直》。

（2）教学设计

围绕选定的课件主题进行教学设计，形成书面的教学设计方案，教案内容主要包括教材分析、学情分析、教学目标、教学媒体和较详细的教学过程（如表 3 – 1 所示）。也就是说，教学设计时，要根据教学内容、学生情况和教学目标，充分运用希沃白板 5 强大的互动功能，在教学过程中设计丰富的课堂互动形式，真正提升教学效果。

表 3 – 1　《平行与垂直》互动教学设计方案

| 课题 | 《平行与垂直》 | 授课人 | 沈燕婷 |
|---|---|---|---|
| 学校名称 | 浙江省桐乡市濮院小学教育集团毛衫城小学 | 课时安排 | 1 课时 |
| 教材版本 | 人民教育出版社四年级下册 | 科　目 | 数学 |
| 一、教学目标 ||||
| 知识与技能：<br>理解平行与垂直这两种特殊的位置关系。<br>过程与方法：<br>通过观察、操作、归纳等活动，经历平行与垂直的认识过程，积累数学经验。<br>情感态度价值观：<br>建立数学与生活的联系，提高学习数学的兴趣。 ||||

## 二、教学重难点

重点：理解相交、相互平行、相互垂直等概念。
难点：理解平行与垂直概念的本质特征。

## 三、教学过程

| 教学环节 | 教师活动 | 学生活动 | 互动功能 |
| --- | --- | --- | --- |
| 1. 活动导入 | 设置一个"过O点画一条直线"的导入活动，来获取两条直线可能存在的位置关系。 | 参与活动，过O点画直线。 | |
| | 用希沃授课助手手机端拍摄学生的典型作品，上传至交互一体机。 | | 希沃授课助手－移动展台、希沃授课助手－文件上传 |
| | 对学生作品进行分类，用板中板归纳出两条直线的两类位置关系：相交、不相交。 | | 拖拽、希沃白板5－板中板 |
| | 对于学生作品中两条直线不相交的情况，调出希沃白板5软件"学科工具"－"尺规"中的"直尺"，延长两条直线，验证其确实不相交。这样两条直线的位置关系称为互相平行。在板中板中记录。 | 到交互一体机前，用"直尺"工具延长两条直线，观察其是否相交。 | 希沃白板5－学科工具－尺规－直尺<br><br>希沃白板5－板中板 |
| | 引导学生探究两条直线相交时的特殊情况。调出希沃白板5软件"学科工具"－"尺规"中的"直角三角尺"，测量两条直线相交所成的角度为90度。这样两条直线的位置关系称为互相垂直。在板中板中记录。 | 观察两条直线相交成直角的特殊情况。 | 希沃白板5－学科工具－尺规－直角三角尺<br><br>希沃白板5－板中板 |
| | 对本环节表现较好的学生进行加分。 | | 班级优化大师实时点评 |

续表

| | | | |
|---|---|---|---|
| 2. 探究新知 | 请学生说一说：怎样的两条直线是互相平行的？ | 学生思考教师提出的问题并回答。 | |
| | 根据学生所说，稍加引导归纳，擦除蒙层显示"在同一平面内，不相交的两条直线叫平行线，也可以说这两条直线互相平行。" | | 希沃白板 5 - 蒙层 |
| | 利用数学画板呈现 3D 空间，帮助学生理解为什么要强调"同一平面内"。3D 物体上两条直线虽然不相交，但是因为不在同一平面内，所以也不是互相平行。 | 观察数学画板，理解两条直线互相平行的概念。 | 学科工具 - 数学画板 |
| | 课件上呈现题目，让学生判断哪几组直线的位置关系是互相平行。利用班级优化大师抽选一名学生，在交互一体机屏幕上批注。 | 学生在交互一体机屏幕上标注互相平行的直线。 | 班级优化大师随机抽选<br><br>书写批注<br><br>拖拽功能 |
| | 将课件中不是相互平行关系的直线组删除掉，剩余直线组位置稍加调整。利用拖拽功能，拖出知识要点：两条直线互为平行线，记作：a//b，读作：a 平行于 b。 | | |
| | 请学生说一说：怎样的两条直线是互相垂直的？ | 学生思考教师提出的问题并回答。 | |
| | 根据学生所说，稍加引导归纳，擦除蒙层显示"两条直线相交成直角，就说这两条直线互相垂直。" | | 希沃白板 5 - 蒙层 |
| | 出示三组相交直线，调出希沃白板 5 软件"学科工具"－"尺规"中的"直角三角尺"，验证其是否互相垂直。 | 学生利用直角三角尺工具验证相交直线是否垂直。 | 希沃白板 5 - 学科工具 - 尺规 - 直角三角尺<br><br>拖拽功能 |
| | 利用拖拽功能，呈现知识要点：<br>两条直线互相垂直，记作：a⊥b，读作：a 垂直于 b；其中一条直线叫作另一条直线的垂线；两条直线的交点叫作垂足。 | | |

续表

| | | | |
|---|---|---|---|
| 3. 巩固提升 | 设置三个练习，巩固本次课所学知识。<br>　　练习1：判断平行与垂直<br>　　设计"趣味分类"课堂活动，判断两条直线是平行还是垂直，让学生把相应的图片拖动到正确的位置关系中。<br><br>　　练习2：两条直线位置关系的转换<br>　　课件上呈现两条相交直线，利用班级优化大师抽选学生通过拖拽、旋转等操作，转变成平行、垂直的位置关系，并说出"记作、读作"等知识要点。<br><br>　　练习3：动手操作<br>　　引导学生不动笔，用白纸创造两条互相平行或互相垂直的直线。<br>　　教师利用希沃授课助手的"移动展台"功能以视频方式实时展示学生的操作及讲解过程。 | 学生参与课堂活动。<br><br><br><br><br><br>学生在交互一体机上拖动、旋转两条直线，构建出相交、平行、垂直三种位置关系。<br><br><br><br><br>学生折叠手中的白纸，形成相互平行或垂直的直线。 | 希沃白板5－课堂活动－趣味分类<br><br><br><br><br>班优抽选、实时点评<br>拖拽功能<br>旋转功能<br><br><br><br><br>希沃授课助手－移动展台 |
| 4. 生活拓展 | 引导学生说一说在实际生活中见到的平行或垂直现象。<br>　　通过文字触发，呈现教师事先准备的相关图片，建立数学与生活的联系。 | 学生交流实际生活中的平行或垂直现象。 | |
| 5. 课堂总结 | 调出板中板，利用授课过程中记录的关键词对本节课内容进行归纳总结，并帮助学生建立和完善知识网络。 | | 希沃白板5－板中板 |

（3）编写课件制作脚本

根据已完成的教学设计方案中对互动式课件每一页面的需求，对课件各个页面应包含的文本、图形图像、音频、视频、动画等多媒体元素进行合理布局，该页面需要呈现的互动（比如批注、蒙层、克隆、旋转、课堂互动、学科工具操作、在线教学资源调用等）要标记清楚。课件各页面脚本最好采用手绘或电脑绘图的方式确定下来，方便后续工作的开展。

编写者运用 Microsoft Office PowerPoint 绘制页面效果图，用 Word 编写了课件制作脚本，如表3－2所示。

表3-2 《平行与垂直》课件制作脚本

| 课件页面序号及名称 | 课件页面效果 | 课件制作说明 |
|---|---|---|
| 1. 活动导入 | 活动导入<br><br>过O点画一直线<br><br>·O<br><br>———————— | 媒体元素：<br>标题文本用图像适当美化。<br>互动说明：<br>1. 教师用希沃授课助手中的移动展台和文件上传功能上传典型作品到该页面。<br>2. 利用拖拽功能对上传作品分类。<br>3. 利用学科工具中的"直尺"和"直角三角尺"确定平行和垂直。<br>4. 板中板记录重点。 |
| 2. 探究新知（1） | 探究新知<br><br>图标 \| 互相平行的概念<br><br>数学画板 | 媒体元素：<br>小图标。<br>互动说明：<br>1. 用"橡皮"擦除蒙层，显示概念。<br>2. 单击"图标"，呈现并打开数学画板。 |
| 3. 探究新知（2） | 探究新知 哪几组直线的位置关系是相互平行的？<br><br>① ② ③<br><br>④ ⑤ ⑥ 图标1<br>图标2 | 媒体元素：<br>1. 两个小图标。<br>2. ①～⑥是不同位置关系的两条直线图示。<br>互动说明：<br>1. 利用班级优化大师抽选学生，在位置关系是互相平行的直线图示旁标注。<br>2. 删除位置关系不是互相平行的直线图示，调整图示摆放位置。<br>3. 拖动图标1、图标2，呈现知识要点。 |

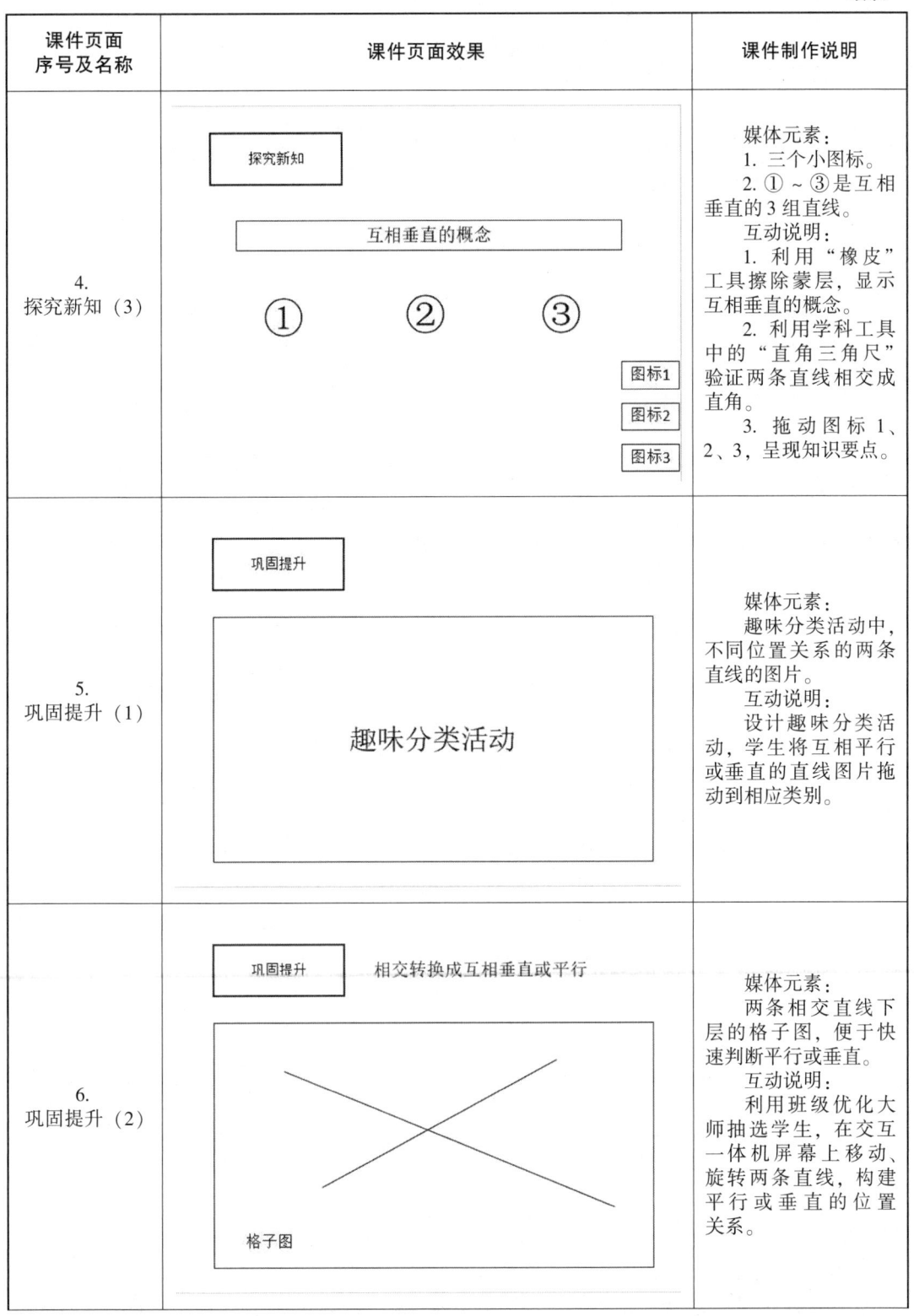

续表

| 课件页面序号及名称 | 课件页面效果 | 课件制作说明 |
| --- | --- | --- |
| 4.探究新知（3） | 探究新知<br>互相垂直的概念<br>① ② ③<br>图标1<br>图标2<br>图标3 | 媒体元素：<br>1. 三个小图标。<br>2. ①~③是互相垂直的3组直线。<br>互动说明：<br>1. 利用"橡皮"工具擦除蒙层，显示互相垂直的概念。<br>2. 利用学科工具中的"直角三角尺"验证两条直线相交成直角。<br>3. 拖动图标1、2、3，呈现知识要点。 |
| 5.巩固提升（1） | 巩固提升<br>趣味分类活动 | 媒体元素：<br>趣味分类活动中，不同位置关系的两条直线的图片。<br>互动说明：<br>设计趣味分类活动，学生将互相平行或垂直的直线图片拖动到相应类别。 |
| 6.巩固提升（2） | 巩固提升　相交转换成互相垂直或平行<br>格子图 | 媒体元素：<br>两条相交直线下层的格子图，便于快速判断平行或垂直。<br>互动说明：<br>利用班级优化大师抽选学生，在交互一体机屏幕上移动、旋转两条直线，构建平行或垂直的位置关系。 |

续表

| 课件页面序号及名称 | 课件页面效果 | 课件制作说明 |
| --- | --- | --- |
| 7.<br>巩固提升（3） | 巩固提升<br><br>不动笔，你能用手上的白纸创造两条互相垂直或互相平行的直线吗？ | 互动说明：<br>学生操作手上的白纸并讲解，教师利用希沃授课助手的"移动展台"功能，在交互一体机屏幕上实时展示。 |
| 8.<br>生活拓展 | 生活拓展<br><br>图片1　平行　图片6<br>　　　　垂直<br>图片2　　　　图片5<br>　图片3　图片4 | 媒体元素：<br>生活中具有互相平行或垂直位置关系的物体的6幅图片。<br>互动说明：<br>单击"平行"，出现图片1-3；单击"垂直"，出现图片4-6。 |
| 9.<br>课堂总结 | 课堂总结 | 互动说明：<br>调出"板中板"，利用授课过程中记录的关键词对本节课内容进行归纳总结。 |

互动式课件页面不仅包括利用希沃白板5软件直接创建的页面，还包括在课堂教学互动过程中生成的页面，比如希沃授课助手上传并插入到课件中的图片页面、板中板页面等。另外，互动式课件简化了页面动画和常规交互（如触发器、超链接）的制作和演示，

更多地关注互动的设计和实现。

课堂教学使用的课件页面数量不多,而且基本上是任课教师自己设计和制作,因此编写课件制作脚本时,不需要太过具体,只需搭建一个简单的页面框架,知道该页面包括哪些媒体元素、布局和呈现方式如何、包括哪些互动等即可,具体内容(如具体的图片、视频、音频等)在课件制作环节再确定。如果脚本编写和课件制作是由不同的人负责,那么课件脚本必须详细具体,便于后期制作。

(4)素材采集与处理

在多媒体课件制作过程中,素材的采集与处理是一个必不可少的环节。根据教学设计,准备课件用到的多媒体素材,包括课件文本内容、图片、背景音乐、语音解说、音效、视频、动画等。

采集到的多媒体素材来源各异,一般需经过一定的技术和艺术处理,转变为完全符合课件需要的素材。

本案例中主要涉及各类图形、图片的获取与处理。课件页面 2 中需要一个小图标,单击可以实现触发功能,打开数学画板;课件页面 3 中需要准备 6 幅不同位置关系的两条直线图示,这里只需要使用希沃白板 5 软件提供的"形状"功能中的"直线"工具,绘制直线,设置其颜色、粗细,进行组合即可;课件页面 4 中的 3 组互相垂直的直线获取方法与课件页面 3 中图示相同,3 个小图标可以利用百度搜索引擎获取合适的图片进行处理;课件页面 5 趣味分类活动中,不同位置关系的两条直线必须是图片形式,因此在希沃白板 5 软件中使用"直线"工具绘制后,可以使用 Snagit 软件截取保存为图片形式;课件页面 6 中的格子图形可以利用百度搜索引擎获取;课件页面 8 中的 6 幅图片可以利用百度搜索或从学科教学资源网站中获取。

(5)课件制作

完成上述工作后,使用希沃白板 5 软件,根据课件脚本的要求制作互动式课件,各页面效果如图 3-1-22 所示。

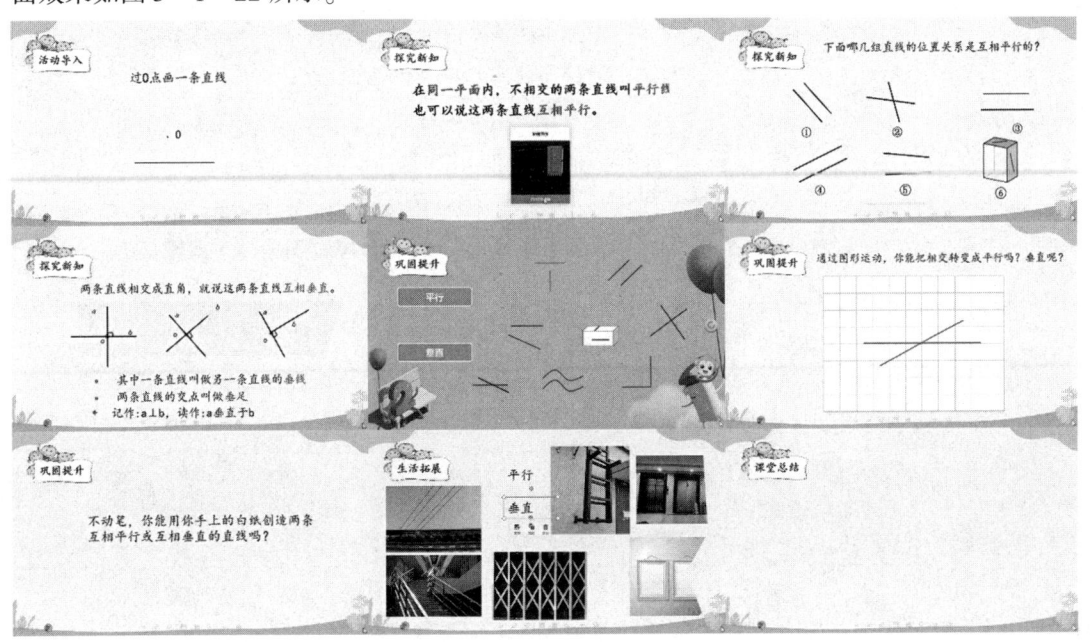

图 3-1-22 互动式课件各页面效果

(6) 试用与修改

互动式课件制作完成后，一般要通过模拟授课或一线教师试用来发现存在的问题，并及时修改，确保课件的质量。

### 3.3.2 互动式课件评价

多媒体课件制作的一般原则是科学性、教育性、技术性和艺术性，互动式课件是多媒体课件的一种，它的制作同样要遵循这四个原则，除此之外，还要注意以下几个方面：

(1) 互动式课件的制作要运用一定的理论作为指导，包括学习理论、活动理论、认知负荷理论、心理学理论等，要遵循教育教学的基本规律，符合学生的认知发展特征，能真正提升学生的学习效果。

(2) 充分体现课件的互动性。互动性是互动式课件区别于传统演示型课件的最主要特征，制作互动式课件时，要将互动教学的理念融入课件设计中，根据教学需要充分实现师生、生生和人机互动，要发挥传统演示型课件不具备的优势，给师生提供更多的操作实践和沟通交流机会。

(3) 注意互动的度。首先，不是所有的教学内容都适合通过互动来学习和巩固，因此，要精心选择确定互动的知识内容；其次，互动是为教学服务的，不能设计无实际意义的互动，否则会对学生造成干扰，拖慢教学进度，影响其对学习内容本身的关注度；最后，互动式课件提供的互动功能不是课堂教学的主角，真正的主角还是师生间知识和情感的交流，因此，互动功能不是越多越好，不能喧宾夺主，应根据教学目标和教学需求合理设计有效的互动形式，真正促进学生的学习。

结合上述互动式课件制作原则和注意事项，参考相关的课件评价标准，编写者编制了互动式课件的评价标准（如表3-3所示），可以依据该标准评价互动式课件的质量。

表3-3 互动式课件评价标准

| 一级指标 | 二级指标 | 指标说明 | 评分 |
| --- | --- | --- | --- |
| 教学性<br>(25分) | 教学设计（10分） | 教学目标明确，教学重难点突出，教学策略和媒体选择得当，教学过程完整，教学活动可操作性强。 | |
| | 教学内容（10分） | 课件内容具有一定的深度和广度，有一定量的练习题和思考题。 | |
| | 资源应用（5分） | 对于教学重难点，要充分利用文本、图形图像、声音、视频、动画等多种媒体手段来呈现，便于学生理解记忆。 | |
| 科学性<br>(10分) | 科学规范性（5分） | 教学内容正确，无知识性错误，无错误导向。 | |
| | 知识体系（5分） | 课件内容逻辑结构严谨，层次性强，重点突出。 | |
| 技术性<br>(15分) | 素材处理技术（5分） | 文本、图像、音频、视频等素材经过恰当处理。 | |
| | 课件制作技术（10分） | 课件结构合理、界面友好；导航清晰准确；课件运行稳定、操作方便。 | |

续表

| 一级指标 | 二级指标 | 指标说明 | 评分 |
|---|---|---|---|
| 艺术性<br>（15分） | 媒体效果（5分） | 文字、图片、音频、视频、动画切合教学主题，和谐协调，配合适当，吸引力强，能激发学生的学习兴趣。 | |
| | 界面设计（10分） | 界面布局合理，整体风格统一；色彩搭配协调，视觉效果好，符合视觉心理。 | |
| 互动性<br>（35分） | 互动功能运用（20分） | 课件具备良好的互动功能，借助课件能有效实现人机交互和师生、生生之间的互动，能为学生提供更多操作、练习、实践的机会。 | |
| | 互动效果（15分） | 互动为教学目标和教学内容服务，互动内容和形式的选择恰切；互动有实际意义，有利于学生理解巩固知识、提升各方面能力。 | |

# 4　项目评价

为确保项目实施的实效性，更客观准确地评价学习者表现，教师和学习者可使用下方提供的表格（如表3-4）来检验并评价各个子项目的完成情况。项目进行过程中，学习者本人对各个子项目的完成情况进行实时自评，将分数写在相应位置；然后，每两个小组之间采取适当的方式（如观察、抽查、普查等）对对方组员各子项目的完成情况进行评价，将分数写在相应位置；在项目实施过程中，教师要担当好指导、定向、检查、督促的角色，确定学生的加减分。

各个子项目的"学习者自评分""组间评分"纵向相加后，写在"合计"一栏；教师对学习者的加减分写在"教师加减分"一栏；学习者该项目的最终成绩计算公式为学习者自评分×0.4+组间评分×0.6+教师加减分，将计算出的成绩写在"项目最终成绩"栏。

表3-4　《互动式课件制作》评价表

| 项目指标 | | 分值 | 学习者自评分 | 组间评分 | 教师加减分 |
|---|---|---|---|---|---|
| 1. 互动式课件基础 | | 15 | | | |
| 2. 课堂互动功能 | | 30 | | | |
| 3. 互动式课件制作与评价 | 3.1 互动式课件制作 | 40 | | | |
| | 3.2 互动式课件评价 | 15 | | | |
| 合计 | | | | | |
| 项目最终成绩<br>（学习者自评分×0.4+组间评分×0.6+教师加减分） | | | | | |

# 项目二 微课课件制作

**项目地图**

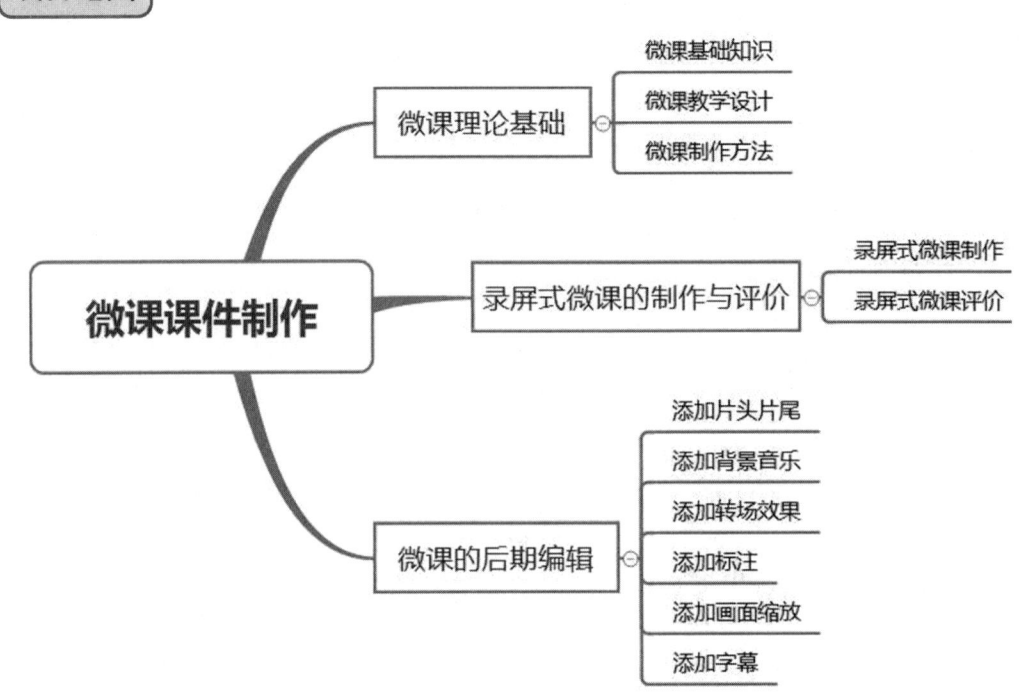

- 微课课件制作
  - 微课理论基础
    - 微课基础知识
    - 微课教学设计
    - 微课制作方法
  - 录屏式微课的制作与评价
    - 录屏式微课制作
    - 录屏式微课评价
  - 微课的后期编辑
    - 添加片头片尾
    - 添加背景音乐
    - 添加转场效果
    - 添加标注
    - 添加画面缩放
    - 添加字幕

微课课件是伴随着智能手机、移动网络等移动媒体在教育中的应用而产生的一种多媒体课件形式，微课课件以视频为载体，短小精悍，适合呈现碎片化教学内容，任何人可以在任何地方、任何时刻从学习内容的任何地方开始学起，提高了零散时间的利用率。

## 1 项目目标

（1）了解微课的起源、定义、特点、类型、常见制作方法等基础知识，把握微课在选题、教学内容选择和各教学环节设计等方面的注意事项。

（2）熟悉录屏式微课的制作过程，能自选合适的主题，独立或小组合作制作一个录屏式微课课件并进行质量评价。

（3）熟练掌握微课后期编辑操作，提升微课作品视觉效果和教学适用性。

## 2 项目环境与条件

（1）在联网的机房内，具备配置较高的电脑，能确保微课的后期编辑顺利进行。

（2）电脑上安装有 Camtasia 软件和相关素材处理软件（如 Photoshop、格式工厂、Snagit 等），用于录屏和微课的后期编辑以及课件素材的获取与处理。

（3）配备耳机和录音话筒，用于微课音频部分的编辑处理。

# 3 项目实施

## 3.1 微课理论基础

【任务】

(1) 阅读"3.1.1 微课基础知识",了解微课的起源、定义、特点和类型。

(2) 阅读"3.1.2 微课教学设计",把握微课在选题、教学内容选择和各教学环节设计等方面的注意事项。

(3) 阅读"3.1.3 微课的制作方法",知道常见的微课制作方法,领会其特点和适用范围,根据教学需要选择最适合的制作方法。

【知识储备】

### 3.1.1 微课基础知识

智能手机、移动网络等在教育中的应用越来越普及,任何人可以在任何地方、任何时刻从学习内容的任何地方开始学起,提高了零散时间的利用率,但这种学习时间不宜过长。学生年龄不同,注意力保持的时间也不一样,但是人高度集中精力学习的时间是在 10 分钟左右。因此根据学生学习特点、将教学内容碎片化、跨应用平台的微课应运而生。

(1) 微课的起源

在国外,"微课程"这个概念最早是由美国新墨西哥州圣胡安学院的高级教学设计师、社区学院在线服务经理戴维·彭罗斯于 2008 年秋首创的。他把微课程称为"知识脉冲",其核心理念是要求教师把教学内容与教学目标紧密联系起来,以产生一种"更加聚焦的学习体验"。

在国内,微课最早的雏形是微型教学视频。2011 年,针对传统 40 或 45 分钟的、全程实录式的教学课例制作成本高、交互性差、评审难度大、应用率低下的现状,佛山市教育局在全国率先开展首届全市中小学优秀微型教学视频课例征集活动,要求教师只针对某个知识点或教学环节进行教学设计和拍摄录制课例,同时要求提供相应知识点的教学设计、课件、练习、反思等支持学习的资源,参赛的作品同步发布在网上供广大师生及家长随时点播、交流和评论。活动的效果出乎意料,广大教师对这种"内容短小、教学价值大、针对性强、数量众多、使用灵活"的微型课例好评如潮。

从 2013 年开始,随着高效课堂、翻转课堂、可汗学院等新概念的普及,越来越多的人开始加入到微课的队伍中来。国内包括高校学者、区域教育研究者、一线教师等对微课进行了研究或实施,在提法上有"微型课程""微课程""微课"等。

(2) 微课的定义

在国内,最早提出"微课"概念并在中小学教学实践中进行推广的是广东省佛山市教育局胡铁生,他认为:微课是指以微型教学视频为主要载体,针对某个学科知识点(如重点、难点、疑点、考点等)或教学环节(如学习活动、主题、实验、任务等)而设计开发的一种情景化、支持多种学习方式的新型网络课程资源。

微课的核心资源是微视频,同时还包括与这个视频内容相关的微教案、微课件、微反思、微习题等辅助性教学资源。微视频,时长一般在 5 – 15 分钟;微教案,指微课教学活动的简要设计和说明;微课件,指微课教学过程中用到的多媒体教学课件;微反思,指教师在微课教学活动之后的体会、反思、改进措施等;微习题,指根据微课教学内容而设计的练习测试题目。

目前，公众比较认可的微课定义是：为了使学习者自主学习获得最佳效果，经过精心的信息化教学设计，以流媒体形式展示的围绕某个知识点或教学环节开展的简短、完整的教学活动。

(3) 微课的特点

微课的特点，可以用"短、小、精、悍"来概括。

①短。微课视频时长短，一般不超过 15 分钟，这符合学习者（特别是中小学生）的认知特点和视觉驻留规律，而且在一定程度上满足了当今微时代泛在学习的要求，即数字化学习越来越倾向于片段化的、短小的呈现方式。

②小。内容少，主题聚集，重难点突出；资源容量小，微课视频及其辅助性教学资源总容量一般只有十几兆或几十兆，适合在智能手机、平板电脑等移动设备上进行自主性、碎片化学习。

③精。教学内容精炼，聚焦于重点、难点、疑点、考点或某个教学环节等学习价值较高的内容；教学设计精细，对某个知识点或教学环节进行精准细致的划分，合理安排每个教学环节，适当选用教学方法；教学活动精彩，教师采用问题引导、启发诱导、任务驱动、讲授内容与操作演示同步展现等教学策略，教学过程精彩生动。

④悍。资源应用面广，微课可以灵活运用在课堂教学和课外学习、校内学习和校外学习、正式学习和非正式学习等多种学习情景中；教学效果显著，微课为学生提供适量的认知负荷，使学生注意力更集中，能提高学习效率，而且由于微课主题突出，其学习针对性和有效性更强。

(4) 微课的类型

微课按照制作技术、教学方式和教学环节不同，可以有不同的分类。一个微课一般只对应一种微课类型，但也可以同时属于两种或两种以上的微课类型。

①按照制作技术，微课可以分为实录式、录屏式、混合式及软件生成式。

实录式微课：利用手机、摄像机等设备拍摄课堂教学影像，并对其进行后期处理，这类微课可以很好地营造课堂氛围，而且可以展示教师的教学风采。

录屏式微课：教师借助屏幕录制软件（如 Camtasia、剪辑师、PowerPoint 录制幻灯片演示功能等），将课件的演示与讲解全过程录制成微课视频，这类微课制作相对简单、快速。

混合式微课：微课视频中既包括实录的课堂教学影像，也包括录制的课件演示讲解。这类微课综合了实录式和录屏式的优势，但是需要相对复杂的后期合成，制作需要更多时间和精力。

软件生成式微课：纯粹借助计算机软件（如 Focusky、VideoScribe、优芽互动电影、万彩动画大师等）生成的微课视频，这类微课动态演示效果好，图文声像并茂，更能吸引学生的注意力。

②按照教学方式，微课可以分为讲授式、演示式、讨论式、实验式、表演式、问答式等。

讲授式微课：适用于教师运用口头语言向学生传授知识，如描绘情境、叙述事实、解释概念、论证原理和阐明规律等。

演示式微课：适用于教师借助实物、模型等直观教具进行展示教学，让学生通过实际观察获得感性知识。

讨论式微课：适用于在教师指导下，由全班或小组围绕某一中心问题通过发表各自意见和想法共同研讨、相互启发，集思广益地进行学习。

实验式微课：适用于学生在教师的指导下，使用一定的设备和材料，通过控制条件的操作过程，引起实验对象的某些变化，从观察这些现象的变化中获取新知识或验证知识。

表演式微课：适用于在教师的引导下，组织学生对教学内容进行戏剧化的模仿表演和再现，以达到学习交流和娱乐的目的，促进审美感受和提高学习兴趣。

问答式微课：适用于教师按一定的教学要求向学生提出问题，要求学生回答，并通过问答的形式来引导学生获取或巩固检查知识。

③按照教学环节，微课可分以为课前复习类、新课导入类、知识理解类、巩固练习类、小结拓展类，不同类别的微课用于课堂的不同教学环节。

课前复习类微课：根据学生已有的知识基础和新知识所需的衔接知识设计制作微课，让学生课前观看，为新课做好准备。

新课导入类微课：教师根据新课知识点设计新颖的问题，吸引学生的注意力，为新课学习做好铺垫。

知识理解类微课：教师对重难点做点拨，引导学生探究规律，在学生自主探究或合作探究后观看。

巩固练习类微课：教师设计少而精的习题，用于巩固或拓展知识。

小结拓展类微课：引导学生总结知识重点和规律、将知识纳入已有的知识体系；再适当设计一些适应不同层次学生的拓展延伸练习。

### 3.1.2 微课教学设计

微课虽然只有短短数分钟，但是也需要进行良好的教学设计，确保教师在较短的时间内运用最恰当的教学方法和策略讲清讲透知识点，从而达到解惑、启发、调动学生学习主动性的教学效果，有效解决实际教学问题。

微课虽然简短，却是一个完整的教学活动，因此微课教学设计要遵循传统教学设计的一般过程，也要经过教学内容分析、学习者分析、教学目标阐明、教学策略和教学方法确定、教学媒体选择、教学过程设计等步骤，并且教学环节要完整，导入、新授、教学检测、小结缺一不可。

（1）微课选题

选题是微课教学设计的第一步，也是至关重要的一步。良好的选题有助于事半功倍地进行讲解、录制，不好的选题会使微课变得平凡乃至平庸。

微课选题要精准，聚焦一个内容相对完整、适合采用多媒体表达的知识点，知识点的选择和处理要注意以下几个方面。

①知识点应选择教学中的重点、难点、疑点、考点、热点和易错点，这样才能符合微课的初衷：解惑、启发和资源分享。

②知识点的选择要细，将知识点按照一定逻辑分割成若干小知识点，力求 5 - 15 分钟内能够讲解透彻，有利于学生集中注意力、提高学习效率。

③选择的知识点要适合使用多媒体表达，适当加入丰富的图形图像、音频、视频、动画等多媒体信息，使教学过程精彩有趣，从而吸引学生的注意力，保持学生的学习积极性。

④选择和处理知识点时，要做到心中有学生，想一想学生需要看什么，学生需要听什么，这样的表达他能听懂吗，因为学生是认知过程的主体，是知识意义的主动建构者，不是知识的被动接受者。

（2）教学内容选择

微课选题确定后，就要进行教学内容的选择了。教学内容尽量选取那些学生通过自学理解不了、具有较高教育教学价值且相对简短完整的知识内容，必要时教师需要对教学内容进行适当的加工、修改和重组，使教学内容精简完整、教学目标聚集单一、表现方式灵活多样，使其更适合微课的表达方式。

教学内容要有用，能满足学习者的需求；要通俗易懂，让学生看得懂学得会；还要有趣，教学内容的表现形式要新颖，尽可能抽象概念形象化、枯燥数字可视化，可融入动漫、影视、游戏等元素。

（3）教学导入环节

微课教学导入的方式与传统教学没有很大区别，可以采用目标导入、情景导入、故事导入、问题导入、游戏导入、温故导入等方式（如图3-2-1），其目的是创设情境、激发学习动机和学习兴趣。不管采用哪种导入方式，都要与课堂教学内容紧密关联，并力求做到新颖独特、引人注目。

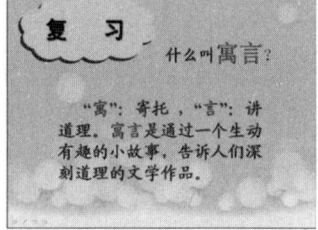

图3-2-1 微课导入方式

由于微课视频时间短，因此，教学导入要迅速，不能占用过多时间，否则不利于学生快速进入学习状态，也会影响学生对后续学习内容的理解和掌握。

（4）新知讲授环节

该环节需要对选定的教学内容进行微处理。讲授新知识时，尽可能只有一条线索，在这一条线索上突出重点内容。如需罗列论据，必须做到精而简，力求论据充分准确且不会引发新的疑问。另外，要对新知识进行精细化设计，反复推敲讲解词，让阐述更精炼；要有自己独特的亮点，可以是深入浅出的讲授，可以是细致入微的剖析，可以是激情四溢的朗诵，可以是精妙完美的课堂结构，也可以是准确生动的教学语言等。微课教学有了自己独特的亮点，才能提升微课的水准。

教学内容的处理可以借鉴以下方式：

①从网上搜集资源（比如一些视频、动画等）为主题服务。

②对教学内容进行讲解时，关注基本概念和关键技能的讲解。

③通过一个问题串联起整个微课内容，教学内容有始有终、逻辑清晰，学生的学习思路也会很清晰。

④在微课的讲解过程中，尽量使用口语化语言，尤其是对于低年级学生和抽象概念的讲解，这样学生更容易理解。

⑤内容呈现方式要专业，尽可能借助多媒体手段呈现学习内容的细节，使抽象知识具体化、直观化、细节化，让学生了解知识生成的过程。

⑥即时标注，对于需要学生重点关注的内容，可以采用划线、做记号、放大、聚光灯等方式进行重点标注，让学生紧跟教学思路，不会被画面中的其他信息分散注意力。

⑦教学内容最好从学生的学习生活出发，注重与学生的关联，这样就能增强学生与微课内容资源的互动，让学生主动参与思考，达到最佳的学习效果。

（5）教学检测环节

教学检测是教师了解学生知识掌握情况的重要手段，它是教学效果的反馈。在微课教学中进行适时有效的教学检测，可以让教学达到事半功倍的效果。

提问是最常用的教学检测手段，完成微课教学后，可以针对重难点提出几个问题，引发学生更深入的思考，拓展所学知识。还可以设计练习题，着重进行"一题多解""一题多思""一题多练"，体现易错点和易混淆点，使学生能够举一反三。

（6）小结环节

在微课的设计中，小结是必不可少的，它是内容要点的归纳。好的微课小结可以加深学生对所学内容的印象，减轻学生的记忆负担，起到画龙点睛的作用。微课小结不在于长而在于精，可采用简短的语言或思维导图的方式，一般不超过一分钟。

如表3-5所示就是一个典型的微课教学设计范例，选做范例时稍有改动，进行微课教学设计时可以参考借鉴。

表3-5 微课教学设计范例

| 微课课题 | 《影响气候的主要因素》 | | | 授课人 | 窦锦俊 |
|---|---|---|---|---|---|
| 学校名称 | 天津市滨海新区大港第六中学 | 教材版本 | 人教版七年级上册 | 科 目 | 地 理 |
| 一、教材分析 ||||||
| 本节是第三章第四节"世界的气候"的第三部分。主要讲述纬度位置、海陆位置、地形对气候的影响。其内容既是对前两节气温和降水的深化与总结，又为今后学习世界地理打下理论基础，起着桥梁和纽带的作用。 ||||||
| 二、教学目标 ||||||
| （1）初步了解影响气候的主要因素，进一步提高学生读图能力。<br>（2）培养学生从地图中获取地理信息、概括和比较的能力。<br>（3）使学生认识气候与各地理要素之间是相互联系、相互制约的。 ||||||
| 三、教学重难点 ||||||
| 分析纬度位置、海陆位置、地形对气候的影响。 ||||||
| 四、教学媒体 ||||||
| 多媒体课件、手电筒、地球仪、烧杯、水、沙石、酒精灯、温度计等。 ||||||

续表

| 五、教学过程 |
| --- |
| 一、情境导入<br>呈现"各地气候的差异造就不同的自然景观"的图片，在感受自然美景的同时，顺理成章地提出问题：一个地方为什么会形成这样或那样的气候？不同地方的气候为什么会有差异？带着问题进入本课学习。<br>二、探究新知<br>1. 纬度位置<br>一个地方的纬度位置对气温影响很大。<br>利用实景演示，直观对比不同纬度地表所接受到的太阳光热不同，将抽象的知识变得更加直观具体，帮助学生理解分析。<br>通过演示，得出结论：纬度不同，所接收到的太阳光热不同；纬度低，接受太阳光热多，气温高；纬度高，接受太阳光热少，气温低。<br>2. 海陆位置<br>海陆位置也是影响气候的重要因素。<br>（1）海陆位置对气温的影响<br>比较纬度大致相同的三个地方（塔里木盆地、呼和浩特、北京）的气温年较差，发现离海最近的北京气温年较差最小，离海最远的塔里木盆地气温年较差最大。<br>利用实验对比水和沙石升温和降温所需的时间，得出结论：水升温慢、降温慢；沙石升温快、降温也快。<br>把水比作海洋，把沙石比作陆地，水的这种调节气温的特性会使沿海地区气温年变化幅度小，距海远的内陆地区气温年变化幅度大。<br>（2）海陆位置对降水的影响<br>比较纬度大致相同的三个地方（塔里木盆地、呼和浩特、北京）的年降水量，发现离海最近的北京年降水量最多，离海最远的塔里木盆地年降水量最少。<br>（3）能否说出沿海到内陆的自然景观特点呢？<br>3. 地形<br>地形因素也能影响气温和降水。<br>（1）地形对气温的影响<br>演示攀登珠峰的动画效果图，解释气温在地形的影响下，是如何发生变化的，得出结论：气温随海拔的升高而降低；海拔每上升1000米，气温约下降6摄氏度。<br>（2）地形对降水的影响<br>演示地形雨的动画效果图，解释降水在地形的影响下是如何发生变化的，得出结论：迎风坡降水多；背风坡降水少。<br>三、教学检测<br>指出影响下列各地气候的主要因素。<br>（1）青藏高原纬度较低，但是气候寒冷。（地形）<br>（2）海南岛终年如夏，黑龙江北部冬季寒冷漫长。（纬度位置）<br>（3）新疆塔里木盆地气候干燥，而同纬度的北京气候相对比较湿润。（海陆位置）<br>四、课堂小结<br>这节课我们知道了影响气候的三个主要因素：纬度位置、海陆位置和地形，各自分析了它们对气温和降水的影响。 |

### 3.1.3 微课制作方法

微课的制作方法应服务于教学内容、教学目标和教学方式，制作方法是否合理影响着微课的质量和学习效果。目前微课的制作方法多种多样，涉及智能手机、DV 摄像机、录播教室、手写板、PPT 课件、录屏软件等多种制作工具。

（1）智能手机 + 白纸

这种方法操作简单方便，用笔在白纸上通过画图、演算、书写、标记等行为，结合语音讲解完成教学过程，并用智能手机完整地拍摄下来，如图 3-2-2 所示。

图 3-2-2  智能手机 + 白纸

（2）DV 摄像机 + 黑或白板

以讲授某个知识点内容为主，结合屏幕展示、板书、教学及实验操作等活动，通过 DV 摄像机将整个教学过程拍摄下来（如图 3-2-3 所示）。该制作方法为实景授课模式，理论上可以在任何理想的场所进行授课。

图 3-2-3  DV 摄像机 + 黑或白板

（3）自动录播教室 + PPT 课件

利用自动录播教室中的摄像头、录音话筒、图像定位系统、录播服务器等自动录播设备将教师授课画面和 PPT 课件演示画面自动组合在一起（如图 3-2-4 所示）。该制作方法需要教师提前熟悉并严格执行录课规范，确保微课的画面效果。

图 3-2-4  自动录播教室 + PPT 课件

（4）录屏软件 + PPT 课件

针对所选定的教学主题制作 PPT 课件，然后在电脑屏幕上同时打开录屏软件和 PPT 课件，准备好录音话筒，教师一边演示一边讲解，通过录屏软件把整个教学过程录制下来，保存在电脑上（如图 3-2-5 所示）。常见的录屏软件有 PPT（录制幻灯片演示）、Camtasia、屏幕录像专家、剪辑师等。

（5）手写板 + SmoothDraw + 录屏软件

通过手写板、录音话筒和画图工具 SmoothDraw 等对教学过程进行讲解演示，并使用录屏软件录制下来，该制作方法又称为可汗学院模式，如图 3-2-6 所示。

图 3-2-5　录屏软件 + PPT 课件

图 3-2-6　手写板 + SmoothDraw + 录屏软件

（6）计算机软件生成

纯粹借助计算机软件（如 Focusky、VideoScribe、优芽互动电影、万彩动画大师等）生成微课视频，如图 3-2-7、图 3-2-8 所示。

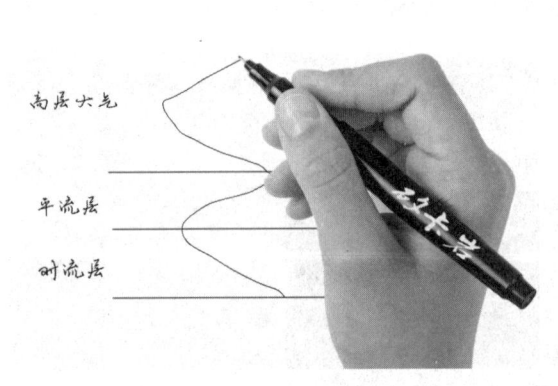

图 3-2-7　VideoScribe 微课 　　　　图 3-2-8　Focusky 微课

## 3.2　录屏式微课的制作与评价

【任务】

（1）阅读"3.2.1　录屏式微课制作"，了解录屏式微课的常见录制方式，结合案例

熟悉录屏式微课的制作过程。

（2）自选合适的主题，独立或小组合作制作一个录屏式微课课件并进行评价。具体要求如下：

① 编写微课教学设计方案，在此基础上，使用 PowerPoint 软件制作多媒体课件，预计授课时长为 10–15 分钟。

② PPT 课件界面美观，图文声像并茂，具备一定的交互性（如超链接、动作按钮、触发器），适当设置幻灯片切换动画和幻灯片内部动画（如进入、强调、退出、动作路径），确保演示的动态效果。

③ 录屏式微课应进行合理编辑，包括添加背景音乐、添加片头和片尾、添加转场效果、添加注释、添加画面缩放效果、添加字幕等。

④ 按照录屏式微课的评价标准，对完成的录屏式微课课件进行质量评价。

【知识储备】

### 3.2.1 录屏式微课制作

录屏式微课是教师借助屏幕录制软件（如 Camtasia、剪辑师、PowerPoint 录制幻灯片演示功能等），将课件的演示与讲解全过程录制成微课视频，这类微课制作相对简单、快速，而且一般由教师本人就可以独立完成，此类微课是教师最经常制作和使用的。

（1）录屏式微课的录制方式

根据录制屏幕的不同，录屏式微课的录制方式具体可以分为：使用 PPT 课件录制、使用绘图板录制、使用电子白板录制和使用 iPad 录制。

① 使用 PPT 课件录制

目前，使用 PPT 课件来展示教学过程仍是教师最常用的一种方法，教师的语音讲解和 PPT 课件的屏幕展示过程相结合，用录屏软件录制成短小的微课，既容易制作，又能满足大部分的学科知识点教学需求。

② 使用绘图板录制

在黑板上板书是大多数教师最常用的教学手段之一，在微课中使用书写的方式来讲解也是某些知识点需要使用的方式之一。如果在电脑上用鼠标指针来模仿进行书写的过程，难度会比较大，往往难以像笔那样控制自如，而使用绘图板就可以在电脑中更准确地模仿笔书写的过程。

这种录制方式需要绘图板、画图工具 SmoothDraw 和录屏软件的相互配合。在录制前需先将绘图板与电脑连接好，安装好绘图板的驱动程序，再安装好 SmoothDraw 与 Camtasia 录屏软件。多次演练手写与讲解的过程后打开 SmoothDraw 软件，完成录制前的相关设置，再用 Camtasia 软件录制下手写与讲解的过程。

③ 使用电子白板录制

目前，越来越多的教室配备了电子白板，电子白板以其良好的交互性获得了许多教师的青睐，使用电子白板课件进行课堂教学也成为许多教师常用的教学手段。

这种制作方法类似于使用 PPT 录制课件，只是制作课件的软件不同。在交互式电子白板上运行白板课件，进行演示或交互式操作，用录屏软件录制下来即可。

④ 使用 iPad 录制

iPad 是教师制作微课的好助手，使用简单方便，教师只要动动手指就可录制微课。iPad 的屏幕就像传统教室的黑板，教师可以在上面边板书边进行课程讲解，微课制作 APP（如 Educreations、Showme、Explain Everyting 等）将屏幕上的操作直接记录并转化为视频形成微课。

（2）录屏式微课的制作过程

录屏式微课的录制方式中以使用 PPT 课件录制最为常见，本部分结合一个案例介绍此类微课的具体制作过程。

①制作 PPT 课件

微课主题为"手工绘制思维导图"，在微课教学设计的基础上，使用 PowerPoint 软件制作课件，页面效果如图 3-2-9 所示。

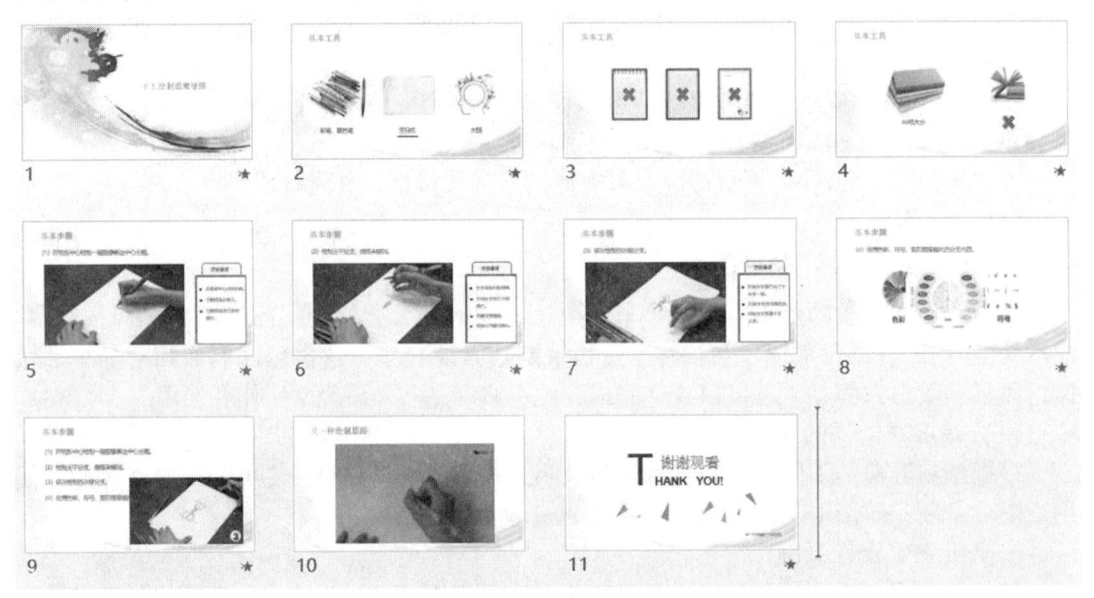

图 3-2-9　PPT 课件页面效果

②编制文字解说词

文字解说词是微课视频中教师的讲解话语，需要在 Word 文档中写下来。它有两个作用：一是录制语音讲解时可以直接照着讲解、录音；二是后期可以作为字幕使用。

预先编制好文字解说词，可以避免讲课过程中出现忘词、卡顿现象，提高微课录制的效率，但也可能会影响微课讲解的生动性和灵活机动性，在效率和效果之间应该加以权衡。

本案例的文字解说词如图 3-2-10、图 3-2-11 所示。

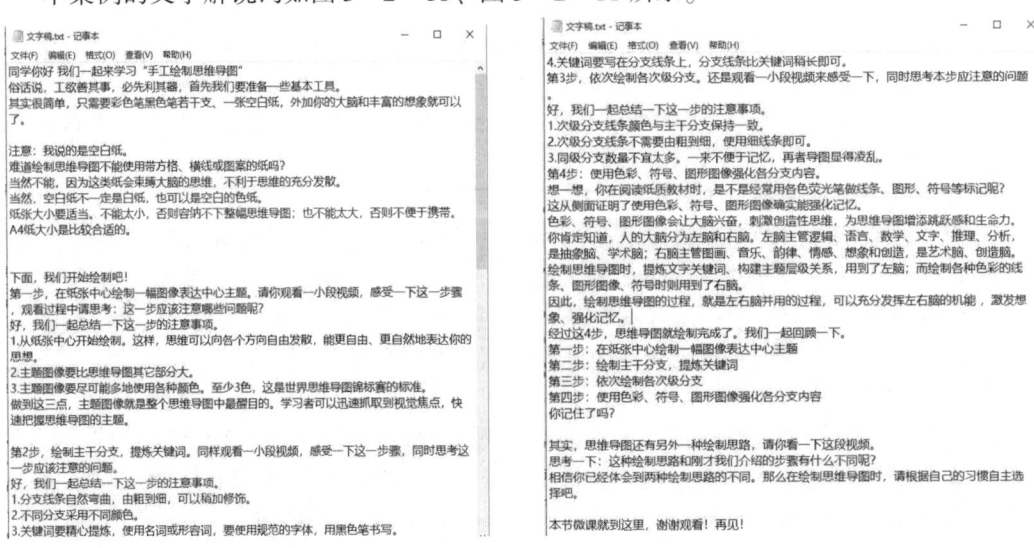

图 3-2-10　文字解说词 1　　　　　　　图 3-2-11　文字解说词 2

③同步录制语音讲解和 PPT 演示

录制前，提前熟悉文字解说词和 PPT 课件，把握 PPT 课件演示的节奏，尤其是页面媒体内容呈现时间和页面切换的时间。录制时，注意讲解和演示的速度和节奏，在安静的环境中进行，确保录制音频的清晰度。

然后，打开 Camtasia Recorder 9 软件，设置录屏区域为"全屏"，打开音频，选中"麦克风"和"录制系统音频"两个录音通道（如图 3-2-12 所示），调整"音频开"按钮右侧的录音音量。

图 3-2-12　录音通道设置

全屏放映 PPT 课件，按下图 3-2-12 右侧的"rec"按钮，开始录制。录制结束后，通常会生成一个扩展名为 .trec 的录屏文件，保存到特定目录后，会自动打开 Camtasia Studio 软件，录制的画面和声音分别放置在轨道 1 和轨道 2 中（如图 3-2-13 所示）。

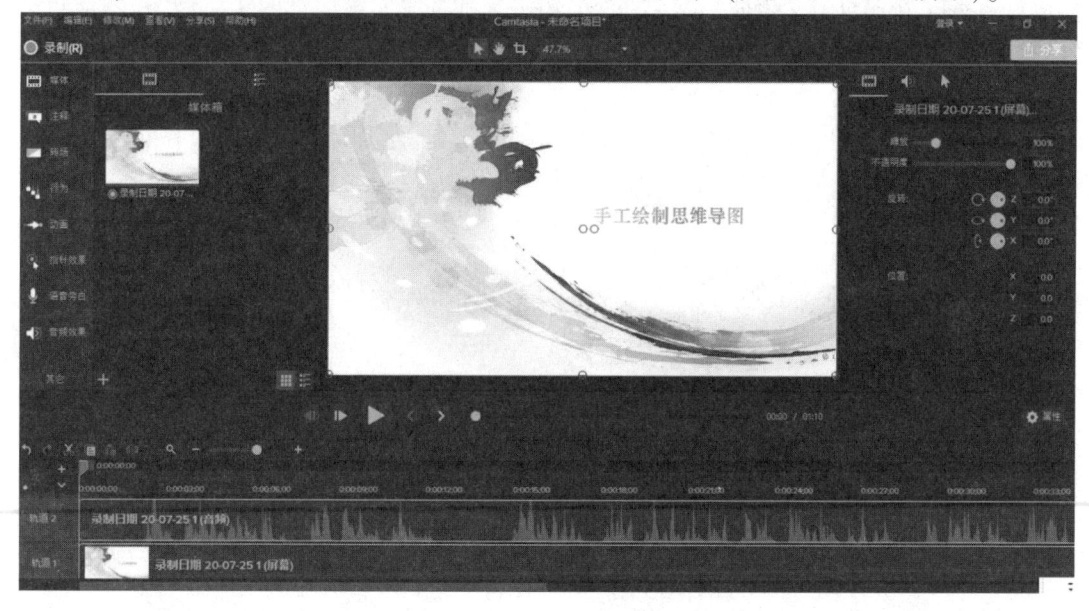

图 3-2-13　录制画面和声音轨道

④制作片头和片尾

片头是微课学习的起点，可以呈现微课主题、教材版本、学科学段、主讲人等信息。另外，片头还可以插入与主题匹配的背景音乐、主题图片和精华片段等，以创设情境，引导学生顺利进入学习，避免正式学习开始得过于突然。

片尾是微课学习的终点，可以呈现微课的制作单位、制作团队、分工情况以及指导教师等信息，与片头首尾呼应。

片头片尾可以采用静止图片，也可以采用视频形式。本案例中的片头和片尾采用了 PPT 课件的首页和尾页（如图 3-2-14、图 3-2-15 所示），这两个页面都添加了自定义动画，具有一定的动态效果。

图3-2-14　片头图片　　　　　　　　图3-2-15　片尾图片

⑤微课后期编辑

经过上述步骤，带有语音讲解的 PPT 演示视频已经保存为录屏文件（扩展名为 .trec）了，微课雏形已成。接下来，要对该录屏文件进行一系列的后期编辑，包括添加片头片尾、背景音乐、转场效果、标注、画面缩放、字幕等，操作方式参见"3.3　微课的后期编辑"，此处不再赘述。

⑥微课视频生成

后期编辑完成后，依次单击 Camtasia Studio 软件界面右上角的"分享"——"自定义生成"——"新建自定义生成"菜单命令，打开生成向导，按照如图3-2-16所示的设置经过渲染生成最终的微课视频。

图3-2-16　视频生成向导

### 3.2.2 录屏式微课评价

无论是录屏式微课，还是实录式、混合式微课，在设计与制作环节都要符合一定的规范标准。

（1）微课内容标准

①选题要求。教学内容明晰，可针对难点进行突破也可针对课后进行拓展延伸。形式可以是知识讲解、教材解读、题型精讲、考点归纳，也可以是方法传授、教学经验等技能展示。

②时间要求。微课与较宽泛的传统课堂不同的是时间短。时长一般为 5~10 分钟，最长不宜超过 15 分钟。

③教学设计。微课的教学过程简短完整，教学过程包括教学问题的提出、教学活动的安排、学生协作探究解决问题等环节。

④资源选择。微课选取的教学内容一般指向明确、主题突出。它以教学视频片段为主引领教学设计（包括教案或学案）、多媒体素材和课件、教师课后的教学反思、练习测试、学生的反馈等相关教学支持资源，构成一个主题鲜明、类型多样的"主题单元资源包"。

⑤教学语言。由于时间有限，在要求语言生动、富有感染力的同时，微课语言更要做到准确简明。

⑥艺术审美。微课要使人赏心悦目，使人获得美感。美的形式能激发学生的学习兴趣，优质的课件应是内容美与形式美的统一。

（2）录屏式微课技术标准

①录屏的分辨率一般采用 1280×720，录制之前要调整好电脑屏幕分辨率。

②录制 PPT 课件演示时，将 PowerPoint 幻灯片大小调整到合适比例（一般为 16∶9），确保录制时没有黑边。

③声音采用双声道，要求清晰、无杂音，音量适中，解说声与背景音乐音量无明显比例失调。

④微课视频要有片头片尾，主要教学内容和环节有字幕提示或说明。

（3）录屏式微课评价标准

结合上述录屏式微课内容标准和技术标准，编写者编制了录屏式微课的评价标准表（如表 3-6 所示），可以依据该标准评价录屏式微课的质量。

表 3-6 录屏式微课评价标准

| 评价指标 | 分值 | 评分 |
| --- | --- | --- |
| 选题合理，适合制作微课，有推广应用价值。 | 10 | |
| 微课教学环节完整，切入迅速，讲授线索清晰，有小结。教学内容的组织与编排符合学生的认知规律，逻辑性强。 | 20 | |
| PPT 课件运用多种媒体手段，具有必要的动画效果和交互性。 | 20 | |
| 有片头片尾，能呈现课件相关信息。 | 10 | |
| 语音解说清晰、流畅、生动，具有较强感染力。 | 10 | |
| 背景音乐使用恰当，音量适中，有淡入淡出效果。 | 10 | |
| 课件画面剪辑合理，转场效果自然，无技术性错误。 | 10 | |
| 课件适当添加批注，能集中学习者注意力。 | 10 | |

## 3.3 微课的后期编辑

**【任务】**

在电脑上安装 Camtasia 软件，操作练习常见的后期编辑方式（比如添加片头片尾、背景音乐、标注、画面缩放、转场效果、字幕等），以便制作微课时能熟练地运用，提高微课作品的视觉效果和教学实用价值。

**【知识储备】**

### 3.3.1 添加片头片尾

一个优秀的微课作品应该包括片头和片尾。

片头是微课学习的起点，可以呈现微课主题、教材版本、学科学段、主讲人等信息。另外，片头还可以插入与主题匹配的背景音乐、主题图片和精华片段等，以创设情境，引导学生顺利进入学习，避免正式学习开始得过于突然。

片尾是微课学习的终点，可以呈现微课的制作单位、制作团队、分工情况以及指导教师等信息，与片头首尾呼应。

片头片尾可以采用静止图片，也可以采用视频形式。无论采用哪种形式，片头和片尾的分辨率一定要与整个微课作品的分辨率保持一致。

添加片头和片尾的方法是：在 Camtasia Studio 中导入片头和片尾文件，片头拖动到轨道区最前面，片尾拖动到轨道区最后面，调整片头片尾的持续时间即可。

### 3.3.2 添加背景音乐

微课的片头、片尾、展示页面最好搭配背景音乐，可以使用下载的音乐，也可以使用 camtasia 软件库中自带的音乐。

添加方法是：插入一个新轨道，命名为"背景音乐"，将音频文件拖动到该轨道，调整音频的位置和持续时间。选中轨道上的音频片段，打开软件左上角的"音频"窗口，调整背景音乐的音量、设置淡入淡出效果，还可以去除一部分噪声（如图 3-2-17 所示）。

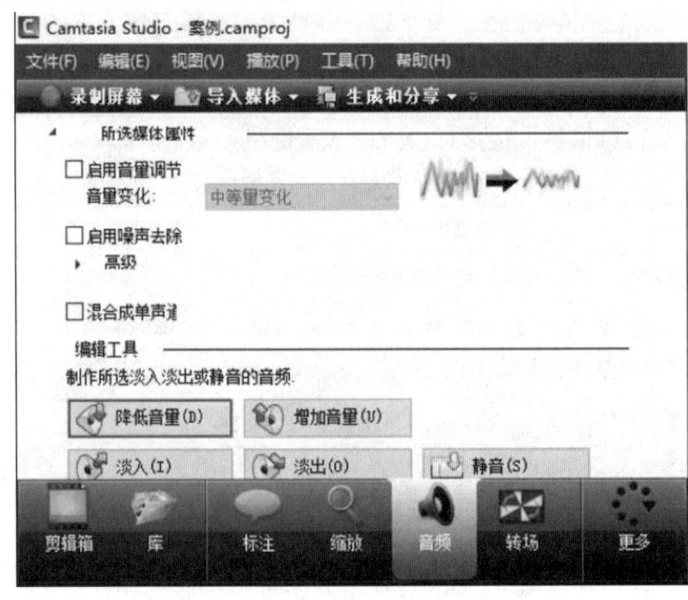

图 3-2-17 音频调整

### 3.3.3 添加转场效果

转场效果是指两个画面之间的转换效果,可以实现两个画面之间的平滑过渡,或者增加微课的视觉冲击力,达到丰富画面、吸引观众的效果。

转场效果可以添加在同一轨道上两个图片之间、两个视频之间,或者同一视频分割后两个片段之间。

在 Camtasia 软件左上角切换到"转场"窗口,可以看到提供了很多转场效果(如图 3-2-18 所示)。单击选择任意一种转场效果,将其拖动到两个剪辑片段之间,此时两个剪辑片段之间出现了一个转场标记(如图 3-2-19 所示)。放大时间轴显示比例,我们可以调整转场标记的宽度,以改变转场效果持续的时间。

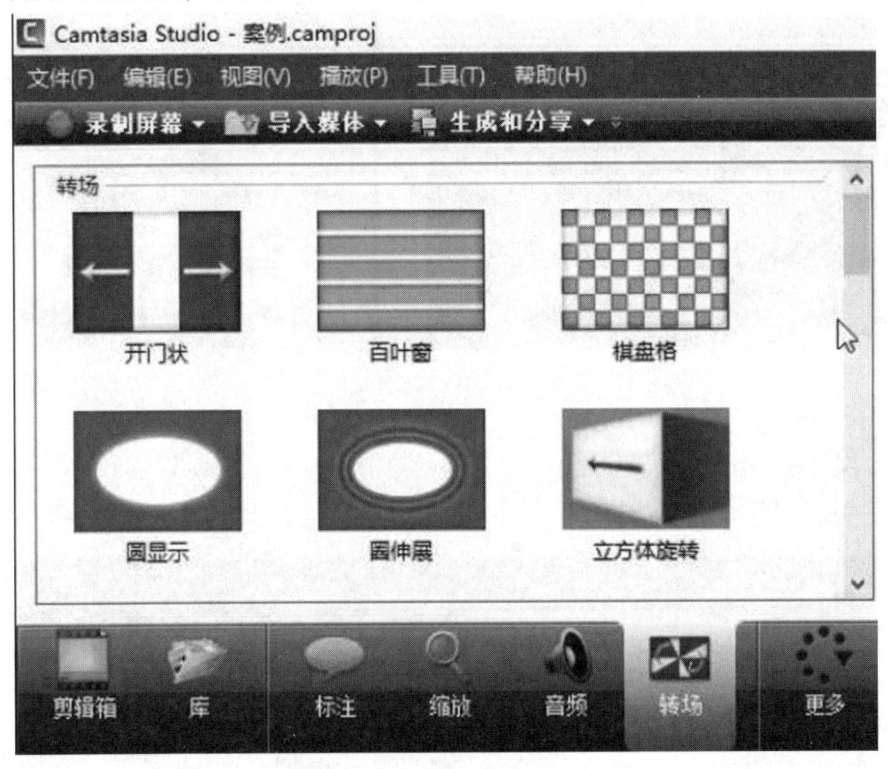

图 3-2-18 转场效果

图 3-2-19 转场标记

### 3.3.4 添加标注

制作录屏式微课时,经常需要在画面上用文字、线条、图形等进行标注,以达到强调重点、吸引注意力的效果。

如图 3-2-20 所示,插入一个新轨道,重命名为"标注"。将时间轴上的播放头定位到合适位置,在软件左上角切换到"标注"窗口,展开"形状"列表,可以看到软件提供了四种类型的标注:带文字的形状、形状、运动草图和特殊标注。

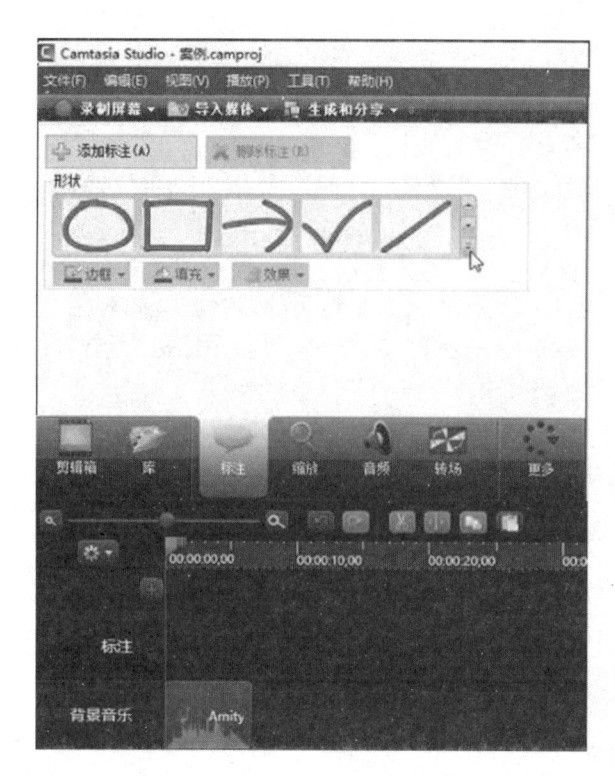

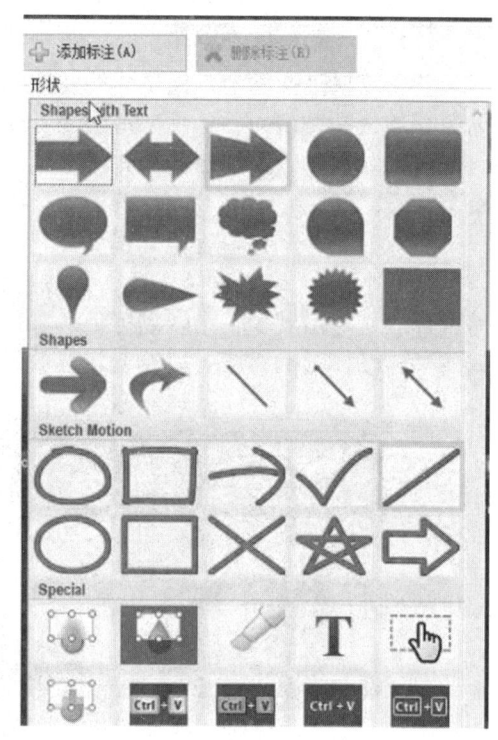

图3-2-20 添加标注

双击其中的直线运动草图,该标注自动添加到轨道上(如图3-2-21所示)。在播放窗口中调整标注的大小、位置和方向,然后在轨道上调整标注的持续时间,在"标注"窗口中调整绘制时间和淡出时间。标注添加完毕。

图3-2-21 标注调整

### 3.3.5　添加画面缩放

在介绍某些内容时，为了使学习者看得更清楚，可以对画面进行放大，介绍完毕后再恢复原始大小，这就是画面缩放效果。

如图3-2-22所示，将播放头定位到需要放大画面的时间点，在软件左上角切换到"缩放"窗口，调整缩放框的位置和大小，可以看到播放窗口的画面发生了相应变化，轨道上也出现了一个缩放标记。

图3-2-22　画面缩放

再将播放头定位到需要恢复画面的时间点，在"缩放"窗口中单击"媒体尺度"按钮，播放画面恢复原始大小，轨道上又出现一个缩放标记（如图3-2-23所示）。可以调整两个缩放标记的宽度，以改变画面缩放的速度。如果想取消画面缩放，直接将缩放标记删除即可。

### 3.3.6　添加字幕

如图3-2-24所示，插入一个新轨道，重命名为"字幕"。定位播放头，打开"字幕"窗口，添加字幕文本，在轨道上调整该字幕的持续时间。再次定位播放头的位置，添加新字幕文本，重复上述操作即可。

这种添加字幕的方法比较繁琐，如果已经有文字解说词，可以采用"同步字幕"的方法快速添加字幕。

方法如下：定位播放头，打开"字幕"窗口，将文字解说词全部粘贴到此处。然后单击窗口左下角的"同步字幕"按钮，单击"继续"按钮，开始同步字幕（如图3-2-25所示）。依次单击字幕分割处的文字，整段文字解说词便被分解成若干个字幕。

图 3-2-23　画面缩放标记

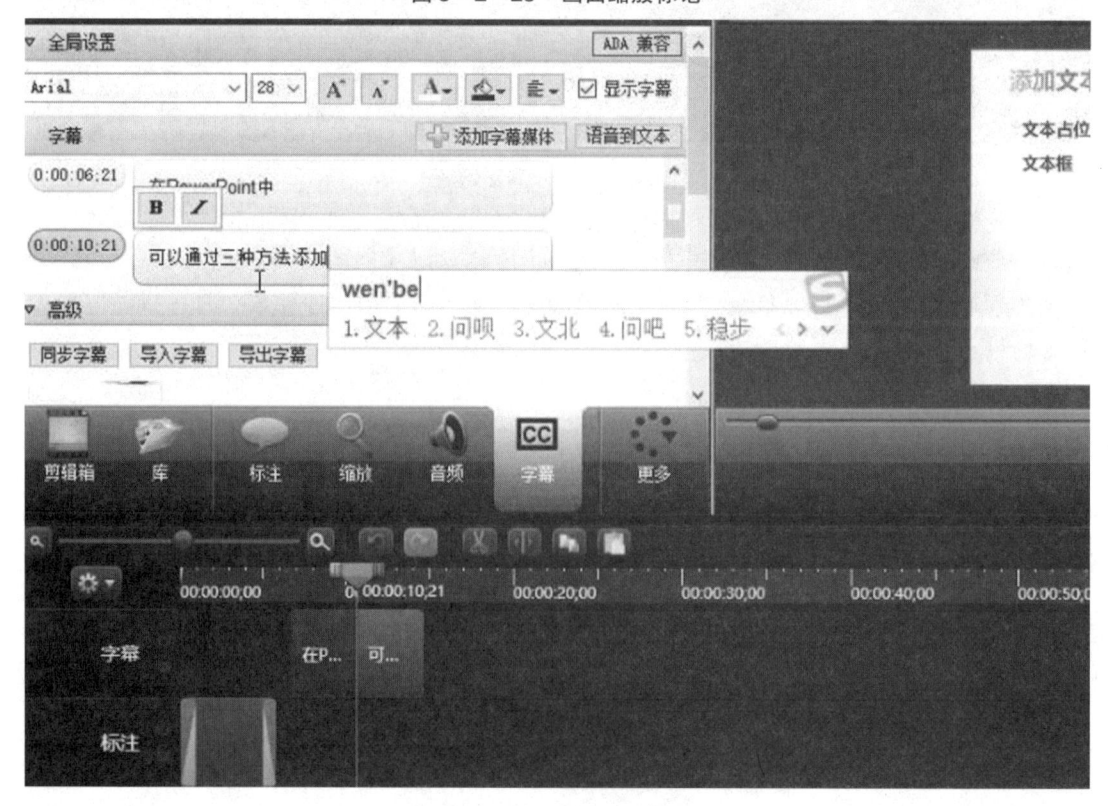

图 3-2-24　手动添加字幕

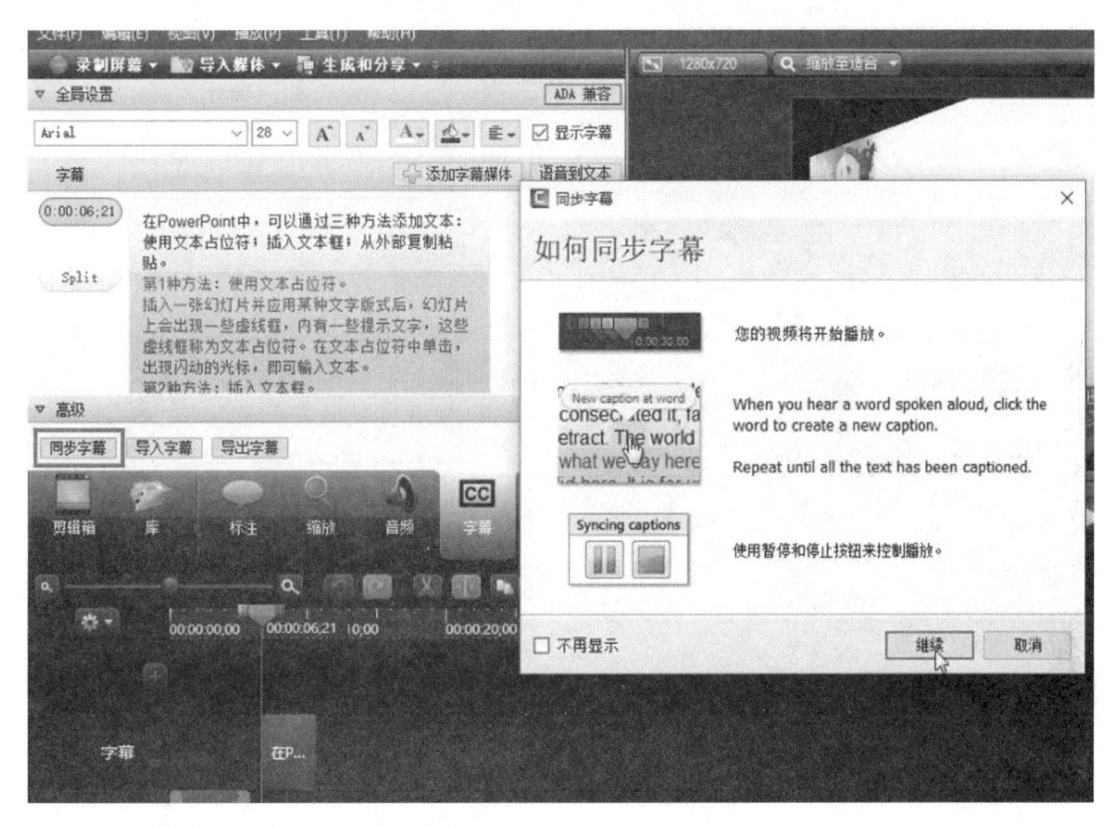

图 3 −2 −25　同步字幕

选中轨道上的字幕，在"字幕"窗口中可以设置字幕的字体、字号、颜色、背景色、对齐方式等，改变字幕的外观样式。

# 4　项目评价

为确保项目实施的实效性，更客观准确地评价学习者表现，教师和学习者可使用下方提供的表格（如表 3 −7）来检验并评价各个子项目的完成情况。项目进行过程中，学习者本人对各个子项目的完成情况进行实时自评，将分数写在相应位置；然后，每两个小组之间采取适当的方式（如观察、抽查、普查等）对对方组员各子项目的完成情况进行评价，将分数写在相应位置；在项目实施过程中，教师要担当好指导、定向、检查、督促的角色，确定学生的加减分。

各个子项目的"学习者自评分""组间评分"纵向相加后，写在"合计"一栏；教师对学习者的加减分写在"教师加减分"一栏；学习者该项目的最终成绩计算公式为学习者自评分×0.4 + 组间评分×0.6 + 教师加减分，将计算出的成绩写在"项目最终成绩"栏。

表 3-7　《微课课件制作》评价表

| 项目指标 | | 分值 | 学习者自评分 | 组间评分 | 教师加减分 |
|---|---|---|---|---|---|
| 1. 微课理论基础 | | 15 | | | |
| 2. 录屏式微课制作与评价 | 2.1　录屏式微课制作 | 35 | | | |
| | 2.2　录屏式微课评价 | 20 | | | |
| 3. 微课的后期编辑 | | 30 | | | |
| 合计 | | | | | |
| 项目最终成绩<br>（学习者自评分×0.4 + 组间评分×0.6 + 教师加减分） | | | | | |

# 模块四　信息化教学工具

　　教师在进行课前备课和教学设计时经常会萌发一些教学灵感和创意，而这些灵感和创意的实施需要教学媒体和技术工具的支持。随着信息技术的飞速发展和教学新需求的不断涌现，一些信息化教学工具软件应运而生，应用于教学准备、设计、实施、组织、管理、评价等不同教学环节后，取得了事半功倍的教学效果。教师应该对这些信息化工具保持足够的敏感度和好奇心，并尝试运用合适的信息化工具解决遇到的教学问题。

# 项目一 思维导图

项目地图

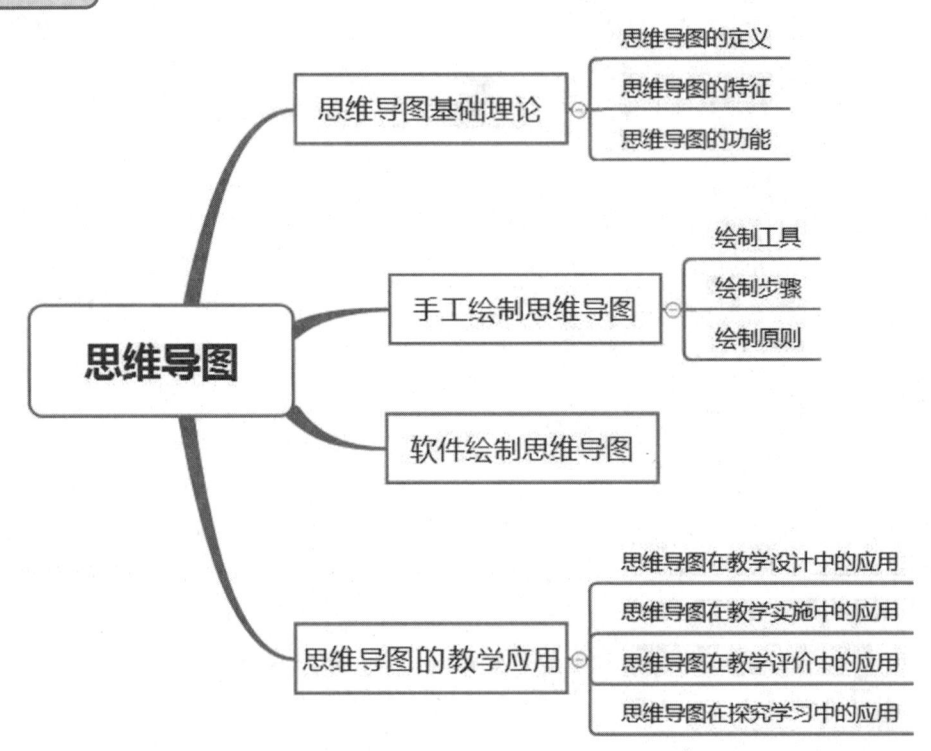

- 思维导图
  - 思维导图基础理论
    - 思维导图的定义
    - 思维导图的特征
    - 思维导图的功能
  - 手工绘制思维导图
    - 绘制工具
    - 绘制步骤
    - 绘制原则
  - 软件绘制思维导图
  - 思维导图的教学应用
    - 思维导图在教学设计中的应用
    - 思维导图在教学实施中的应用
    - 思维导图在教学评价中的应用
    - 思维导图在探究学习中的应用

思维导图又称心智图，是英国教育学家东尼·博赞创造的图形思维工具，它符合人类放射性思维的特征，有助于思维的激发和整理，能有效提高记忆力、组织力和创造力。随着研究和认识的深入，思维导图已经应用于学习、生活和工作中的各个领域，凡是需要用脑的地方都可以使用思维导图。

## 1 项目目标

（1）了解思维导图的定义、特征和功能等相关理论知识。
（2）了解手工绘制思维导图需要准备的工具、绘制步骤和原则，能手工绘制学科教学思维导图，并进行展示、交流和评价。
（3）了解并掌握运用思维导图软件制作思维导图的过程和方法。
（4）了解思维导图在教学各环节中的应用形式，并能设计应用思维导图的教学片段。

## 2 项目环境与条件

（1）配备多台学生电脑的多媒体网络教室，网络通畅。

（2）学生电脑安装 Word、PowerPoint 等常用办公软件、媒体播放器以及 Xmind 等思维导图制作软件。

（3）学生自备手工绘制思维导图的工具，包括空白纸、彩笔、黑笔等。

# 3 项目实施

## 3.1 思维导图基础理论

【任务】

（1）阅读本项目中的文本材料，了解思维导图的定义、特征和功能等相关理论知识。

（2）通过观察把握思维导图的主要特征，为绘制思维导图奠定基础。

（3）体会思维导图的强大功能，树立在日常生活和工作中运用思维导图的意识。

【知识储备】

### 3.1.1 思维导图的定义

放射性思考是人类大脑的自然思考方式，每一条进入大脑的信息，不论是感觉、记忆或是想法（包括文字、数字、符码、香气、食物、线条、颜色、意象、节奏、音符等），都会成为一个思考中心，并由此中心向外发散出成千上万的关节点，每一个关节点代表与中心主题的一个联结，而每一个联结又会成为另一个思考中心，再向外发散出成千上万的关节点，呈现放射性立体结构（如图 4-1-1 所示）。

思维导图就是表达发射性思维的一种图形思维工具，它可以将放射性思考进行具体化呈现。它简单却又极其有效，是一种革命性的思维工具。

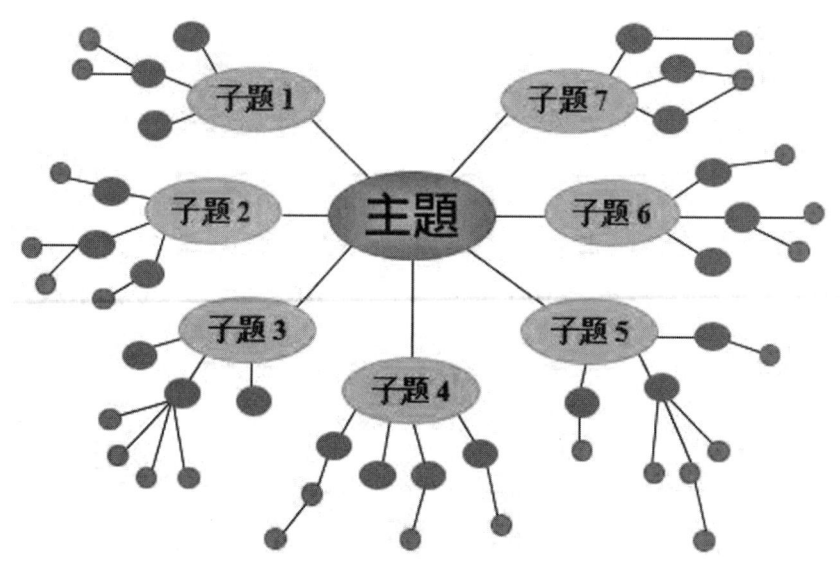

图 4-1-1 放射性立体结构

### 3.1.2 思维导图的特征

图 4-1-2 是一个典型的思维导图。

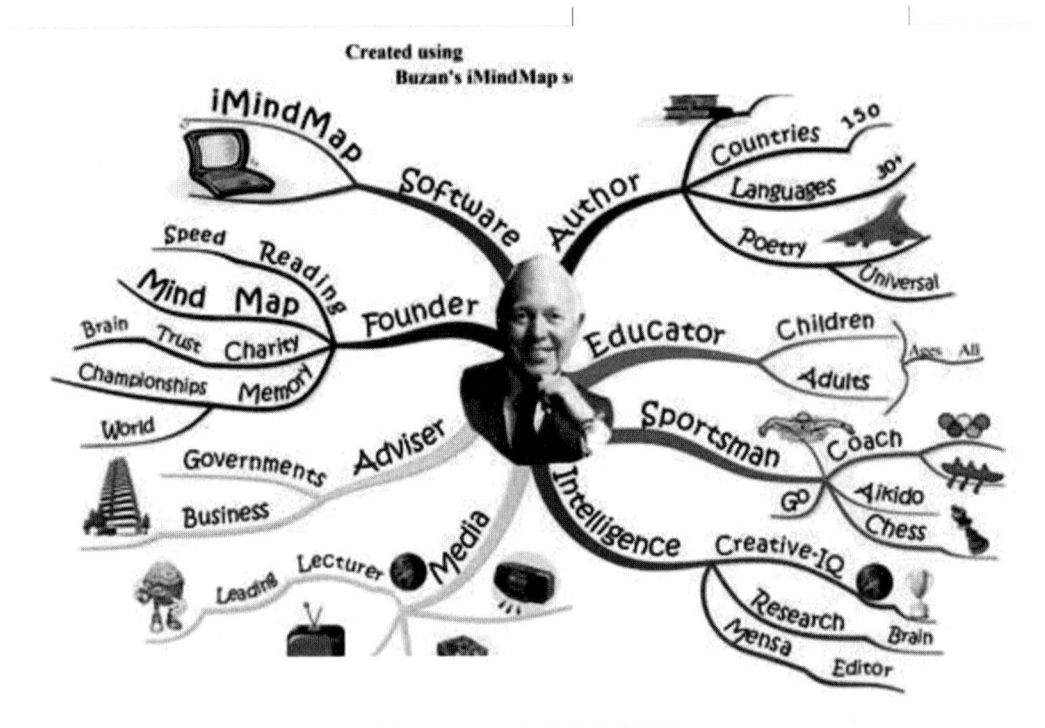

图4-1-2 典型的思维导图

思维导图的总体特征是图文并重，各级主题呈现层级关系，把主题关键词与图像、颜色等建立记忆链接。思维导图充分运用左右脑的机能，利用记忆、阅读、思维的规律，协助人们在科学与艺术、逻辑与想象之间平衡发展，从而开启人类大脑的无限潜能。

思维导图的具体特征如下：

（1）焦点集中，主题突出。思维导图的主题位于中央位置或视觉的焦点处，通常以醒目的文字、图片或图文结合的方式呈现，而且比思维导图其他部分要大，因此，观看者能迅速抓取到视觉焦点和主题。

（2）由内向外，主干发散。思维导图由中央主题向外发散出若干主干分支，再继续向外发散出各次级分支。这种发散结构便于观看者快速把握思维导图的主要内容。

（3）层次分明，节点联结。思维导图的分支线条由粗到细、文字图像由大到小，由此可以直观感受到各级分支之间的层次性。不同主干分支颜色不同，同一主干各级分支颜色相同，这样不同主干分支之间的区别和同一主干各级分支之间的联系更加明显。各次级分支与上级分支交汇处形成若干节点，这些节点将思维导图各级分支联结成一个紧密而又层次分明的整体。

（4）关键词语，理清关系。思维导图各级分支线条上都有一个关键词，用来说明事物的属性、特点或不同对象之间的关系。这些关键词可以是名词或形容词，一定要精心提炼、简明扼要，最好不超过10个字就能说明各级分支之间的关系和特点。

明确思维导图的特征是绘制思维导图的基础，这些特征可以规范和指导思维导图的绘制，同时也是评价思维导图的一个依据。

### 3.1.3 思维导图的功能

随着人们对思维导图的认识和掌握，思维导图不仅可用于记忆和学习，还可应用在生活和工作的各个方面，包括写作、沟通、演讲、管理、会议、规划等。其功能可以归纳为以下几个方面：

（1）思维导图对大脑中的数据进行分层分类管理，使数据的存储、管理和应用更系统化，从而增加大脑运作的效率。

（2）思维导图充分运用左右脑的功能，借助文字、图像、颜色、符号，激发联想与创意，拓展思维的广度。

（3）在绘制思维导图的过程中，我们能形成系统的学习和思维习惯，提升思考技巧，提高学习和工作绩效。

## 3.2 手工绘制思维导图

【任务】

（1）阅读本项目的文本材料，了解手工绘制思维导图需要准备的工具、绘制的步骤和原则。

（2）从小学或中学教材中自选主题，充分运用所学知识，手工绘制一幅学科教学思维导图，并进行展示、交流和评价。

【知识储备】

### 3.2.1 绘制工具

手工绘制思维导图的工具非常简单，只需要一张空白纸、彩色笔和黑色笔若干支，外加你的大脑和想象就可以了。之所以用空白纸，是因为带格子、横线或图案的纸会束缚大脑的思维，不利于思维的充分发散。空白纸不一定是白纸，可以是空白的色纸。纸张大小要适当，不能太小，否则容纳不下整幅思维导图；也不能太大，否则不便于存放和携带；A4纸大小是比较合适的。

### 3.2.2 绘制步骤

第一步，在纸张中心绘制一幅图像表达中心主题（如图4-1-3所示）。

这一步有如下几个注意事项：

（1）从纸张中心开始绘制。这样，思维可以向各个方向自由发散，能更自由、更自然地表达思想。

（2）主题图像要比思维导图其他部分大。

（3）主题图像要尽可能多地使用各种颜色。至少3色，这是世界思维导图锦标赛的标准。

做到这三点，主题图像就是整个思维导图中最醒目的。学习者可以迅速抓取到视觉焦点，快速把握思维导图的主题。

图4-1-3 绘制中心主题

第二步，绘制主干分支，提炼关键词（如图4-1-4所示）。

这一步有如下几个注意事项：

（1）分支线条自然弯曲，由粗到细，可以稍加修饰。

（2）不同分支采用不同颜色。

（3）关键词要精心提炼，使用名词或形容词，要使用规范的字体，用黑色笔书写。

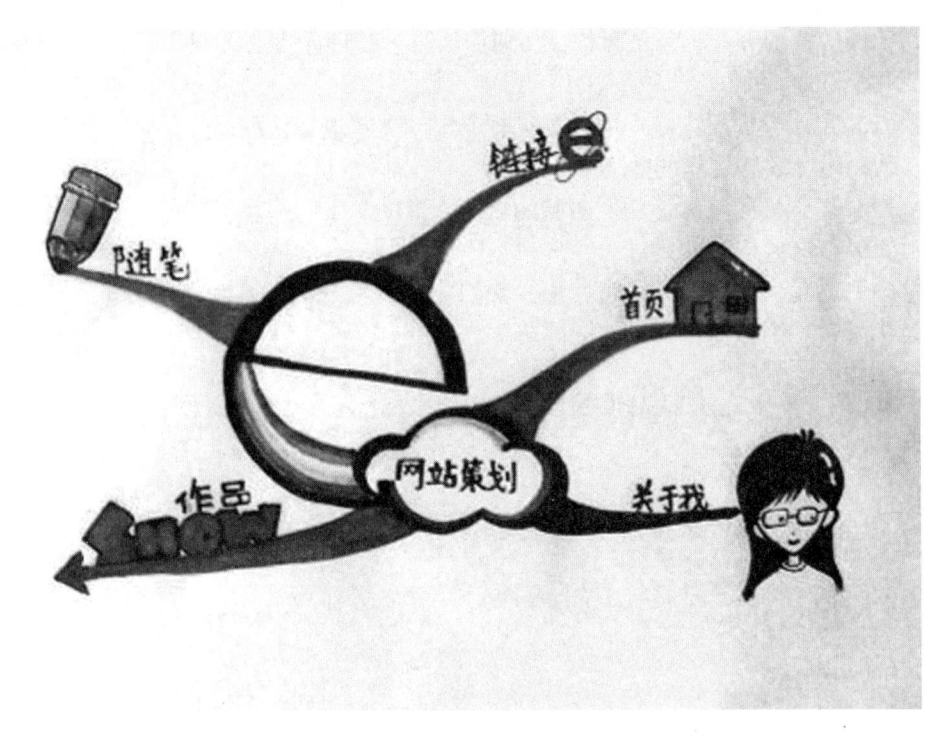

图4-1-4 绘制主干分支

（4）关键词要写在分支线条上，分支线条比关键词稍长即可。

第三步，依次绘制各次级分支（如图4-1-5所示）。

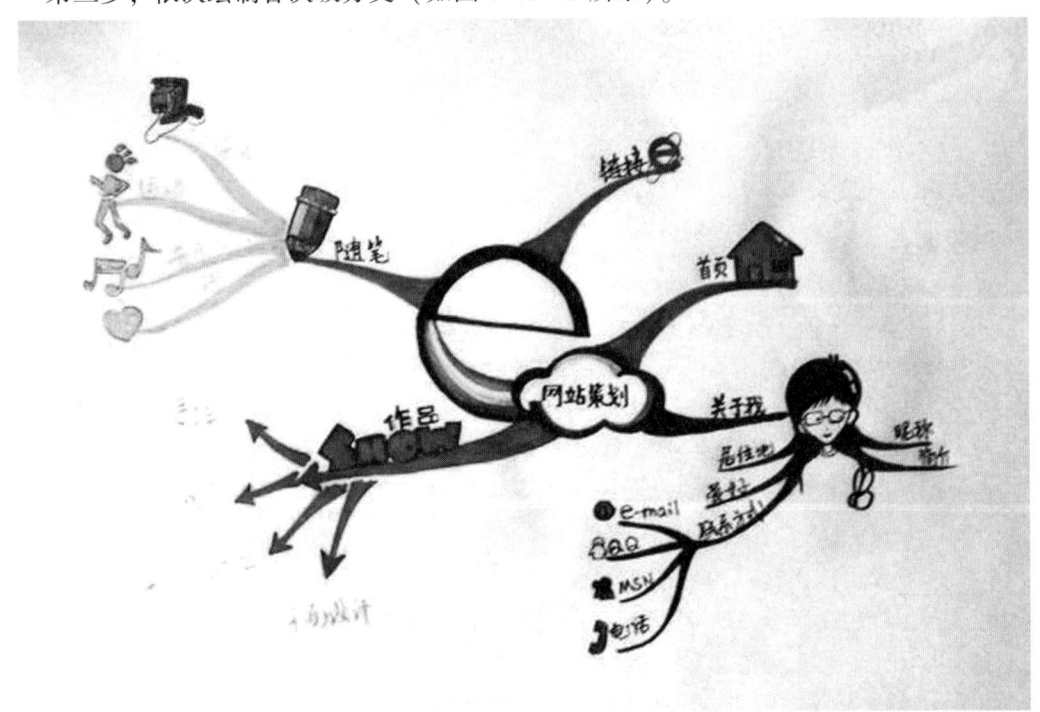

图4-1-5 绘制各次级分支

这一步有如下几个注意事项：
(1) 次级分支线条颜色与主干分支保持一致。
(2) 次级分支线条不需要由粗到细，使用细线条即可。
(3) 同级分支数量不宜太多。一来不便于记忆，再者导图显得凌乱。

第四步，使用色彩、符号、图形图像强化各分支内容。

我们在阅读纸质教材时，经常用各色荧光笔做线条、图形、符号等标记，这从侧面证明了使用色彩、符号、图形图像确实能强化记忆。色彩、符号、图形图像会让大脑兴奋，刺激创造性思维，为思维导图增添跳跃感和生命力。

人的大脑分为左脑和右脑。左脑主管逻辑、语言、数学、文字、推理、分析，是抽象脑、学术脑；右脑主管图画、音乐、韵律、情感、想象和创造，是艺术脑、创造脑。绘制思维导图时，提炼文字关键词、构建主题层级关系，用到了左脑；而绘制各种色彩的线条、图形图像、符号时则用到了右脑。因此，绘制思维导图的过程，就是左右脑并用的过程，可以充分发挥左右脑的机能，激发想象、强化记忆。

### 3.2.3 绘制原则

思维导图是个体思维的具体化呈现，个体思维方式、思维广度和深度不同，绘制的思维导图也有差异，因此，思维导图个性化特征极强，表现在思维导图的结构、风格、线条、颜色、符号、图片等方面都各具特色。虽然如此，绘制思维导图也应该遵循一些共同的原则，以提高思维导图的绘制效率和可阅读性。

(1) 清晰明白。将纸张横放在桌前，从中央开始；每条线上只写一个关键词；字体采用印刷体，写在与词语等长度的线条上；不同级别主题的线条粗细合理；间隔要合理，边界要能"接受"分枝概要。

(2) 突出重点。一定要用中央图，次主题3－7个；尽可能用色彩丰富的图形；中央图形上要用三种或者更多的颜色；图形要有层次感，可以用3D图；字体、线条和图形尽量多一些变化。

(3) 使用联想。在分支之间进行连接时，可使用箭头；灵活使用代码；使用各种相关的色彩、图示、符号；要用通感，多种生理感觉共生。

(4) 形成个人风格。布局合理，层次分明；条理清晰，使用数字；图形简洁，清楚易懂；夸张手法、趣味性；颜色搭配和谐，总体效果好。

## 3.3 软件绘制思维导图

**【任务】**

(1) 阅读本项目的文本材料，了解并掌握运用 Xmind 软件制作思维导图的过程和方法。

(2) 参考提供的案例，运用 Xmind 软件制作一个思维导图课件。

**【知识储备】**

绘制思维导图的软件很多，最常用的包括 MindManager、iMindMap、Xmind、MindMaster 等，这些软件通常支持 Windows、Mac、Linux 等多种平台，还提供了相应的平板/手机端 APP，有免费版本和专业版本之分。这些软件在功能全面性、易用性、扩展性、模板素材、界面美观度等方面各有其优势，都能帮助我们组织整理知识和想法。

我们可以分别下载安装并使用这些软件，分析研究其基本功能，把握其优势和不足。

具体绘制思维导图时，综合考虑不同软件的优势，结合自己的需求，选用最适合的思维导图软件。

这里我们借助 Xmind 8 免费版本，为小学语文课文《琥珀》第一课时制作一个思维导图课件。思维导图课件可以梳理教学内容，使教学过程更加清晰化、条理化。

（1）前期准备

针对《琥珀》第一课时进行教学设计，确定教学目标和教学内容，设计教学过程，在此基础上制作 PPT 课件。

将 PPT 课件根据教学过程分解成"情境导入""初读感知－范读""初读感知－自读""字词学习－我会认""字词学习－我会写""字词学习－多音字""字词学习－理解词语""再读课文""课堂小结"等子课件（如图 4－1－6 所示），以便在思维导图课件中通过超链接的方式直接调用。

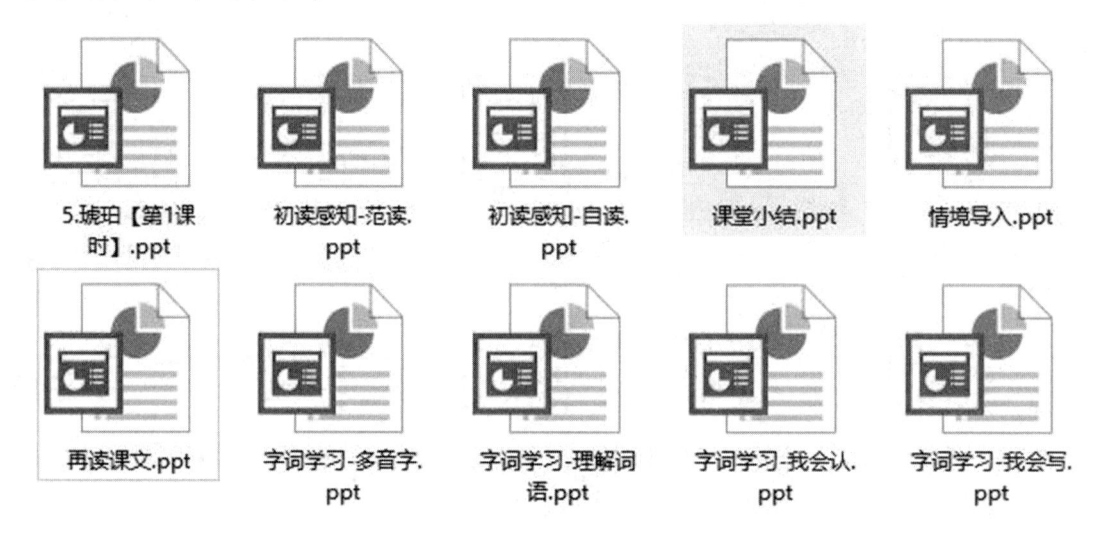

图 4－1－6　PPT 子课件

（2）启动 Xmind，添加中心主题和主干分支

运行 Xmind 8 软件，新建一个思维导图，选择需要的风格，进入思维导图的编辑界面。双击 中心主题 ，输入"琥珀（第一课时）"字样；选中中心主题，右击执行"插入"｜"主题"命令（或者按下 Enter 键），插入一个分支主题，双击分支主题，输入"情境导入"字样；按照同样的方法，依次添加"初读感知""字词学习""再读课文""课堂小结"等四个分支主题，建立初步的思维导图结构，如图 4－1－7 所示。

（3）为各主干分支添加次级分支

选中 初读感知 ，右击执行"插入"｜"子主题"命令（或者按下 Insert 键），插入一个子主题并双击输入"听范读"字样；同样的方法，再次插入子主题"自读"。依次类推，为 字词学习 添加次级分支"我会认""我会写""多音字""理解词语"。完成效果如图 4－1－8 所示。

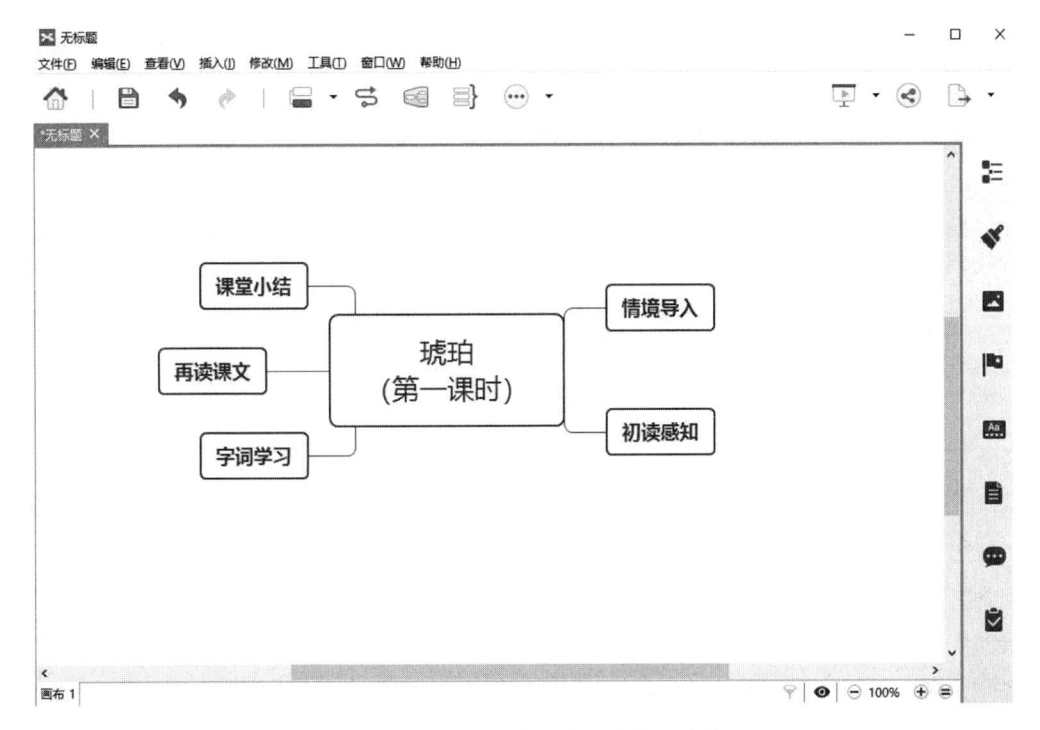

图 4-1-7　添加中心主题和主干分支

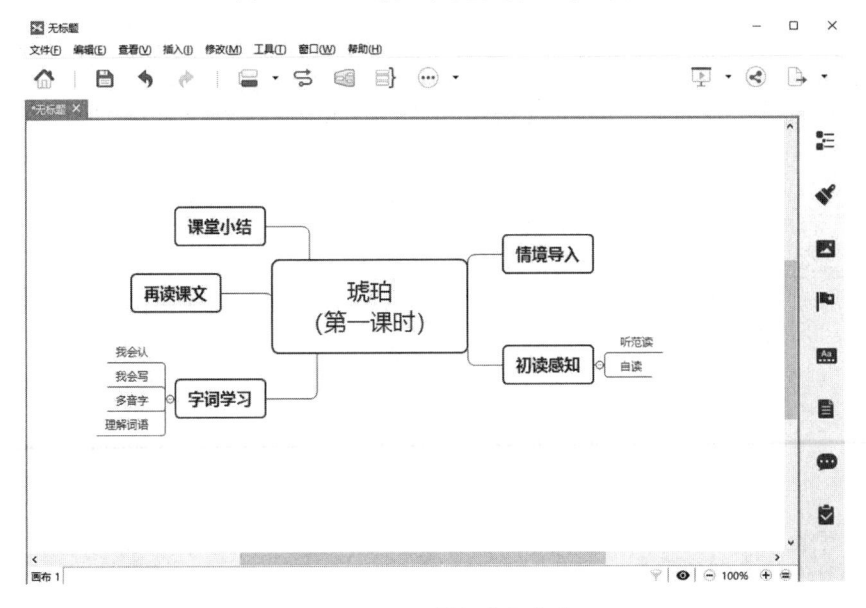

图 4-1-8　添加次级分支

（4）为主题或各级分支添加备注或超链接

选中中心主题 [琥珀(第一课时)]，右击执行"插入"|"备注"命令，在弹出的文本框中输入本课时的学习目标，如图 4-1-9 所示。选中分支节点 [情境导入]，右击执行"插入"|"超链接"命令，在弹出的对话框中选择链接到的文件，如图 4-1-10 所示；同样的方法，为其他分支节点添加超链接，链接到相应 PPT 文件，初步完成思维导图课件的制作，如图 4-1-11 所示。

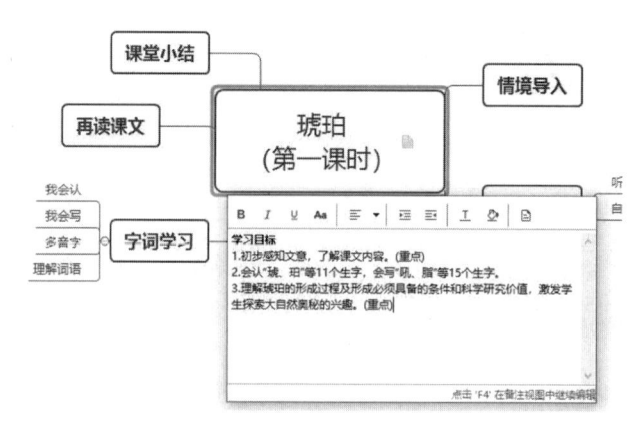

图 4-1-9　备注

图 4-1-10　超链接

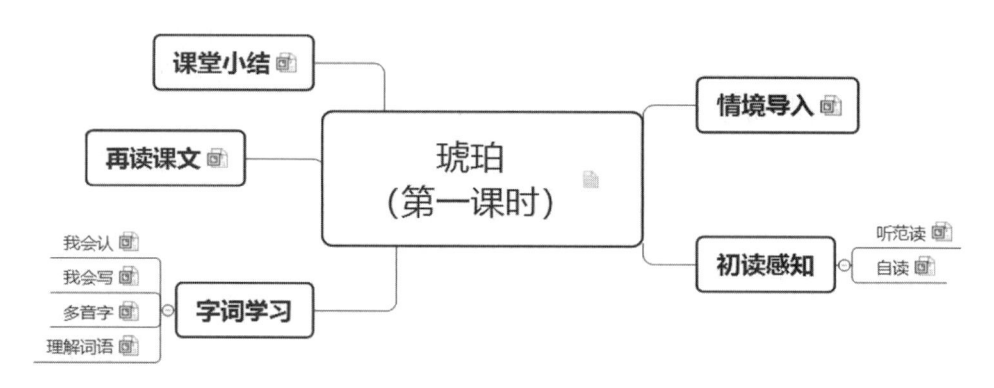

图 4-1-11　思维导图初稿

（5）美化思维导图

选中中心主题，右击执行"插入"｜"图片"｜"其他文件"命令，从本地电脑中选择一幅图片，插入到中心主题内部，调整图片大小和位置；选中各主干分支主题，右击执行"图标"｜"任务优先级"命令，依次设置优先级别；思维导图课件最终效果如图4-1-12所示。

模块四　信息化教学工具

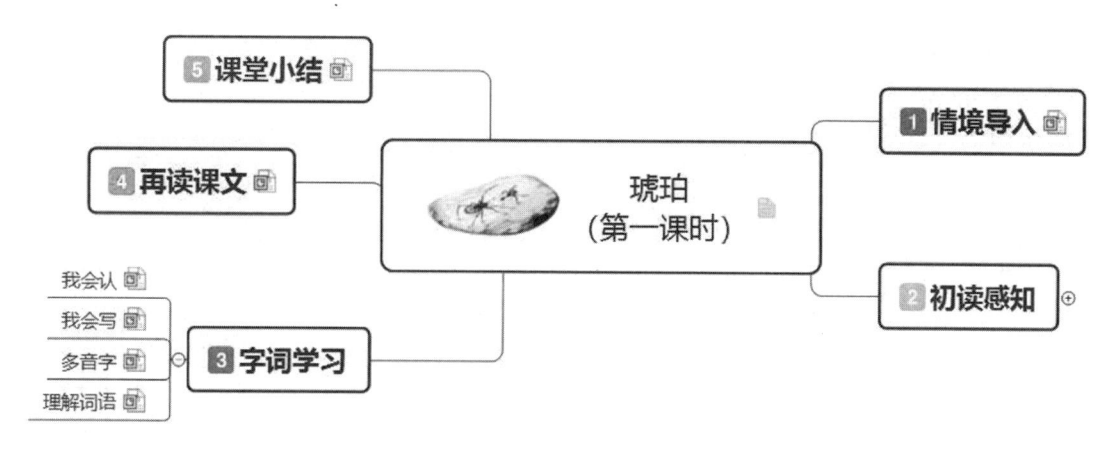

图 4-1-12　思维导图美化

另外，选中任一分支节点，右击执行"格式"命令，可以在打开的"主题格式"对话框中设置节点结构、文本样式、图形外观等，如图 4-1-13 所示。

图 4-1-13　主题格式

（6）保存、导出思维导图

思维导图制作完成后，单击"文件"菜单中的"保存"命令，可以将思维导图保存为 Xmind 格式的文件。单击"文件"菜单中的"导出"命令，可以将思维导图导出为 PNG 格式的图片。

以上是利用 Xmind 软件免费版本的基本功能制作思维导图的过程，其付费版本提供了更多功能，在实际教学中如果有需要，可以在官网订阅。

## 3.4　思维导图的教学应用

【任务】

（1）阅读本项目的文本材料，了解思维导图在教学各环节中的应用形式。

（2）参照提供的案例，自主或协作设计一个应用思维导图的教学片段。

【知识储备】

思维导图作为一种有效的思维工具，可以应用于教学的全过程，涵盖教学设计、实施、管理与评价等各个环节，能有效提高教学效率和效果，促进学生认知能力和高级思维能力的提高。下面提供了思维导图在教学各环节中的应用案例，可以在日常教学工作中参考借鉴，拓宽思维导图的应用范围。

### 3.4.1 思维导图在教学设计中的应用

教学设计是实施教学前根据课程标准的要求，对教学环节中各个要素进行设想、计划和安排，一般包括教学内容设计、教学目标设计、教学方法和策略设计、教学活动设计等内容。

图4-1-14所示是江门市江海区外海中学丁海虹老师针对高中信息技术教材内容《计算机病毒及预防》绘制的教学设计全景图，图4-1-15所示是全景图中某一节点的思维导图。通过思维导图的绘制，教师对教学设计的各个要素进行了全景式呈现，教学设计更加系统、清晰、层次分明，为顺利实施教学奠定了基础。

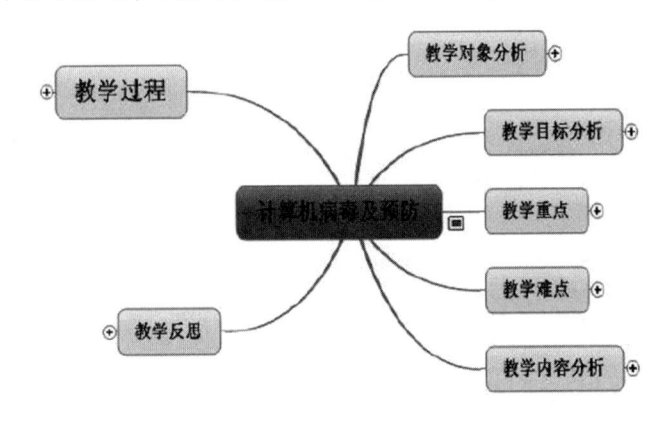

图4-1-14 思维导图全景

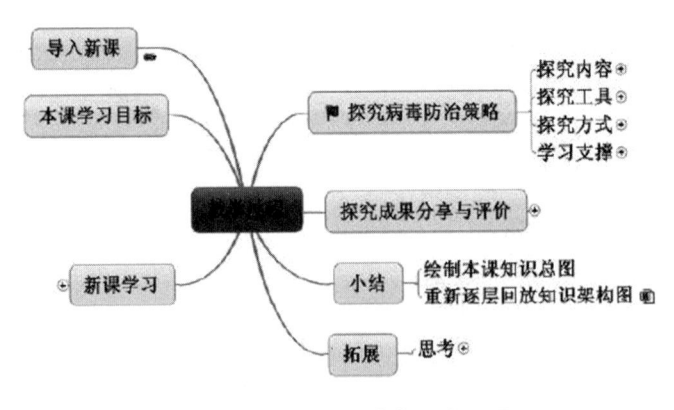

图4-1-15 某一节点思维导图

### 3.4.2 思维导图在教学实施中的应用

思维导图是教学内容的呈现工具。它可以对教学内容进行全景式呈现，使学生能轻松把握当前内容在整体内容中所处的位置，有助于学生快速理解知识与知识之间的关系与层次；思维导图也可以对教学内容进行焦点式呈现，有助于学生理解教学的重点和难点，提高认知效率。

思维导图是教学活动的组织工具。教师可以利用思维导图组织教学活动的各个环节；也可以通过思维导图板书或课件播放等方式，引导学生的思维活动，引导教学进程。

（1）课堂导入

利用思维导图的形式进行课堂导入，可以激活学生思维，增强其求知欲，提高其学习积极性，充分体现出教师的主导地位和学生的主体地位。

例如，在人教版小学一年级综合实践课《叶子剪贴画》中，广州市天河区冼村小学陈翠扬老师是这样进行课堂导入的。教师先说昨天学生们在公园里捡来很多树叶，然后问学生一个问题"如果这些树叶保管不好会发生什么情况"。趁学生思考的时候教师快速在黑板上写出主题"捡到的树叶"，然后画出第一条主干分支"不保管"，接下来学生们积极发表自己的想法，教师扩展思维导图，依次画出二级分支"死掉""烂""发霉"等。之后，教师引导学生思考如何保管树叶，学生积极发言，师生共同完成第二条主干分支"保管"。最后，教师问学生保管好的树叶可以做什么，学生发散思维，师生共同完成第三条主干分支"利用"。教师顺势引入本节课主题——制作剪贴画。课堂导入环节的思维导图效果如图4-1-16所示。

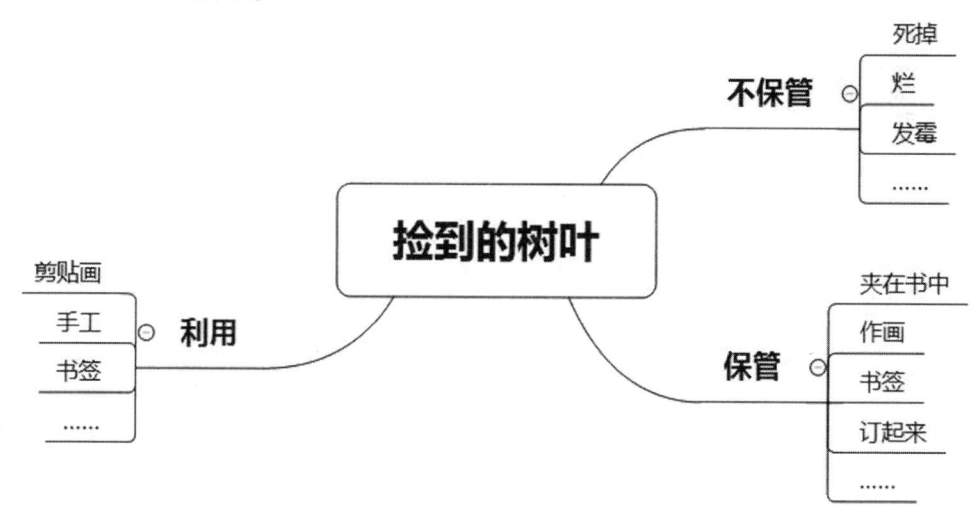

图4-1-16 思维导图用于课堂导入

（2）教学进程

在课堂教学中，教师可以通过两种方式将思维导图贯穿于教学进程中，一是借助思维导图课件，二是借助板书。下面的案例是广州市海珠区新港路小学余嘉琳老师借助思维导图形式的板书进行主题为《We will go by train》的教学全过程。

教学伊始，教师在黑板上绘制了中心主题"Travel Plan"以及主干分支和各次级分支的线条，然后展示一条微信朋友圈信息以及下面的评论，引导学生提炼出Travel Plan的五个方面（Where、When、How、What、Who），同时书写在主干分支线条上。接下来，教师出示课文内容，学生研读课文，师生共同完成"Travel Plan"思维导图。思维导图板书贯穿了整个教学过程，帮助学生梳理了课文内容和知识要点。最终的思维导图板书效果如图4-1-17所示。

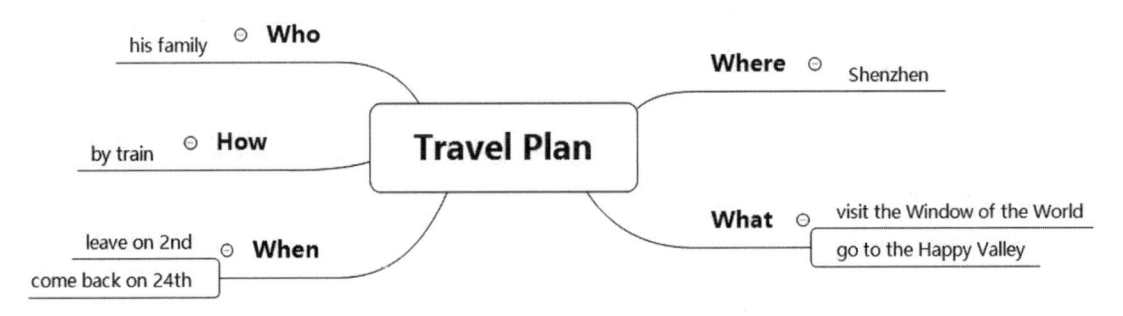

图 4-1-17　思维导图贯穿教学进程

### 3.4.3　思维导图在教学评价中的应用

思维导图是教学效果的评价工具。思维导图在教学评价中有两种应用方式：第一、作为评价的实施工具，主要是用思维导图来反馈评价意见，方便被评价者快速理解评价意见；第二、作为评价的对象，主要是通过对思维导图所承载的内容的评价，形成对学生学习成果的评价结论。

（1）诊断性评价

诊断性评价的主要目的是确定学生已有的知识技能和需求，思维导图的发散式结构能最大程度地呈现学生原有的知识结构，帮助教师进行全面和准确的诊断。

例如，生物课上在进行"基因"教学前，教师需要了解学生对"细胞"概念的掌握情况，因此，让学生分小组围绕"细胞"主题绘制思维导图，如图 4-1-18、图 4-1-19 所示。教师通过对这些思维导图的分析了解到，学生对"细胞"的基本知识有一定的掌握，包括细胞的结构、特性、周期等，但是也存在一些错误的理解，比如图 4-1-19 中的细胞器分为叶绿体、内质网等，但是叶绿体只存在于植物细胞中。思维导图的应用帮助教师了解了学生已有的知识结构和错误认知，使接下来的教学更有针对性。

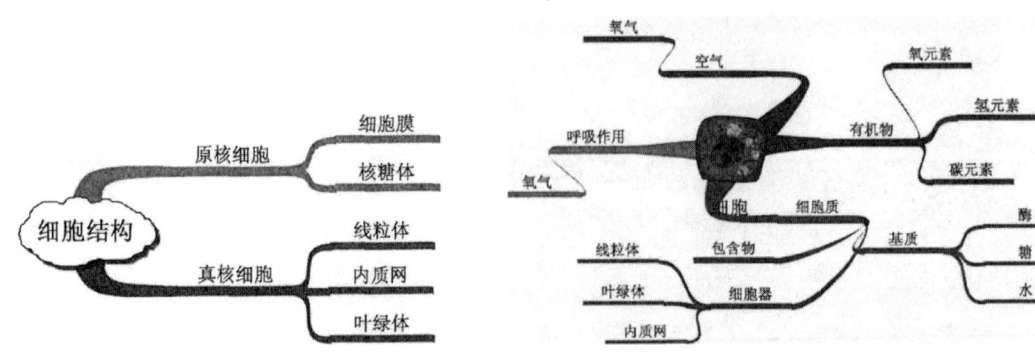

图 4-1-18　小组 1 绘制的思维导图　　　　图 4-1-19　小组 2 绘制的思维导图

（2）形成性评价

形成性评价可以反映学生当前阶段的学习情况，为教师提供如何改进教学的反馈，可以通过多种方式进行，比如观察、访谈、笔记等，思维导图也为形成性评价提供了一种新途径。

例如，在学习"基因"知识前，教师让学生根据已有知识以"基因"为主题绘制了一幅思维导图（如图 4-1-20），学习"基因"知识后，再次让学生以同一个主题绘制思维导图（如图 4-1-21）。教师比较前后两幅思维导图后发现，学生已经知道基因的概念以及它与DNA之间的关系，但对于DNA与染色体、基因与染色体间的关系还不是特别清晰，对于细胞在基因中所扮演的角色也不是很清楚。因此，教师在下一阶段的教学中要重点帮助学生澄清模糊的概念及概念间的关系。

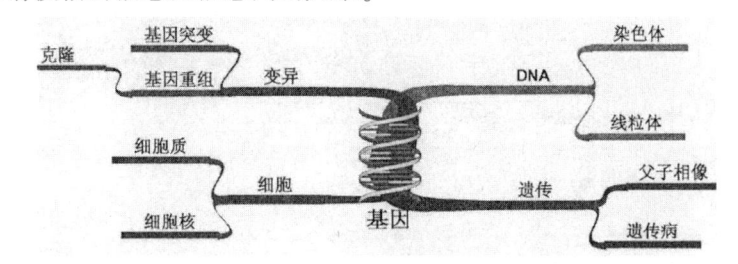

图4-1-20 学习前所绘思维导图

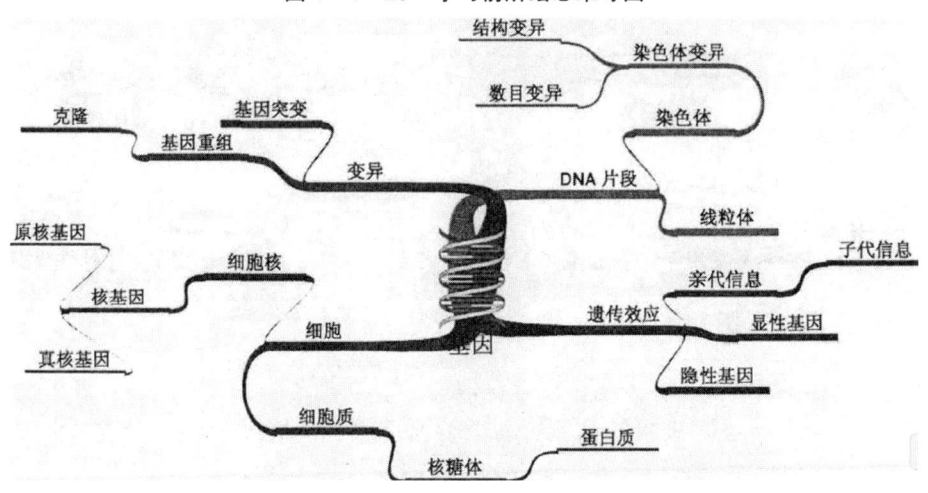

图4-1-21 学习后所绘思维导图

### 3.4.4 思维导图在探究学习中的应用

思维导图是学生学习的认知工具。思维导图作为认知工具，可以促进学生的深度思考和高效记忆。学生可以用思维导图进行个性化知识建构，利用思维导图可以展示交流认知结果，参与交流讨论，根据反馈意见对思维导图进行修改完善，实现对学习内容的深入理解、对知识的深层次加工，进而完善思维过程。协作学习中，思维导图是学生学习的支架工具、交流引导工具、记录整理工具、展示交流工具等。

（1）作文构思

作文是一种思维过程与思维结果。思维导图，作为能够反映思维过程的工具，必然能够反映作文这一特定的思维过程，它在帮助我们作文立意、构思方面作用巨大。将思维导图运用到作文写作中，有助于理清思路，激发思维，达到有章有法、节省时间的目的。图4-1-22所示就是学生利用思维导图为作文《自尊》绘制的写作思路。

（2）自主协作探究

《计算机病毒及预防》一课中，在探究病毒防治策略时，教师为学生提供了如图4-1-23、图4-1-24所示的路线图，让学生对学习网站和因特网中众多的知识进行梳理，提炼关键词，绘制完善自己的思维导图；然后与小组成员交流，修改生成小组思维导图。思维导图提高了学生自主探究和协作的效率，探究效果更好，协作气氛更浓厚。

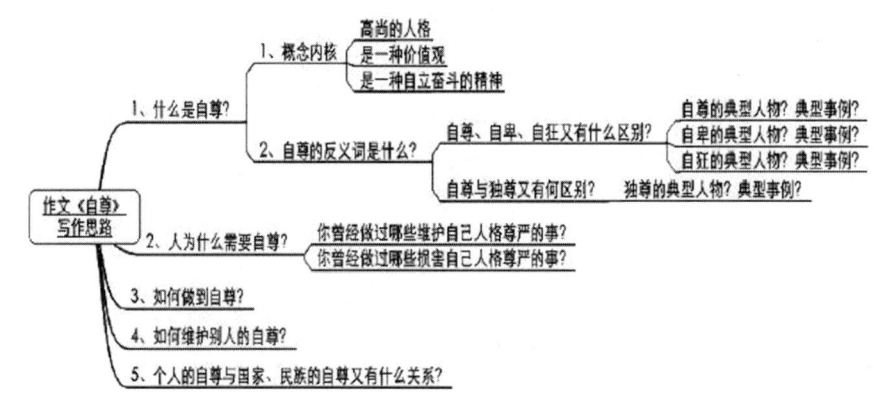

图 4-1-22　思维导图用于作文构思

图 4-1-23　思维导图用于自主协作探究 1　　图 4-1-24　思维导图用于自主协作探究 2

## 4　项目评价

为确保项目实施的实效性，更客观准确地评价学习者表现，教师和学习者可使用下方提供的表格（如表 4-1）来检验并评价各个子项目的完成情况。项目进行过程中，学习者本人对各个子项目的完成情况进行实时自评，将分数写在相应位置；然后，每两个小组之间采取适当的方式（如观察、抽查、普查等）对对方组员各子项目的完成情况进行评价，将分数写在相应位置；在项目实施过程中，教师要担当好指导、定向、检查、督促的角色，确定学生的加减分。

各个子项目的"学习者自评分""组间评分"纵向相加后，写在"合计"一栏；教师对学习者的加减分写在"教师加减分"一栏；学习者该项目的最终成绩计算公式为学习者自评分×0.4+组间评分×0.6+教师加减分，将计算出的成绩写在"项目最终成绩"栏。

表 4-1　《思维导图》评价表

| 项目指标 | 分值 | 学习者自评分 | 组间评分 | 教师加减分 |
| --- | --- | --- | --- | --- |
| 1. 思维导图基础理论 | 10 | | | |
| 2. 手工绘制思维导图 | 30 | | | |
| 3. 软件绘制思维导图 | 25 | | | |
| 4. 思维导图教学应用 | 35 | | | |
| 合计 | | | | |
| 项目最终成绩（学习者自评分×0.4+组间评分×0.6+教师加减分） | | | | |

# 项目二 雨课堂

**项目地图**

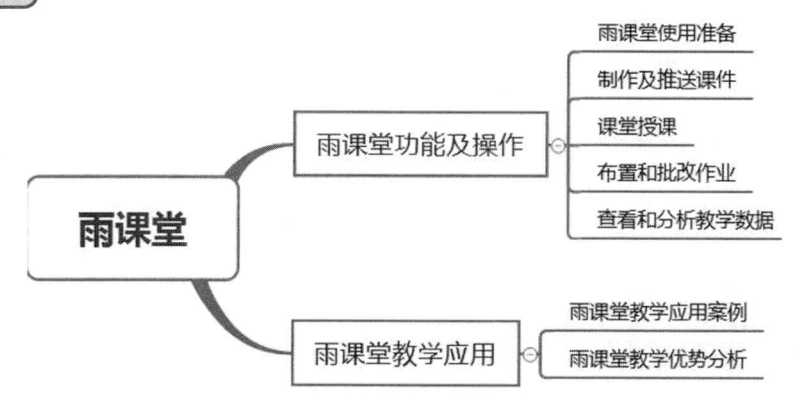

- 雨课堂
  - 雨课堂功能及操作
    - 雨课堂使用准备
    - 制作及推送课件
    - 课堂授课
    - 布置和批改作业
    - 查看和分析教学数据
  - 雨课堂教学应用
    - 雨课堂教学应用案例
    - 雨课堂教学优势分析

雨课堂是由清华大学与学堂在线共同开发的内置在 PowerPoint 中的一个插件，教师无需改变教学习惯，通过 PPT 就能实现线上授课和混合式教学，学生通过微信参与线上学习。

雨课堂的优势在于：

（1）使用简单，功能强大，可以创新课堂互动形式（如弹幕、投稿、随机点名、课堂红包、习题测评等），可以记录并保存教学过程中生发的各种数据，整个教学周期流程清晰可见。

（2）能够让教师充分了解学生的学习情况（包括当前的认知水平、疑点难点、创意想法等），从而进行更有针对性的教学设计，真正做到以学生为中心，提升教学的精准度和学习绩效。

（3）雨课堂是混合式教学的有力利器，它将强大的功能整合进最常用的教学软件中，使智慧教学成为传统教学法的自然延伸，而绝不喧宾夺主。

## 1 项目目标

（1）掌握雨课堂的各类教学功能，包括课件制作和推送、课堂授课、作业布置和批改等，并能熟练操作运用。

（2）了解雨课堂在教学过程中的应用方式，能编写雨课堂教学设计方案并具体实施。

（3）通过雨课堂教学实践，能体会和总结雨课堂的教学优势，根据不同的教学需求灵活运用雨课堂。

## 2 项目环境与条件

（1）配备多台学生电脑的多媒体网络教室，网络通畅。

(2) 学生电脑安装 Word、PowerPoint 等常用办公软件、媒体播放器、多媒体素材处理软件及雨课堂插件。

(3) 学生自备智能手机和耳机,手机流量充足或可实现无线上网。

## 3 项目实施

### 3.1 雨课堂功能及操作

**【任务】**

(1) 安装雨课堂电脑端插件,熟悉电脑端和手机微信端界面,新建课程和班级。

(2) 学会制作电脑端课件,特别是插入单选题等各类题目;学会制作手机课件,并推送到学生手机端。

(3) 运用雨课堂进行授课,练习课件放映、课堂互动等教学功能。

(4) 练习作业(试卷)的布置和批改。

(5) 查看和分析教学全过程中生成的数据信息。

**【知识储备】**

#### 3.1.1 雨课堂使用准备

(1) 安装

电脑端:登录雨课堂官网(https://www.yuketang.cn/)下载并安装。

手机端:进入微信,关注"雨课堂"公众号。

(2) 认识界面

雨课堂电脑端安装成功后,会内置在 PowerPoint 软件中。打开 PowerPoint,会出现一个新的选项卡"雨课堂",如图 4-2-1 所示。

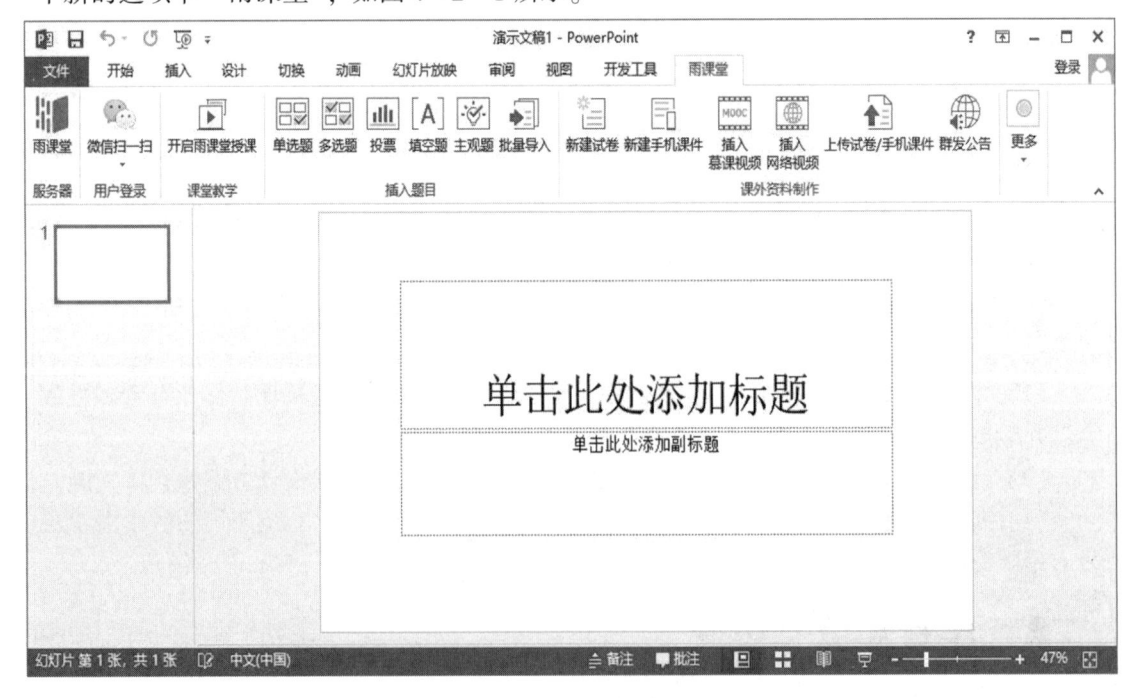

图 4-2-1 雨课堂电脑端界面

学生关注"雨课堂"公众号后，会显示图4-2-2所示的界面。

（3）新建课程和添加班级

教师在雨课堂电脑插件端通过"微信扫一扫"的方式登录后，点击手机端界面左下角的"我的"（如图4-2-2），在弹出的列表中选择"课程"（如图4-2-3），进入图4-2-4所示界面，点击右下角的"我要开课"，进入图4-2-5所示界面，输入课程名称和班级名称即可，同一门课程可以创建多个班级。课程和班级创建完成后，在"我教的课"中会显示出来（如图4-2-6），点击课程名称右侧的"管理"，进入图4-2-7所示界面，可以对课程和班级进行设置。

图4-2-2 雨课堂微信公众号界面

图4-2-3 创建课程

图4-2-4 我要开课

图4-2-5 新建课程和班级

图4-2-6 我教的课

点击课程名称右侧的 ∅，进入图 4-2-8 所示界面，可以设置课程简称、课程类型，也可以删除本课程。

图 4-2-7 管理课程和班级　　　　图 4-2-8 课程设置

点击图 4-2-7 中班级名称右侧的 ⋮，弹出图 4-2-9 所示界面，可以对班级进行重命名、设置简称、归档和删除等操作。

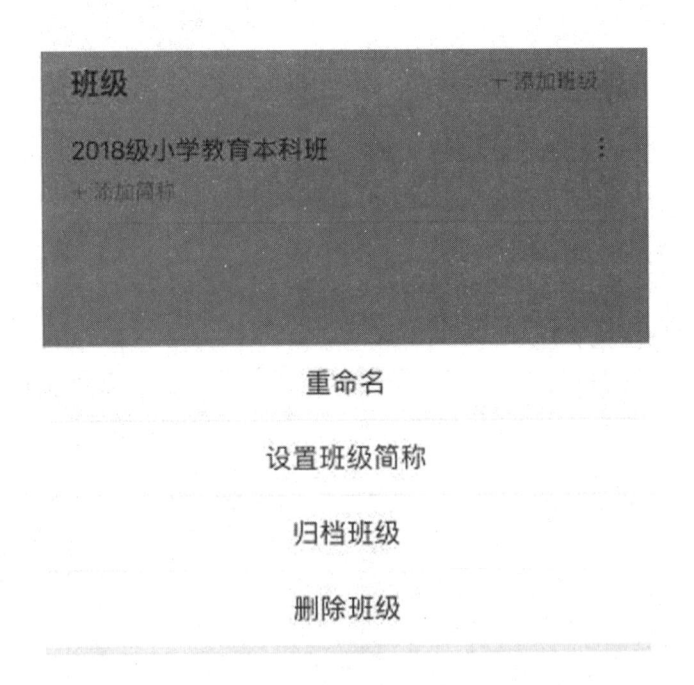

图 4-2-9 班级设置

点击图 4-2-7 中班级名称，进入图 4-2-10 所示的班级界面，点击"成员管理"，可以通过分享二维码图片、雨课堂微信菜单栏中点击加入班级并输入邀请码等方式邀请学生加入班级（如图 4-2-11 所示），也可以删除学生。

图 4-2-10　班级界面　　　图 4-2-11　邀请学生加入班级

### 3.1.2　制作及推送课件

雨课堂中，教师可以制作两类课件：一类是电脑端课件，用于课堂授课，教师端屏幕和学生微信端同步演示；一类是手机课件，用于学生课前在手机端预习。

（1）电脑端课件制作

雨课堂电脑端课件同普通 PPT 课件一样，可以添加文本、图片、音频、视频等多媒体素材，可以应用主题或设计模板，可以为幻灯片上的各种媒体元素添加动画效果，还可以添加超链接、动作按钮等课件交互。由于雨课堂内嵌于 PowerPoint 中，因此 PowerPoint 绝大部分功能都适用于雨课堂，原先制作的 PowerPoint 课件可以直接用于雨课堂教学。

雨课堂作为内嵌于 PowerPoint 中的智慧教学插件，其突出功能便是可以在课件中插入单选题、多选题、投票、填空题、主观题等多种题目，收集并统计学生的作答结果，更便捷全面地掌握学生当前阶段的学习情况。下面以多选题为例，介绍一下课件中题目的插入方法。

点击"雨课堂"选项卡"插入题目"组中的"多选题"，此时幻灯片编辑区显示多选题的设置页面，在此添加题目描述和选项内容；右侧弹出"编辑习题"任务窗格，在此确认题型，设定本题分值、判分规则和正确答案，也可以添加答案解析（如图 4-2-12）。

题目设置完毕后，最终效果如图 4-2-13。

（2）手机端课件制作及推送

如果当前教学需要采用翻转课堂模式，教师想让学生课前进行预习或自主学习活动，可以制作手机课件推送给学生。点击"雨课堂"选项卡中的"新建手机课件"，默认创建一个宽高比为 10∶16 的竖版空白课件。为便于学生在手机端查看课件，建议手机课件采用竖版，宽高比例可以在 PowerPoint "设计"选项卡"幻灯片大小"中进行设置。

雨课堂手机课件的制作方法与电脑授课课件相同，可以更改主题风格、添加各类多媒体素材、设置动画效果和交互、插入习题，但是手机课件上传并发布后，学生在预习课件时，添加的音频和视频无法播放，动画效果和交互也不能正常显示和操作，因此，制作手机课件时，无需设置动画效果和交互，也没有必要添加本地计算机中的音频和视频。

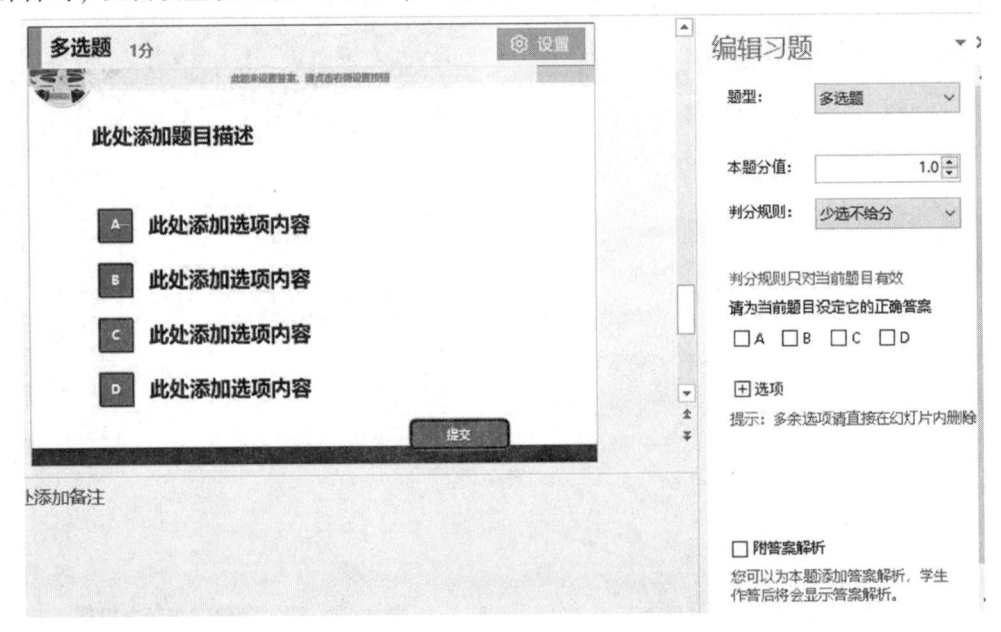

图4-2-12　雨课堂插入多选题

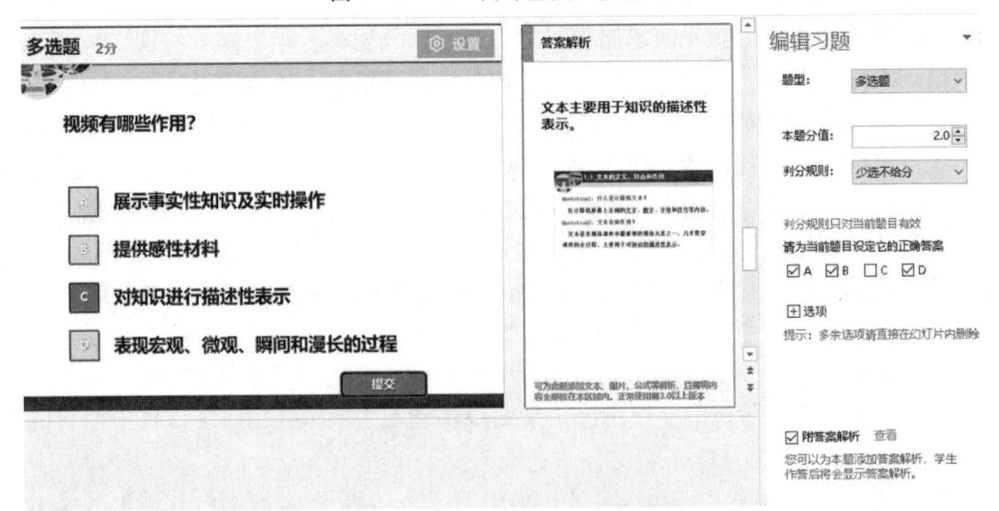

图4-2-13　多选题设置最终效果

在"雨课堂"选项卡"课外资料制作"组中点击相应工具按钮，可以插入在线慕课视频和网络视频，这两类视频在电脑端不能播放，上传并发布手机课件后，学生在手机端可以正常观看。

手机课件制作完毕后，点击"雨课堂"选项卡"课外资料制作"组中的"上传试卷/手机课件"上传课件，教师手机端收到文件上传成功通知，点击通知，预览课件各页面（如图4-2-14），页面下方"按住说话"可以为课件页面添加语音讲解。点击"发布"，进入发布设置界面，设置发布时间、完成截止时间、作答方式、发布班级等信息（如图4-2-15）。

图 4-2-14　预览手机课件　　　　图 4-2-15　手机课件发布设置

手机课件发布后,所有学生手机端会收到作业提交提醒,点击此提醒,进入图 4-2-16 所示界面,可以预览课件页数、作业进度、有无习题等信息,点击"查看课件",学生开始预习,可以对课件页面进行不懂、收藏等标注,也可以发表评论(如图 4-2-17)。

图 4-2-16　作业预览　　　　　　图 4-2-17　课件预习

教师进入所教课程和班级,点击发布的手机课件,可以查看学生的预习情况,包括预习完成情况、学生标注和评论情况、学生反馈情况等,如果手机课件中包含主观题,教师

需要手动批改（如图4-2-18、图4-2-19）。

图4-2-18　学生预习情况1

图4-2-19　学生预习情况2

### 3.1.3. 课堂授课

（1）课件放映

教师点击电脑端雨课堂选项卡中的"微信扫一扫"（如图4-2-1），扫码登录雨课堂，然后点击右侧的"开启雨课堂授课"，出现如图4-2-20所示对话框，选择课程、班级，输入授课的标题，然后点击"开始授课"，出现图4-2-21所示的"开始上课"界面，学生扫码签到，教师点击"开始上课"，课件全屏放映。

图4-2-20　选择课程和班级

图4-2-21　"开始上课"界面

课件放映时，已经签到的学生手机端会同步呈现课件页面内容（如图 4-2-22 所示），页面右下角提供了"不懂"和"收藏"两个按钮，学生在听课过程中可以随时点击和标记。

放映电脑端课件中的音频和视频时，学生手机端以图片形式呈现，不同步播放，学生需要观看教师端屏幕；如果电脑端课件设置了动画效果，那么学生手机端会提示"当前页面有动画，请先听老师讲解"（如图 4-2-22 所示），动画演示完毕后，学生手机端会呈现课件页面的完整内容。

教师在电脑插件端开启雨课堂授课后，手机微信端会弹出图 4-2-23 所示的信息界面，点击进入课堂，会打开手机遥控器界面（如图 4-2-24）。切换到"遥控器"，教师可以用手机控制电脑端课件的放映；切换到"缩略图"，教师可以便捷地查看所有课件页面的缩略图、学生标注"不懂"的页面以及课件中的所有习题（如图 4-2-25）；切换到"课堂动态"，教师可以进行查看签到信息、随机点名、发放试卷、查看弹幕和投稿以及分组等操作（如图 4-2-26）。

图 4-2-22　雨课堂学生听课视图

图 4-2-23　手机端进入课堂

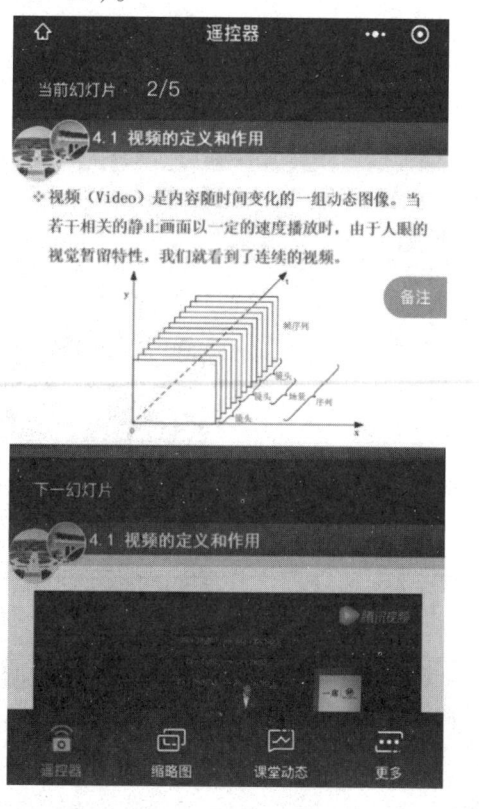

图 4-2-24　遥控器

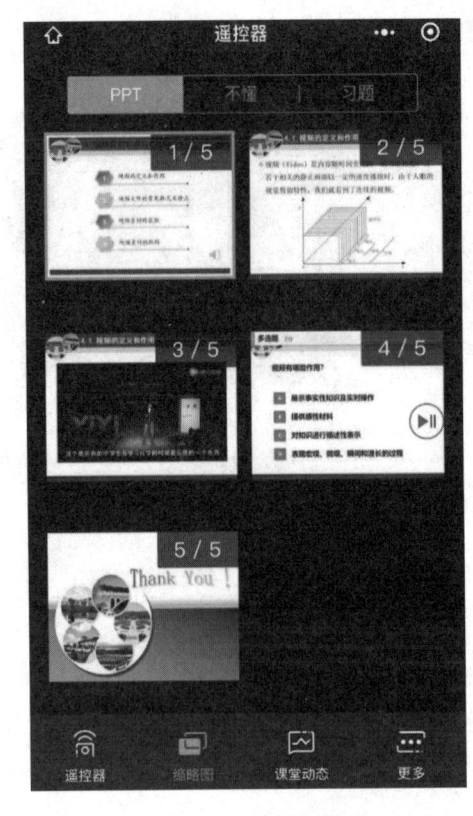

图4-2-25 缩略图

图4-2-26 课堂动态

(2) 课堂互动

①签到

教师开启雨课堂授课后，会出现"开始上课"界面（如图4-2-21），学生微信扫描上面的二维码，可以签到；授课过程中，如果有迟到学生，教师可以点击课件演示界面右侧的 ▦ ，展开授课悬浮窗（如图4-2-27），点击"二维码"，课堂二维码和课堂暗号会以小窗口的方式呈现，可全屏显示，便于学生签到。

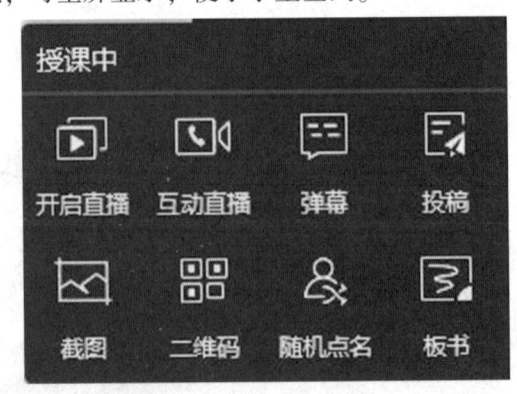

图4-2-27 授课悬浮窗

点击教师手机遥控器"课堂动态"，界面左上角会显示当前签到学生的数量（如图4-2-26），点击此处，会显示已签到学生的姓名、学号和签到时间（如图4-2-28），点击某个已签到学生，会进入该学生的签到界面（如图4-2-29），教师可以修改签到状态、备注学生考勤信息、进行加分操作，这些信息均可在课后小结中查看。

图4-2-28　签到信息　　　　　图4-2-29　签到成员

②随机点名

教师在授课过程中，如果想随机抽取一名或多名同学参与课堂活动，可以使用"随机点名"功能。教师在电脑端课件演示界面中的授课悬浮窗中点击"随机点名"，或者点击手机遥控器"课堂动态"界面右上角的"随机点名"，电脑端出现图4-2-30所示界面。点击"开始"，随机筛选学生，暂停后可确定随机抽取的学生姓名，继续滚动可抽取其他学生，电脑屏幕上显示所有被抽中的学生信息（如图4-2-31所示）。

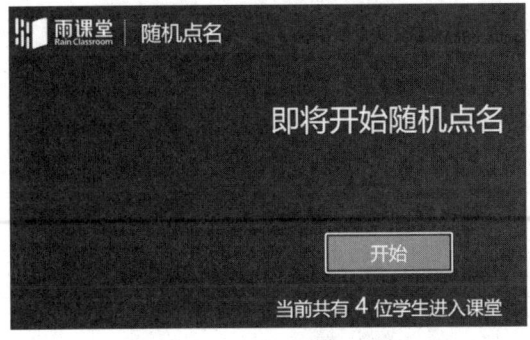

图4-2-30　随机点名界面　　　　　图4-2-31　随机抽取多名学生

随机点名时，手机遥控器端可以对学生的表现进行备注，打开图4-2-29所示界面，对学生进行加分。

③答题

课堂授课中，电脑端课件切换到题目页面时，页面右下角会出现"发送题目"按钮（如图4-2-32所示），同时教师手机遥控器当前幻灯片右上角也会出现"发送此题"按钮（如图4-2-33所示），教师点击任一按钮，都可将题目发送给全班同学。

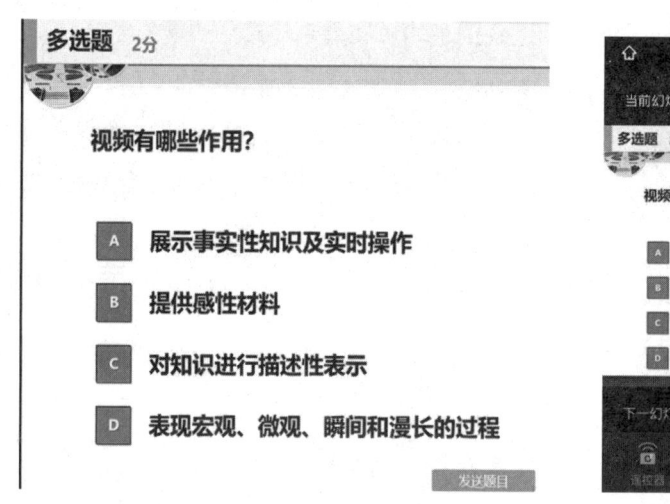

图4-2-32　电脑端发送题目　　　　　图4-2-33　手机遥控器发送此题

学生手机端收到题目，在做题过程中，教师端屏幕如图4-2-34所示。点击右上角"收题"，可以提前结束作答；收题后，教师点击右下角"作答情况"，会显示作答的详细情况，包括正确率、每个选项的选择人数等（如图4-2-35）。

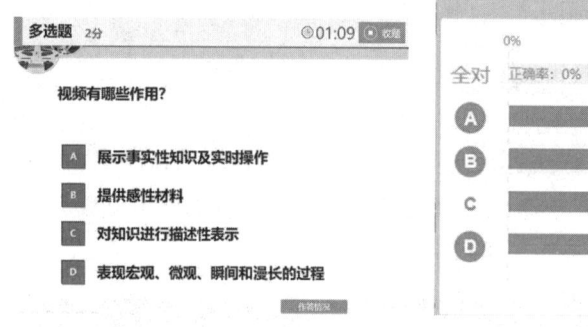

图4-2-34　答题时教师端界面　　　　　图4-2-35　作答详细情况

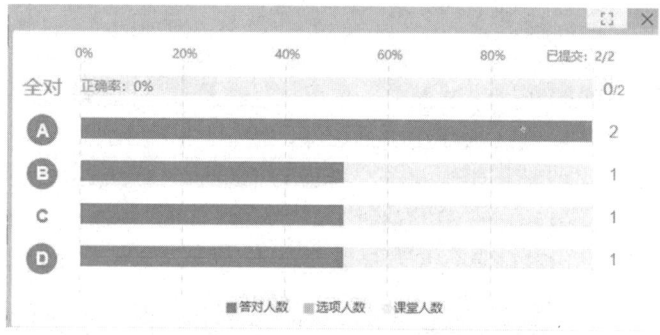

教师手机遥控器端题目页面右上角也有"作答情况"按钮，点击可以更直观地显示学生作答情况（如图4-2-36），点击"查看详情"，可以显示题目正确答案、查看答案解析以及每个学生的选项和作答时长，教师可以更快速掌握学生个体的学习情况，以便因材施教。

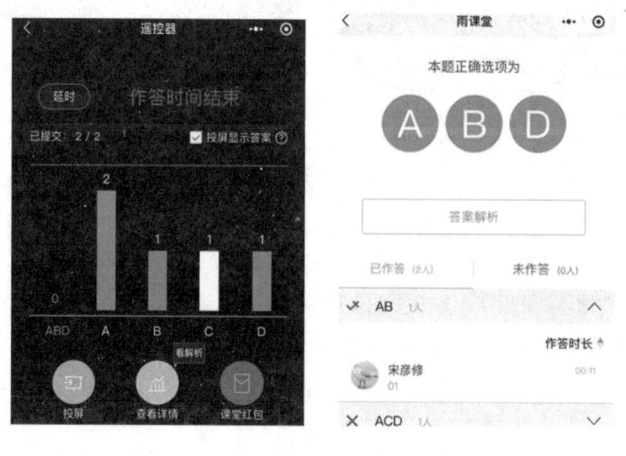

图4-2-36　手机遥控器端作答情况

模块四　信息化教学工具

④弹幕

雨课堂授课过程中，教师点击授课页面右侧的 ▦，打开授课悬浮窗，再点击"弹幕"，可以打开弹幕（如图4-2-37）。学生点击听课页面右上角的 ＋，在弹出的菜单命令中选择"发送弹幕"（如图4-2-38），进入图4-2-39所示界面，编辑弹幕内容后确认发送。此时，电脑端课件上方从右往左滚动出该条弹幕。师生围绕弹幕内容讨论交流。

图4-2-37　弹幕开关　　　图4-2-38　发送弹幕　　　图4-2-39　编辑弹幕

教师在电脑端点击图4-2-37所示的"查看"，或者在手机遥控器"课堂动态"中点击"弹幕"，可以在电脑端全屏显示所有的弹幕，并能生成词云（如图4-2-40）。

⑤投稿

在课堂授课过程中，教师提出一个问题或组织一个讨论，可以使用"投稿"功能收集和展示学生的观点。学生点击听课页面右上角的 ＋，在弹出的菜单命令中选择"发送投稿"，可以采用文字、图片和小视频的形式发表自己的观点（如图4-2-41）。教师点击电脑端授课悬浮窗中的"投稿"，可以浏览所有学生投稿（如图4-2-42）。点击某一条投稿，可以将其全屏显示，并进行放大、缩小、旋转等操作，还可以将其分享给全班同学。

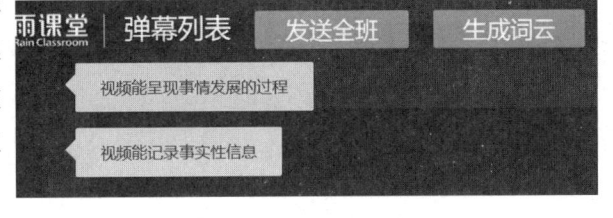

图4-2-40　弹幕列表

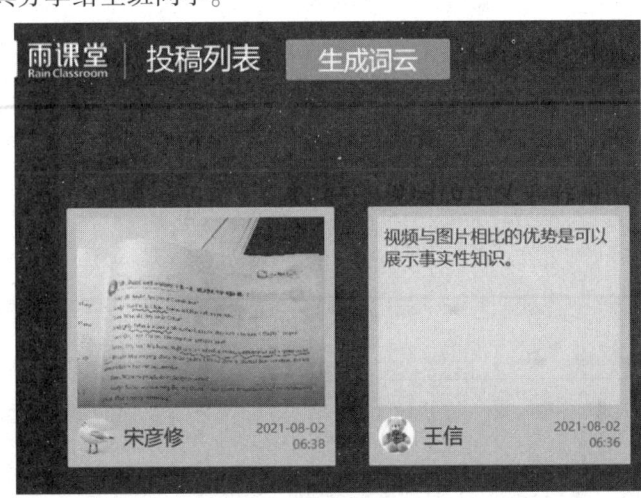

图4-2-41　编辑投稿　　　图4-2-42　浏览全部投稿

学生可以多次投稿，如果投稿需要继续修改完善，学生可以查看自己的投稿，执行撤回操作。目前投稿功能不支持围绕问题或活动组织投稿，学生所有课堂投稿都显示在一个列表中，可读性和条理性稍显不足。

（3）其他功能

①群发公告

"群发公告"可以向班级学生发送文字、图片、链接和附件。

教师在电脑插件端雨课堂"课外资料制作"组中点击"群发公告"，进入网页端雨课堂"群发公告"页面（如图4-2-43），编辑公告内容，添加附件，预览无误后发送。学生手机端接收到"发布学习任务通知"，点击可查看公告详情（如图4-2-44）。

图4-2-43 创建群发公告　　　　图4-2-44 学生端通知

②讨论

教师和学生通过雨课堂小程序进入课程和班级，在班级界面（如图4-2-10）上方点击"讨论区"，进入"课程讨论"区（如图4-2-45）。点击右下角的编辑按钮，师生都可以发起讨论（如图4-2-46）。在发起的讨论下方，师生可以评论和点赞（如图4-2-47）。

图4-2-45 课程讨论区　　　图4-2-46 发起讨论　　　图4-2-47 评论点赞

③分组

教师在手机微信端进入课程班级界面（如图4-2-10），点击上方的"分组"，可以从系统随机分组、学生自由分组、老师指定分组这三种分组方式中任选一种，这里以"老师指定分组"为例说明分组的过程。

选择"老师指定分组",进入图 4-2-48 所示界面,更改分组名称,设定组数,点击"开始分组"进入图 4-2-49 所示界面。点击上方"移学生入组",将未进组的学生移入相应组内,最终分组结果如图 4-2-50 所示。点击"管理",可以重命名或删除本次分组,或者继续添加组。

图 4-2-48 分组设定　　图 4-2-49 移学生入组　　图 4-2-50 分组结果

雨课堂电脑端或手机课件中发送主观题时,教师可以设定采用小组作答的方式。学生打开题目后,会显示小组作答的文字提示(如图 4-2-51)。小组内每个学生都可以在上一个提交答案的基础上修改,然后提交自己的答案,小组最终的答案以最后一名学生提交的答案为准。组内每个学生仅可提交一次。老师批改时给定小组成绩,即为组内每个学生的成绩。

### 3.1.4　布置和批改作业

这里的"作业"是指雨课堂中的"试卷"。试卷可以在课堂上发布,也可以课下推送给学生作为课后作业。

点击雨课堂电脑插件端"课外资料制作"组中的"新建试卷",会新建一个竖版的演示文稿,自动创建封面页(如图 4-2-52),可以更改试卷名称,下方的"总分"会自动根据试卷各题目分值的设置变化,无需手动更改。

图 4-2-51　小组作答

接下来,插入题目,题目类型包括单选题、多选题、填空题、投票、主观题,可以点击"插入题目"组中的各题目工具依次插入题目,也可以使用"批量导入"功能。在 word 文档中,按照图 4-2-53 所示模板编辑题目和答案,然后点击雨课堂电脑插件端"插入题目"组中的"批量导入",选择"文件导入"即可。

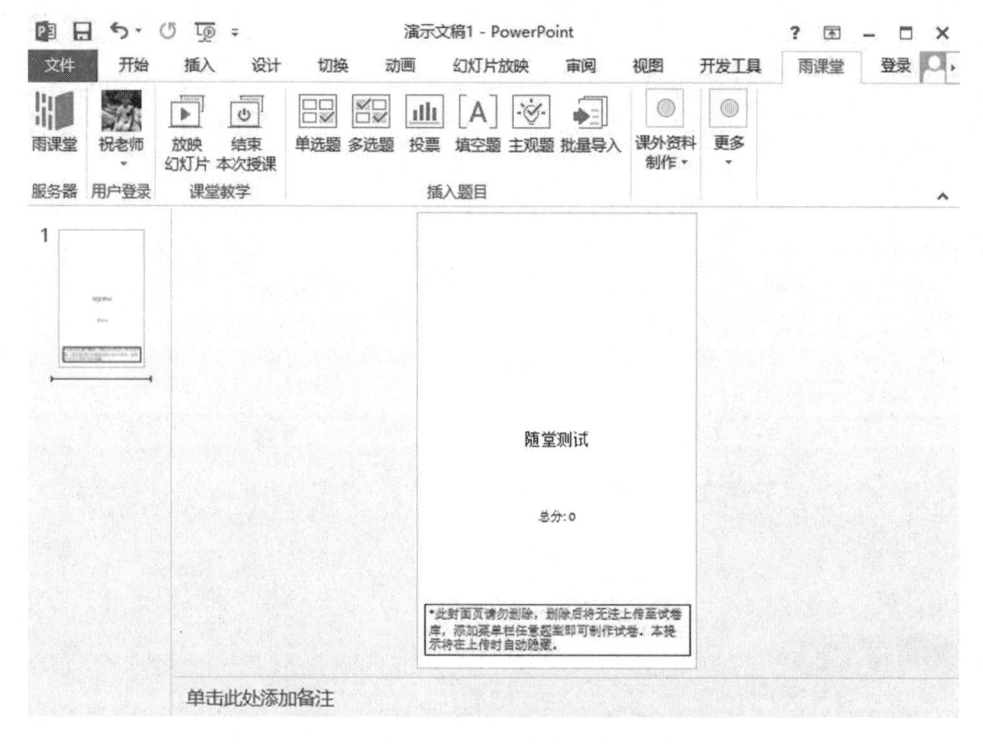

图 4-2-52　新建试卷

一、单选题（每题 2 分）

1. 由于人眼的（C）特性，我们就看到了连续的视频。

A.适应性

B.时间性

C.视觉暂留

2.下列哪种视频格式是流媒体格式？（B）

A. avi

B. rmvb

C. mpg

二、多选题（每题 4 分）

1.视频有哪些作用？（ABD）

A. 展示事实性知识及实时操作

B. 提供感性材料

C. 对知识进行描述性表示

D. 表现宏观、微观、瞬间和漫长的过程

三、主观题（每题 10 分）

1.请阐述一下可以通过哪些途径获取网页视频。

解析：网站客户端软件；谷歌浏览器；硕鼠；录屏。

图 4-2-53　批量导入模板

教师核对试卷无误后，点击"课外资料制作"组中的"上传试卷/手机课件"，将试卷上传至雨课堂服务器相应位置，此时教师手机微信中会收到"文件上传成功通知"（如图 4-2-54），点击可预览试卷，进行发布设置（如图 4-2-55），设置试卷名称、考试时长、公布答案时间、是否计入成绩、发布班级等信息。

模块四　信息化教学工具

图4-2-54　试卷同步通知　　　　　图4-2-55　试卷发布设置

试卷发布后，学生在手机端收到"作业提交提醒"，点击该提醒开始答题，检查无误后提交答卷。客观题由系统自动批阅，主观题需要教师手动批阅。

教师在手机端进入课程和班级界面，点击发布的试卷，可以手动批阅主观题、查看试卷完成情况、总分分布情况、题目正确率等信息（如图4-2-56、图4-2-57）。

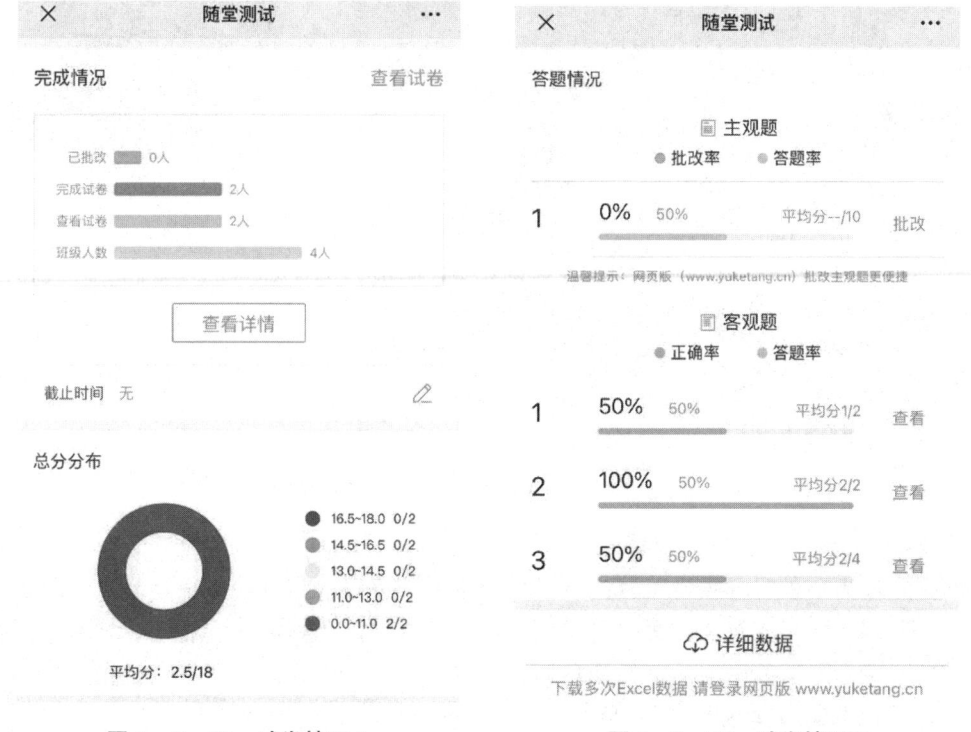

图4-2-56　试卷情况1　　　　　　图4-2-57　试卷情况2

151

主观题可以在手机端批改，但教师只能输入得分和评语；也可以在雨课堂网页端批改，这种方式更便捷和易于操作。在浏览器中打开雨课堂官网，登录网页版，进入课程和班级，点击发布的试卷，网页会提示有主观题未批改。点击后，进入试卷批改界面（如图 4 – 2 – 58），选中某个学生，点击右上角的全屏按钮，除了可以输入得分和评语，还可对提交的文字和图片进行圈画和批注（如图 4 – 2 – 59）。

图 4 – 2 – 58　试卷批改界面

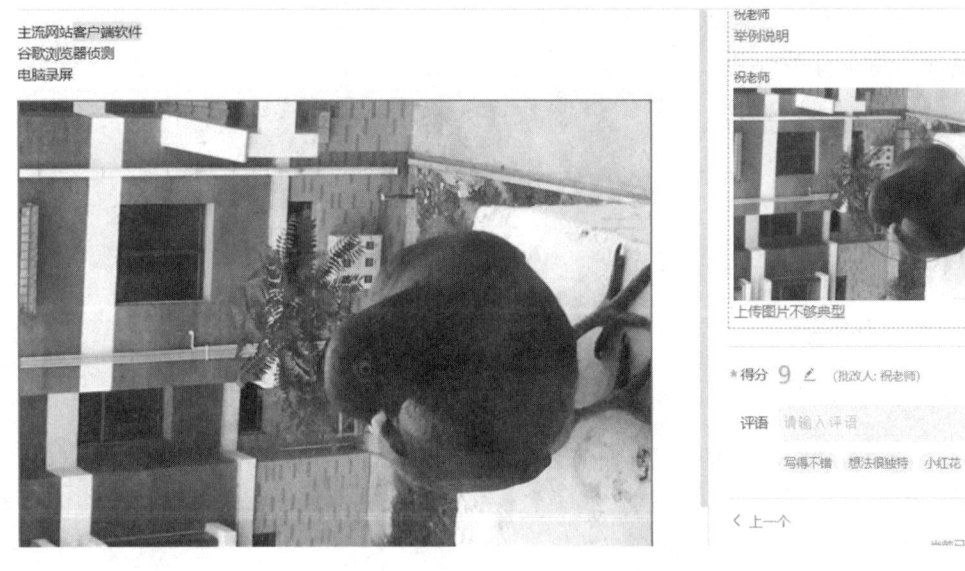

图 4 – 2 – 59　试卷批注和圈画

### 3.1.5　查看和分析教学数据

雨课堂作为一种智慧教学工具，可以贯穿于课前、课中和课后整个教学过程。学生课前预习手机课件，完成教师指定的自学任务；课堂听课，参与标注、答题、弹幕、投稿等教学互动；课后完成试卷作业。整个教学过程中生成了大量的教学数据，保存于雨课堂服务器，教师在手机端进入课程和班级后可以查看这些数据，以便宏观把握学生的学习情况，进行有针对性的教学和过程性评价。

这是某教师利用雨课堂进行教学的完整流程。

(1) 课前制作预习用手机课件,上传到雨课堂服务器并发布;群发公告,提醒学生及时预习;学生预习和反馈。

(2) 教师在电脑插件端微信登录雨课堂,打开电脑授课课件,开启雨课堂授课。

(3) 学生签到,教师正式讲课,学生对正在讲授的课件页面进行不懂、收藏等标注。

(4) 教师发起弹幕和投稿,学生参与。

(5) 教师讲完重要知识点后发送一个多选题目,学生回答并提交,答题统计结果显示于大屏幕。

(6) 为了检测和巩固学习效果,课后教师发布一个讨论和试卷作业。

授课结束后,教师可以在雨课堂手机微信端查看整个教学过程中生成的教学数据。

(1) 课前教学数据

教师在手机端进入雨课堂课程班级主界面,点击发布的课前预习任务,可以查看课前教学数据,包括课件预习情况、答题情况、课件数据、学生反馈等。点击"答题情况",可以查看学生的具体答题情况(如图4-2-60)。点击"课件数据",可以查看学生标注的"不懂"和"评论"(如图4-2-61)。这些数据被如实保存下来,成为教师判断学情和进行课堂教学设计的重要依据。

图4-2-60 预习答题情况

(2) 课堂教学数据

教师在手机端进入雨课堂课程班级主界面,点击相应的课堂,可以查看课堂教学生成的数据,包括课堂人数、学生数据、习题数据、课件数据、课堂弹幕、课堂投稿、随机点名、教学内容、教学设计与备忘等。具体数据如图4-2-62、图4-2-63、图4-2-64、图4-2-65所示。

图 4-2-61 预习课件数据

图 4-2-62 课堂学生数据

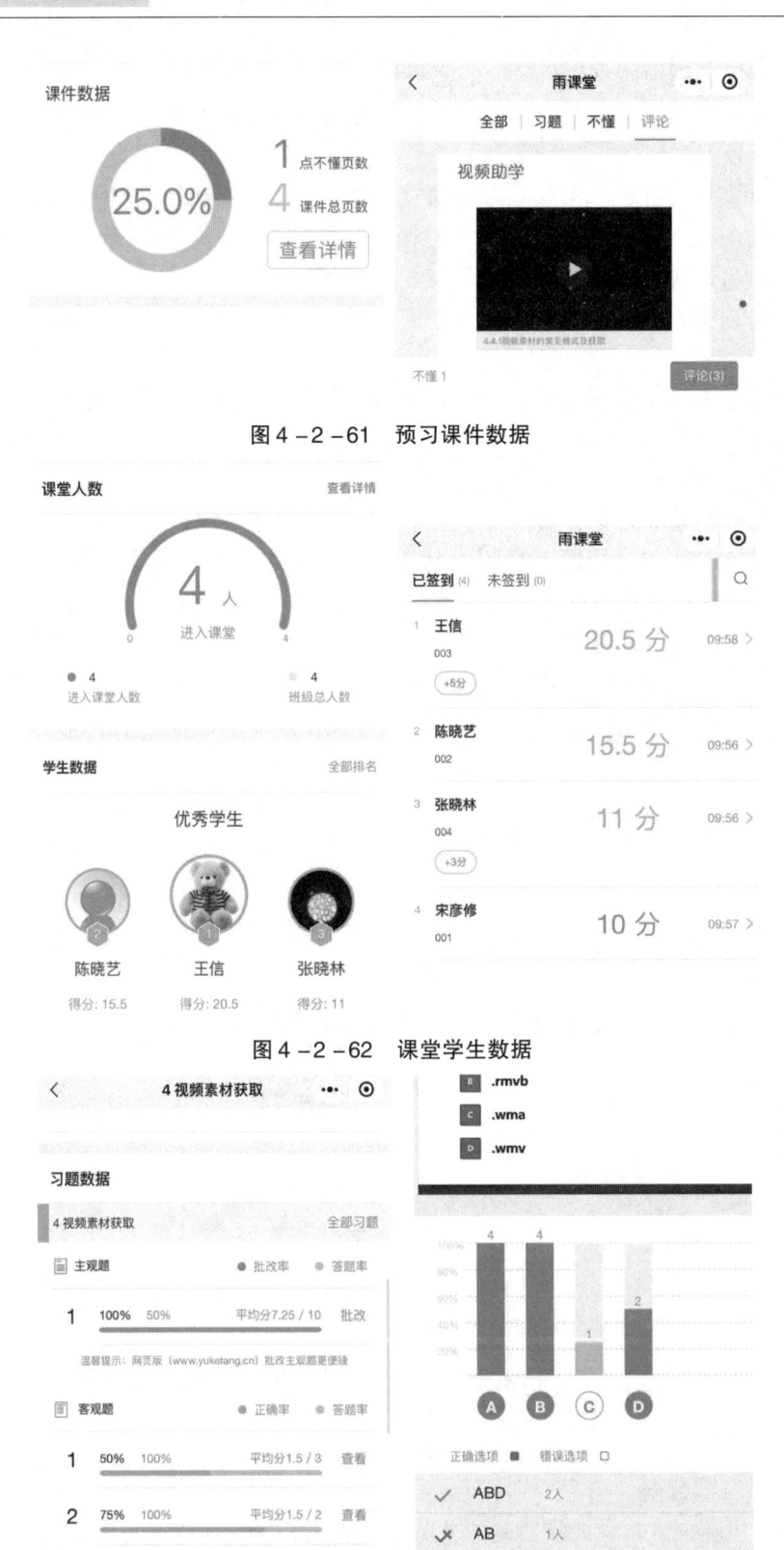

图 4-2-63 课堂习题数据

模块四　信息化教学工具

图 4-2-64　课堂课件数据

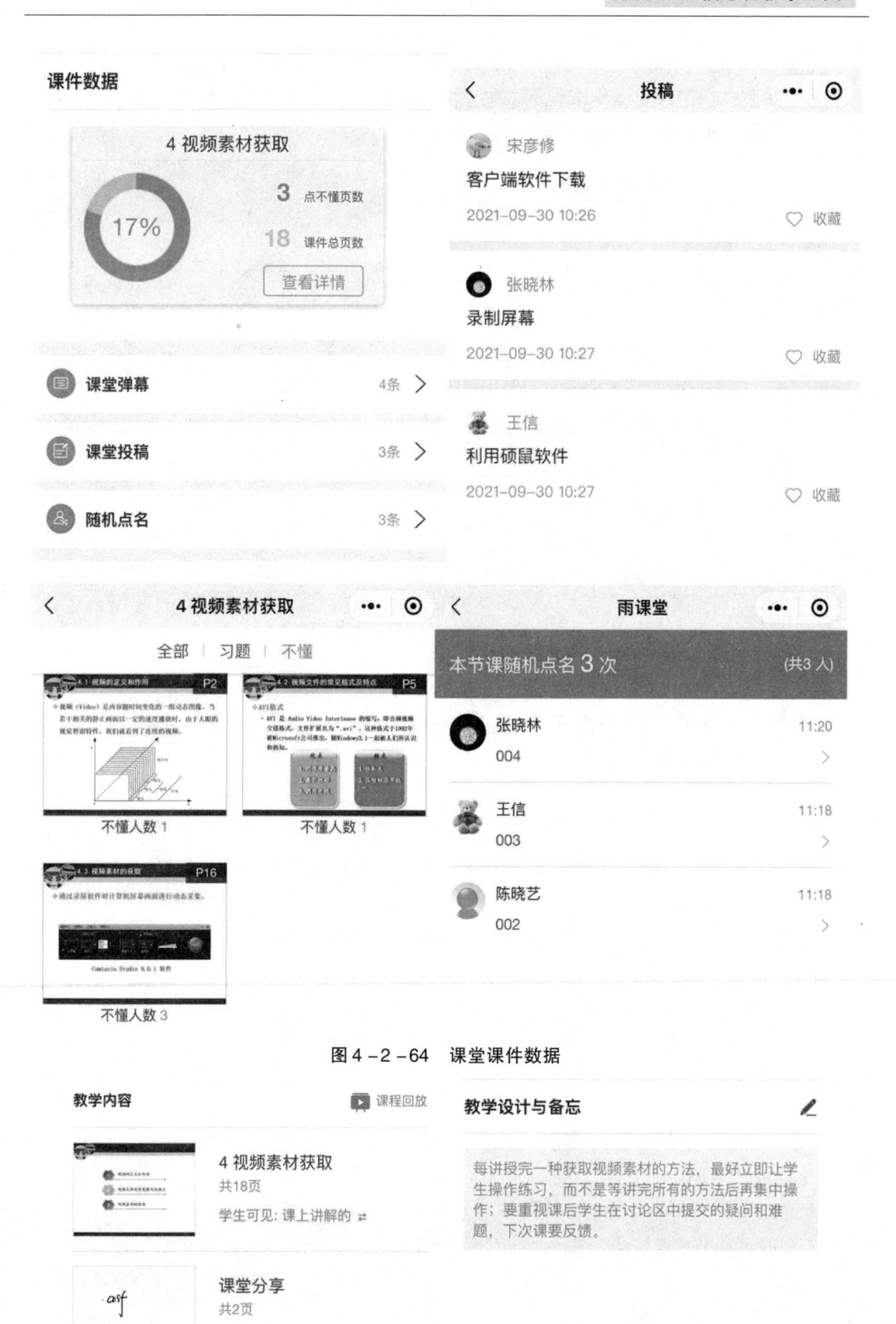

图 4-2-65　教学内容、教学设计与备忘数据

(3) 课后教学数据

教师在手机端进入雨课堂课程班级主界面，点击"讨论区"和发布的试卷，可以查看课后教学数据，如图 4-2-66、图 4-2-67 所示。

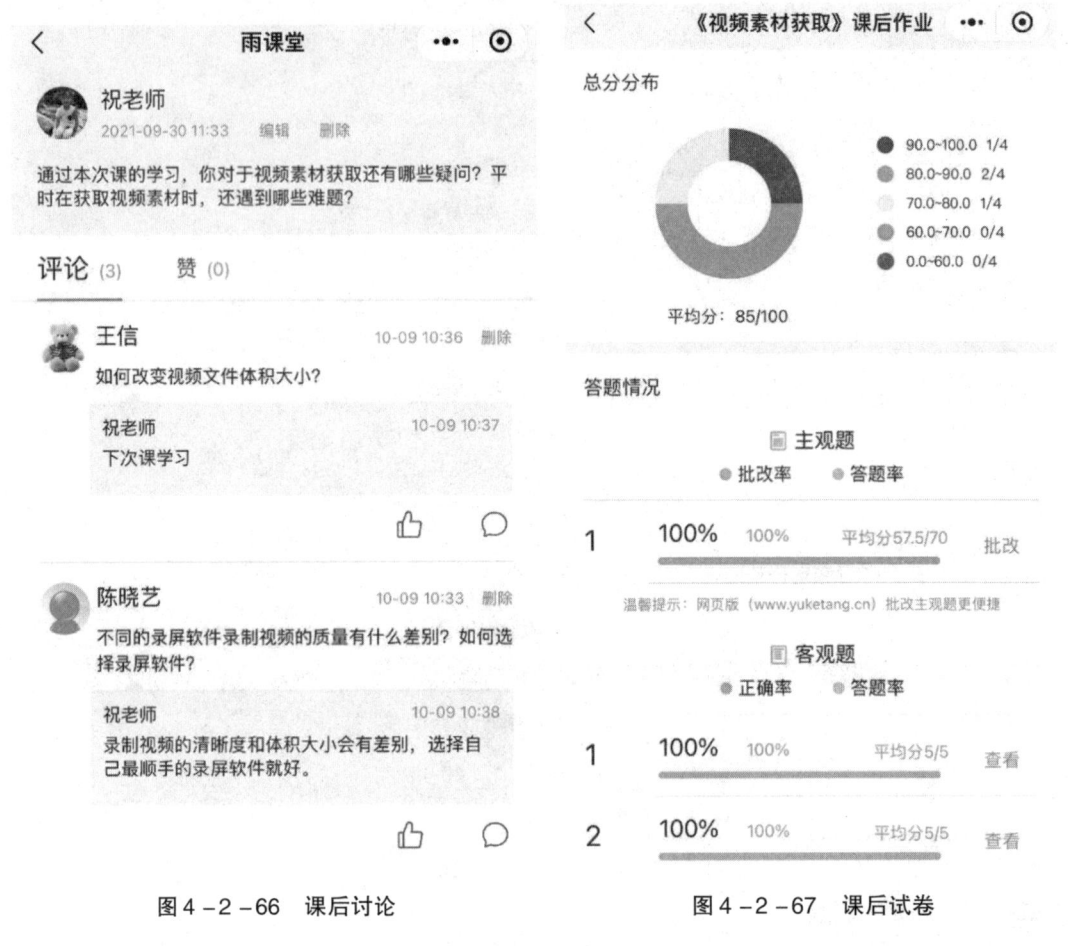

图 4-2-66　课后讨论　　　　　　图 4-2-67　课后试卷

## 3.2　雨课堂教学应用

【任务】

(1) 阅读下面的雨课堂教学应用案例，重点关注雨课堂在教学全过程中的应用。

(2) 参考本案例，编写雨课堂教学设计方案，并具体实施。

(3) 实施雨课堂教学后，体会并总结雨课堂教学的优势。

【知识储备】

### 3.2.1　雨课堂教学应用案例

(1) 教学内容分析

本节课是《现代教育技术》课程第五章第四节的内容，主要包括视频的定义和作用、视频文件的常见格式及特点、视频素材的获取方法等三部分。制作多媒体课件时，经常需要获取视频素材，因此，学生有必要学习本节课，了解并掌握各类视频素材获取的方法和操作过程。

（2）教学目标

①知识与技能目标：了解视频的定义和作用；知道视频文件的常见格式及主要特点；熟练掌握视频素材获取的各类方法和操作过程。

②过程与方法目标：通过参与雨课堂提供的各类互动，理解和巩固本节课主要内容；通过在电脑上实际动手操作，掌握获取不同视频素材的最佳途径。

③情感、态度与价值观目标：在遇到复杂问题时，应养成借助多种方法灵活高效处理问题的意识和能力。

（3）教学媒体

电脑、智能手机、多媒体课件、雨课堂工具。

（4）教学方法

讲授法、翻转教学法、互动教学法、实践操作法。

（5）教学过程

| 教学环节 || 教师活动 | 学生活动 | 雨课堂应用 |
| --- | --- | --- | --- | --- |
| 课前 || （1）制作课前预习课件，插入一个慕课视频，使学生初步了解视频素材获取的相关知识。让学生以小组为单位探究并总结获取视频素材的方法，并通过"主观题"的方式提交。（2）发布课前预习公告。（3）查看学生预习情况，根据学生的标注和反馈完善课堂教学设计方案。注意课堂教学时要涉及学生总结的主要视频素材获取方法。 | 观看课前预习课件，完成指定的任务，根据自身情况标注"不懂""收藏"，发表"评论"，将疑问"报告老师"，记录"学习心得"。 | 新建手机课件<br>插入慕课视频<br>上传试卷/手机课件<br>群发公告<br>手机课件预习功能组 |
| 课中 | 雨课堂教学准备 | 微信扫码登录，开启雨课堂授课，选择课程和班级，呈现课程二维码和课堂暗号。 | 扫码或输入课堂暗号签到。 | 开启雨课堂授课<br>签到功能 |
| ^ | 课前预习反馈 | 总结和反馈课前预习情况，围绕学生的标注和反馈展开交流。 | 听教师讲解，参与交流。 | 雨课堂课件 |
| ^ | 引入主题 | 简要介绍本节课的主要内容：视频的定义和作用；视频文件的常见格式及特点；视频素材的获取。 | 听教师讲解。 | 雨课堂课件 |

续表

| 教学环节 | | 教师活动 | 学生活动 | 雨课堂应用 |
|---|---|---|---|---|
| 课中 | 1. 视频的定义和作用 | （1）讲解视频的定义。<br>（2）请学生观看一个视频片段，鼓励其思考并归纳视频的作用，开启弹幕。<br>（3）师生围绕发送的弹幕进行交流，然后借助课件总结讲解视频的作用。 | （1）听课，标注"不懂"和"收藏"。<br>（2）学生参与弹幕活动，发表观点。<br>（3）参与交流。 | 不懂<br>收藏<br>弹幕 |
| | 2. 视频文件的常见格式及特点 | （1）讲解视频文件的常见格式及主要特点，包括 avi、mpeg、realmedia、mov 等。<br>（2）发送一个多选题和两个单选题，以此来检测学生的听课效果。<br>（3）收题，查看并分析学生作答情况，进行有针对性的补充和拓展。 | （1）听课，标注"不懂"和"收藏"。<br>（2）参与答题。<br>（3）了解作答情况。 | 插入题目-多选题、单选题<br>实时反馈系统 |
| | 3. 视频素材的获取 | （1）借助雨课堂课件发送"主观题"，让学生拍照上传本组课前总结的视频素材获取途径，开展互评。<br>（2）依次讲解获取视频素材的途径及操作方法：用视频采集卡采集、利用数码摄像机或手机拍摄、从网页上获取、电脑录屏和从已有视频中截取。<br>讲解"从网页上获取"时，组织学生投稿，提交自己的观点和方法。<br>（3）学生根据教师的讲解实际操作练习。<br>（4）随机抽取学生检查其练习效果，并进行评价。 | （1）参与主观题，拍照上传课前总结，进行组间互评。<br>（2）听课，标注"不懂"和"收藏"；参与投稿。<br>（3）操作练习。<br>（4）参与抽测活动。 | 主观题<br>小组作答及互评<br>投稿<br>随机点名，加分 |
| 课后 | | （1）在雨课堂课程讨论区发起讨论，进行拓展学习和交流：通过本次课的学习，你对于视频素材获取还有哪些疑问？平时在获取视频素材时，还遇到哪些难题？<br>（2）发布试卷作业。<br>（3）撰写教学设计与备忘，持续改进教学。 | （1）参与教师发布的讨论。<br>（2）完成试卷作业。 | 雨课堂课程讨论区<br>雨课堂试卷 |

### 3.2.2　雨课堂教学优势分析

（1）翻转教学优势

课前观看提供的慕课视频，对课堂所学知识有了初步感知和了解，课堂学习和实践的实施更加顺利。提前让学生思考视频素材获取的途径并总结归纳个人观点，便于教师根据学生的学习情况进行课堂教学内容的设计。教师根据学生预习时标注的"不懂"及留言，及时调整教学内容和方法。课后，学生可以随时查看教学课件，特别是标注为"不懂"和"收藏"的页面以及答题情况，便于课后巩固和总结。

（2）课堂互动广泛化

课堂教学中，师生之间可以通过弹幕、投稿、讨论区等充分表达自己的观点见解，增强了表达交流能力；通过标注不懂，即时反馈自己的理解情况；通过单选题、多选题、主观题等各类题目，检测对知识的掌握情况，并获得及时反馈。这些互动提高了学生的学习积极性和能动性，有利于教师全面了解学生的所思所想和学习情况。

（3）师生交流灵活化

除了课堂面对面交流，在雨课堂课程讨论区，师生都可以围绕课程内容发起讨论，并进行点赞和回复，拓展了课程所学知识，便利了师生之间的实时和非实时交流。课前预习手机课件时，学生可以匿名向教师反馈，减轻了学生的心理压力，确保师生之间的交流聚焦在课程问题上，有助于提升问题解决的实效。

（4）教学评价便利化

使用雨课堂实现了评价主体的多元化。教师和学生都能够参与评价，评价结果更加客观准确。开启雨课堂授课后，教师发送主观题，选择作答方式（个人作答或小组作答），学生（或小组）通过文字或图片形式作答，收题后，教师查看作答情况，可以发起互评。

使用雨课堂实现了过程性评价。授课结束后，教师微信端会收到课堂报告提醒。点击查看，可以浏览课堂人数、学生数据、习题数据、课件数据等信息，教师根据这些数据分析学生的学习行为，评估学习效果，诊断存在的学习问题。这些数据能客观真实地记录学生每次课的表现，有利于过程性评价的实施。

# 4　项目评价

为确保项目实施的实效性，更客观准确地评价学习者表现，教师和学习者可使用下方提供的表格（如表4-2）来检验并评价各个子项目的完成情况。项目进行过程中，学习者本人对各个子项目的完成情况进行实时自评，将分数写在相应位置；然后，每两个小组之间采取适当的方式（如观察、抽查、普查等）对对方组员各子项目的完成情况进行评价，将分数写在相应位置；在项目实施过程中，教师要担当好指导、定向、检查、督促的角色，确定学生的加减分。

各个子项目的"学习者自评分""组间评分"纵向相加后，写在"合计"一栏；教师对学习者的加减分写在"教师加减分"一栏；学习者该项目的最终成绩计算公式为学习者自评分×0.4+组间评分×0.6+教师加减分，将计算出的成绩写在"项目最终成绩"栏。

表4-2 《雨课堂》评价表

| 项目指标 | | 分值 | 学习者自评分 | 组间评分 | 教师加减分 |
|---|---|---|---|---|---|
| 1. 雨课堂功能及操作 | 1.1 制作及推送课件 | 15 | | | |
| | 1.2 课堂授课 | 20 | | | |
| | 1.3 布置和批改作业 | 10 | | | |
| | 1.4 查看教学数据 | 5 | | | |
| 2. 雨课堂教学应用 | | 50 | | | |
| 合计 | | | | | |
| 项目最终成绩（学习者自评分×0.4+组间评分×0.6+教师加减分） | | | | | |

# 模块五　在线课程建设及应用

在线课程是信息技术与教育融合的产物，是在课程论、学习论、教学论指导下，通过网络实施的以异步自主学习为主的课程，是为实现某学科领域的课程目标而设计的网络学习环境中教学内容和教学活动的总和。在线课程打破了传统课堂教学的局限性，学习者可以根据自己的知识基础选择适合的课程，也可以自定时间、自定地点、自定学习进度，实现个性化学习。

在线课程主要有两类：MOOC 和 SPOC。MOOC 是大规模在线开放课程，任何人都可以申请账号参与学习，目前国内比较知名的 MOOC 平台有中国大学 MOOC、学堂在线、好大学在线、智慧树、超星等；MOOC 是纯网络教学，缺少教学监督，因此，课程使用率和完成率相对较低。而 SPOC 是小规模专属在线课程，这类课程通常与线下实体课堂教学相结合，弥补了 MOOC 和传统教学的不足。

本模块主要介绍超星在线课程的建设流程以及借助超星在线课程辅助线下课堂开展混合式教学的实践应用。

# 项目一　超星在线课程建设

**项目地图**

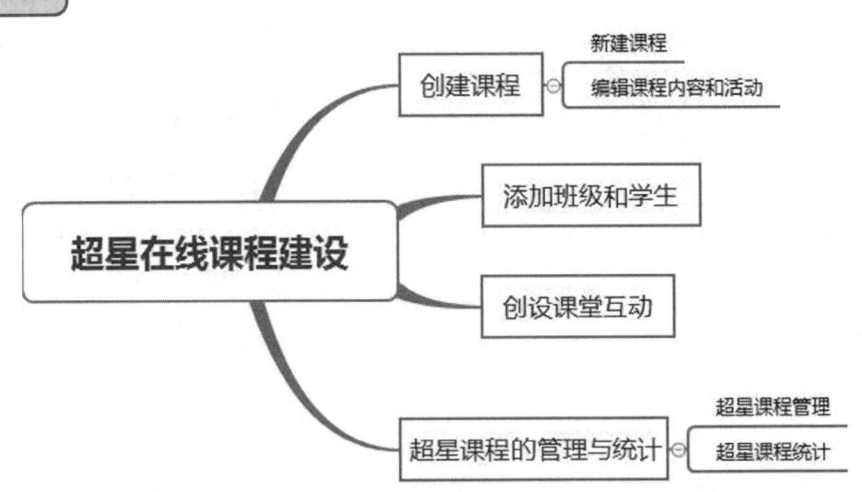

```
                    ┌─ 创建课程 ─┬─ 新建课程
                    │            └─ 编辑课程内容和活动
                    │
                    ├─ 添加班级和学生
超星在线课程建设 ──┤
                    ├─ 创设课堂互动
                    │
                    └─ 超星课程的管理与统计 ─┬─ 超星课程管理
                                             └─ 超星课程统计
```

超星在线课程是依托超星泛雅平台而创建的在线课程。借助超星在线课程，可以实现 MOOC 式学习，即浏览观看课程相关教学资源，参与各类教学活动，进行完全的自主学习；又可实现 SPOC 式学习，即配合使用手机端 APP 学习通，进行线上与线下相结合的混合式学习。

在教育信息化时代，超星在线课程既是一种设计精良的课程教学资源，又是一种实现信息技术与教育教学深度融合的信息化方式和手段。未来教师应该掌握超星在线课程建设的流程，具备建设在线课程的经验，以更好地适应信息化教学趋势，利用信息资源和信息技术提升教育教学效果。

## 1　项目目标

（1）能根据课程教学大纲和课程标准在超星泛雅平台上创建一门超星在线课程，熟练编辑课程内容和课程活动。

（2）能根据课堂教学设计，合理灵活地设置各类课堂互动活动，增强课堂互动效果。

（3）能对超星在线课程进行管理和统计操作，确保在线课程正常运行，通过统计数据进行学情分析，从而实现更有针对性的教学。

## 2　项目环境与条件

（1）配备多台学生电脑的多媒体网络机房，网络通畅。

（2）学生自备 U 盘，拷贝在线课程相关教学资源。

（3）学生自备智能手机，安装超星学习通 APP。

# 3 项目实施

## 3.1 创建课程

【任务】

(1) 熟练掌握新建课程的流程，合理设置课程信息，进行课程门户设计和编辑。

(2) 根据教学大纲和课程设计合理设置在线课程章节目录，为每一章节添加视频、文档、图片、附件、图书等学习资源以及章节测验、讨论、调查问卷等。

【知识储备】

### 3.1.1 新建课程

以指定账号登录超星泛雅平台，进入用户主页（如图5-1-1）。单击左侧的"课程"按钮，呈现课程界面。单击上方的"新建课程"按钮，进入图5-1-2所示界面。输入课程名称、授课教师及课程说明后，进入"课程封面"设置界面（如图5-1-3），选择现有的图片或上传新图片作为课程封面。单击"下一步"，进入"生成单元"界面（如图5-1-4），可以按周、课时自动生成课程单元，也可以自主设计课程单元。选择"不自动生成单元"后，单击"保存"按钮，即进入所建课程的主页面（如图5-1-5）。

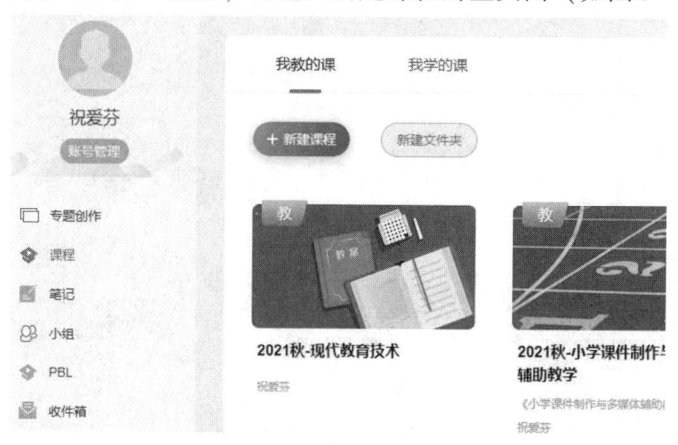

图5-1-1 用户主页

图5-1-2 新建设置

图 5-1-3　课程封面设置

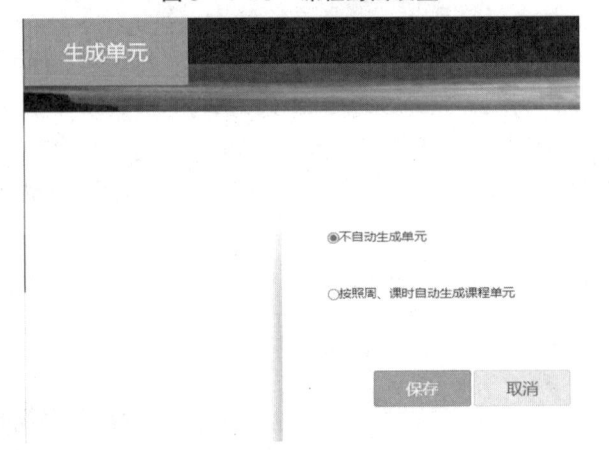

图 5-1-4　生成单元设置

图 5-1-5　课程主页

课程主页上方显示课程名称、课程门户以及"首页""活动""统计""资料""通知""作业""考试""讨论"和"管理"等课程模块；课程主页下方是课程内容编辑区，可以进行章节目录编辑、章节学习内容和学习活动设置、学习资料上传等一系列操作。

单击"课程门户"，进入课程门户页面（如图 5-1-6），课程门户可以让学习者快速从整体上把握课程基本情况。单击"编辑本页"按钮，可以编辑课程信息，包括课程模板风格、课程片花、课程封面、课程介绍、教学团队、教学方法、教学条件、教学效果等内容；单击"设置"按钮，可以设置章节标题位置、章节资源列表是否允许下载、课程评价方式、课程基础数据显示情况等信息。

图 5-1-6　课程门户页面

### 3.1.2　编辑课程内容和活动

课程学习内容和学习活动是在线课程的主体，是学生参与在线学习的主要依托。单击课程主页面中的"编辑"按钮，进入图 5-1-7 所示界面，即可进行课程内容和学习活动的编辑。

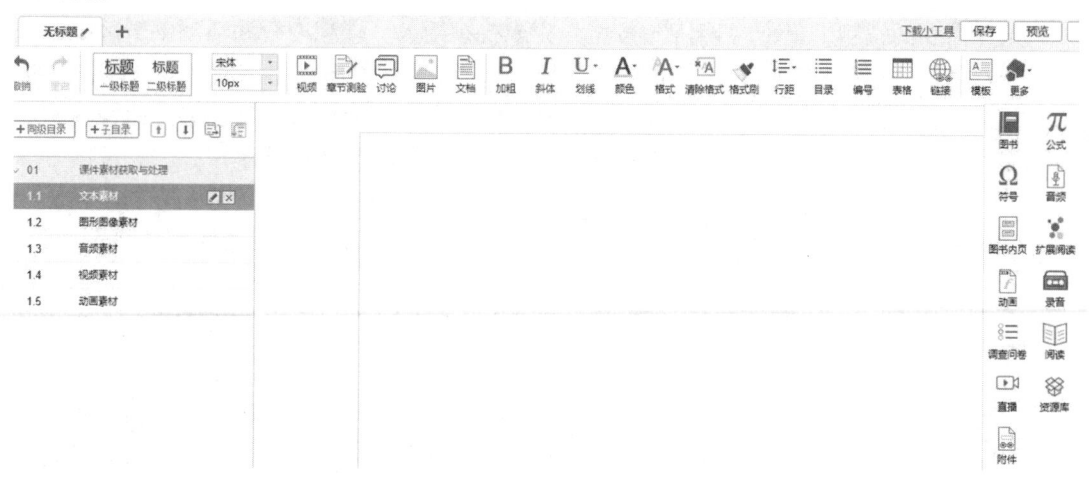

图 5-1-7　课程内容和活动编辑界面

在界面左侧目录区，可根据课程设计通过双击更改相应的章节目录名称，也可以插入同级目录、子目录，还可以调整章节目录的次序。

界面上方是工具栏，借助这些工具按钮可以在界面右下方编辑学习内容和学习活动，工具栏主要功能包括：调整文本样式，包括字体、字号、颜色、字体效果、行距、段落格式、项目符号和编号等；插入学习资源，包括插入图片、文档、视频、表格、链接、超星图书、音频、附件等；插入学习活动，包括章节测验、讨论、调查问卷、直播等。

这里简单介绍一下视频的插入方式，其他资源可以采用类似方式进行插入。单击工具栏中的"视频"按钮，弹出"插入视频"对话框（如图 5-1-8），可以采用以下几种方式插入视频：从本地计算机中上传、从电脑同步超星云盘中选择、从课程资料库中选择、插入超星在线视频。

图 5-1-8 插入视频对话框

选择需要的视频，单击"确认"按钮，完成视频插入，课程内容和活动编辑区出现图 5-1-9 所示的视频对象。单击右上角的"剪辑"，可以设置视频的播放区间；单击"插入对象"，可以在视频中插入图片、测验、PPT 和字幕；还可以对视频进行其他设置，如防拖拽、防窗口切换、允许倍速、是否设置为任务点、是否允许发弹幕等。

图 5-1-9 插入的视频对象

下面介绍一下讨论区的设置方式，其他学习活动的设置可以自行探究。单击工具栏中的"讨论"按钮，弹出"插入主题讨论"对话框（如图 5-1-10），输入讨论标题和具体要求，单击对话框中的 + 按钮，可以添加图片。讨论区可以设置为定时结束，讨论结束后不允许回复，这一设置能确保学生在规定时间内参与讨论，而不是课程即将结束时为了提高超星课程成绩而随意发帖。

图 5 - 1 - 10　插入主题讨论对话框

讨论设置完毕后，单击课程内容和活动编辑界面右上角的"保存"按钮，然后单击"预览"，选择"网页预览"（如图 5 - 1 - 11），即可在电脑网页中显示该讨论（如图 5 - 1 - 12）。单击右侧的"回复"按钮，可采用文本、录音和附件等形式回帖。

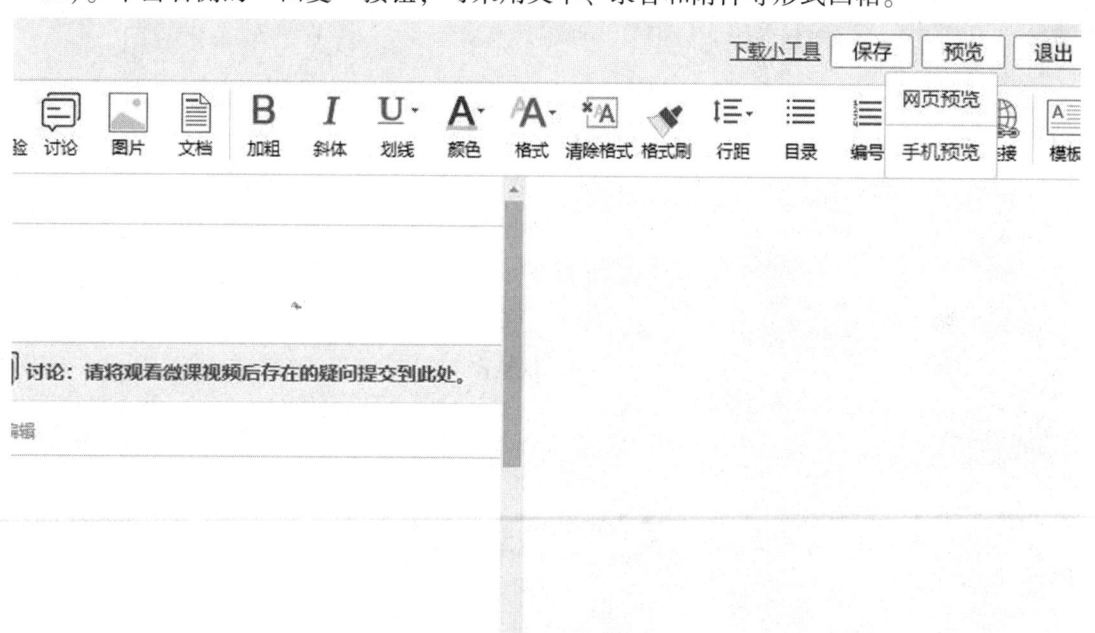

图 5 - 1 - 11　保存和预览

图 5 - 1 - 12　讨论回复

## 3.2 添加班级和学生

**【任务】**

（1）操作练习为班级添加学生的四种方式：手动添加、从学生库中添加、批量导入、从课程班级添加。

（2）尝试进行班级设置，并验证不同设置对班级课程的影响。

**【知识储备】**

单击课程主页上方的"管理"按钮，进入课程管理界面（如图5-1-13）。单击左侧最上方的"班级管理"，即可新建班级或管理已有班级。

单击右侧的"添加学生"，可以通过四种方式为该班级添加学生（如图5-1-14）。"手动添加"方式需要手动依次输入学生的姓名、手机/学号；"从学生库中添加"方式可以设置院系、专业、班级等条件，通过自动查询的方式添加；"批量导入"方式可以事先下载导入模板，按照指定要求和格式编辑好学生信息后，一次性导入学生名单；"从课程班级添加"方式可以从教师已创建的课程和班级中选择学生。

图5-1-13 课程管理界面

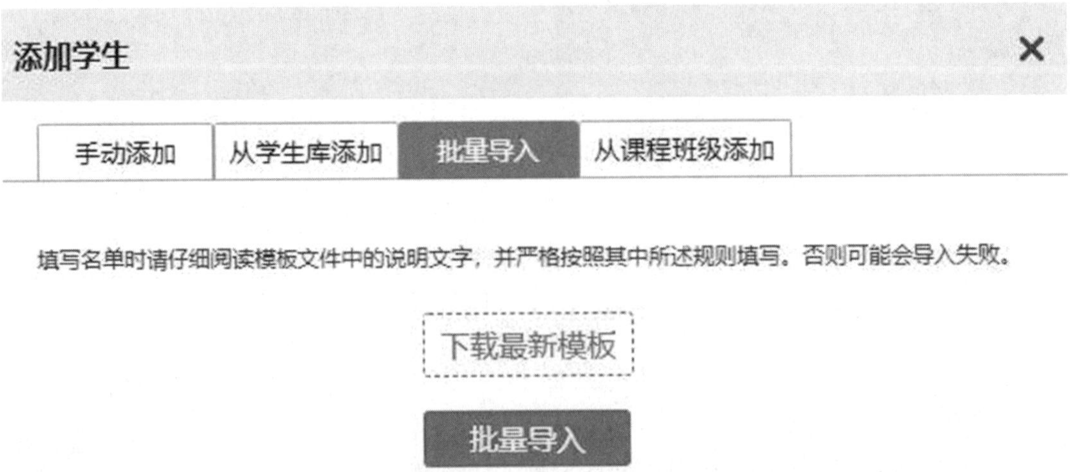

图5-1-14 添加学生界面

下面介绍一下批量导入学生的过程。在添加学生界面中选择"批量导入"，单击"下载最新模板"，一个名为"importUserTemplateNew.xls"的文件被下载到本地电脑。打开该文件（如图5-1-15），添加学生的学号、姓名、性别、手机号、邮箱等信息，"姓名"为必填字段，"学号""手机号"至少填写一个，其他字段选填。该模板文件中可以创建多个sheet工作表，每个工作表需要重新命名为班级名称。模板文件编辑完毕后，在添加学生界面单击"批量导入"按钮，即可批量导入班级学生名单。班级管理界面中显示出所有学生的主要信息（如图5-1-16）。

图5-1-15 批量导入模板文件

图5-1-16 学生名单信息

学生信息下方有一个"班级设置"区域（如图5-1-17），可以设置是否允许学生退课、是否开启结课模式、章节开放的方式、班级开放时间等，也可以删除班级。需要注意的是，开启结课模式后，学习行为不会产生统计数据的增加，学习者在结课后参与在线课程学习不会更改超星平台统计记录的成绩数据。

图 5-1-17　班级设置

## 3.3　创设课堂互动

【任务】

（1）知道超星平台提供的主要课堂互动形式：签到、投票、选人、抢答、主题讨论、随堂练习、问卷、评分、分组任务。

（2）操作并熟练掌握主要课堂互动形式的创建和应用过程。

【知识储备】

课堂是师生互动交流、产生思想情感碰撞的场所。如果教师只是一味地讲授，不与学生进行任何互动，那么师生都会沦为冷冰冰的教学机器，就无法实现真正有效的学习。互动可以借助多种形式进行：在传统教学中，师生之间可以通过对话、讨论、调查、问答等方式进行互动；在超星平台支持的信息化教学中，主要的课堂互动形式包括签到、投票、选人、抢答、主题讨论、随堂练习、问卷、评分、分组任务等，这些互动调动了学生的学习积极性，提高了教学反馈的效率，便利了过程性教学评价。下面依次介绍这些互动形式的创建和应用过程。

单击课程主页顶端的"活动"，进入图 5-1-18 所示的页面，页面上方列出了可以创建的主要互动形式。

图 5-1-18　活动创建页面

### 3.3.1 签到

单击活动创建页面上方的"签到",进入创建签到页面(如图5-1-19)。输入签到标题,设置签到方式。"普通签到"可以要求参与人拍照,通常可用于课程首次课,收集学生照片可以帮助教师更快地熟悉学生(如图5-1-19)。"手势签到"可以设置签到的手势,学生签到时输入正确的手势即可(如图5-1-20)。"位置签到"需要学生开启位置服务,该签到方式能帮助教师迅速判断学生签到时所处的位置(如图5-1-21)。"二维码签到"可生成二维码,学生在课堂上使用超星学习通APP扫码签到,二维码可设置为每10秒钟更换一次,最大限度地确保签到的真实度(如图5-1-22)。所有签到方式都需要设置时长和是否定时发放。

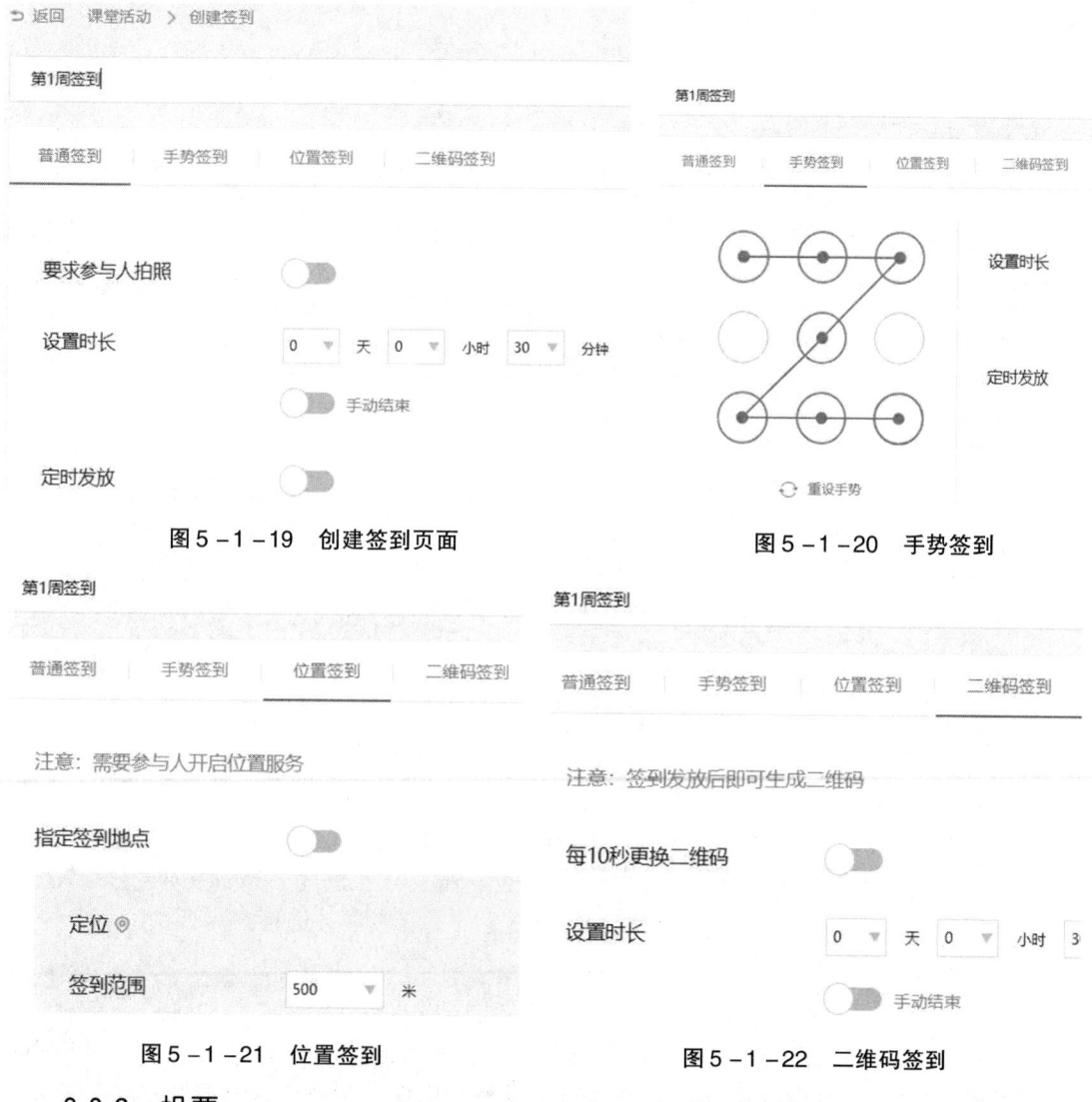

图5-1-19 创建签到页面

图5-1-20 手势签到

图5-1-21 位置签到

图5-1-22 二维码签到

### 3.3.2 投票

单击活动创建页面上方的"投票",进入投票设置页面(如图5-1-23)。输入投票内容和选项内容,设置积分奖励、是否允许参与者查看统计和匿名投票。学生参与投票后,教师可以即时查看投票统计结果(如图5-1-24)。

图 5-1-23　投票设置

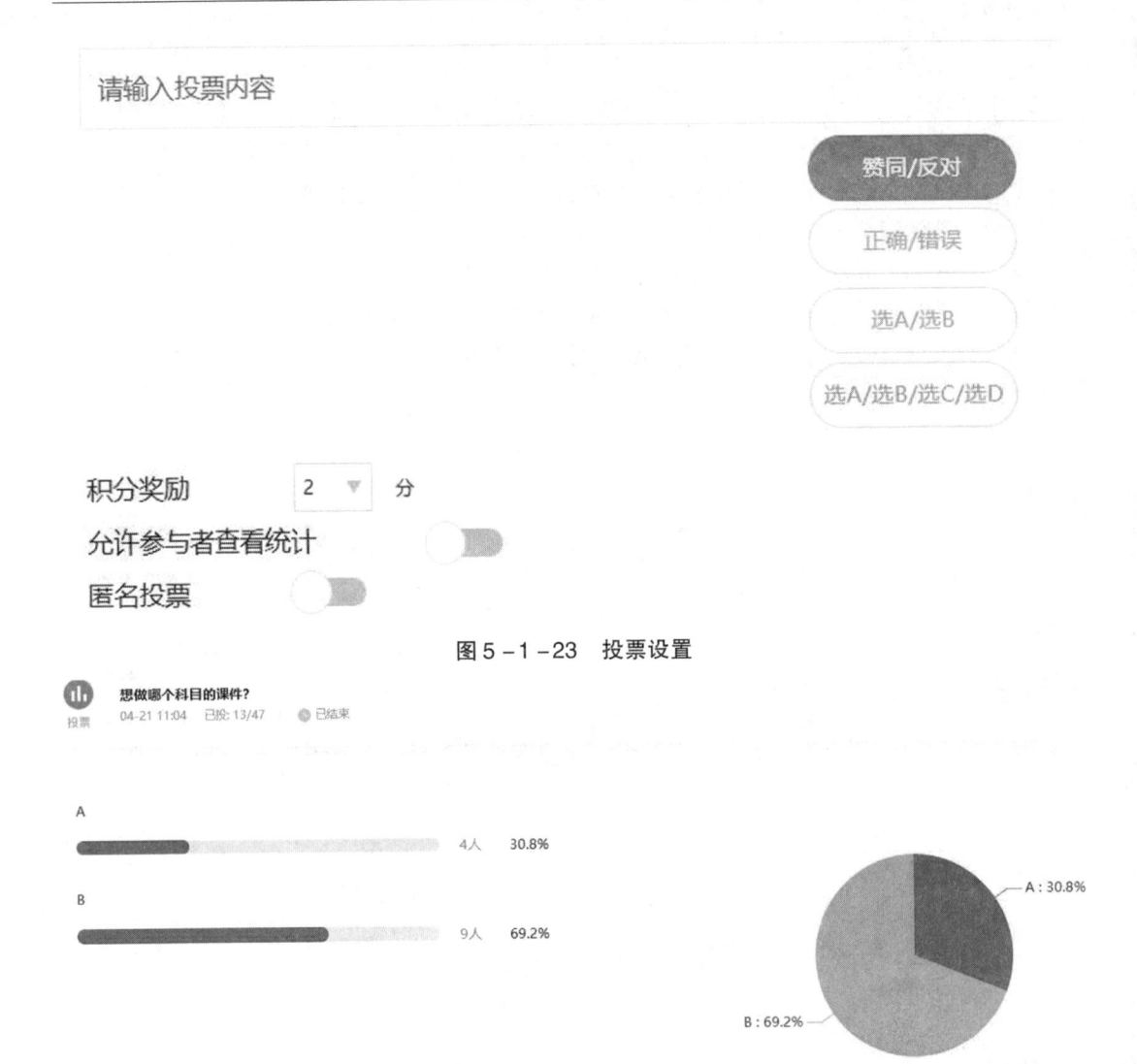

图 5-1-24　投票统计

### 3.3.3　选人

单击活动创建页面上方的"选人",进入选人设置页面(如图 5-1-25)。输入选人的标题和活动时长,单击"立即开始",呈现图 5-1-26 所示页面。依次单击选人按钮,随机抽选学生参与学习活动,并给予加减分评价。需要注意的是,被选中学生参与活动时,教师尽量不要提示和指导,要观察和判断学生的真实表现并进行客观评价,避免选人活动流于形式。

### 3.3.4　抢答

单击活动创建页面上方的"抢答",进入抢答设置页面(如图 5-1-27),输入抢答的标题和积分奖励。由于网速等客观条件限制,抢答顺序不能完全反映学生的抢答意愿,因此,不能严格按照抢答顺序提问学生。为了提高学生参与抢答的积极性,教师可以设定参与抢答的学生都会获得相应的积分奖励。当然,受课堂抢答活动时间的限制,不可能每个参与抢答的学生都有机会回答问题,因此,教师可以配合使用学生主动举手或教师随机抽选的方式确定答题的学生,并根据学生表现进行加分或减分。

图 5 - 1 - 25　选人设置

图 5 - 1 - 26　选人及评价

图 5 - 1 - 27　抢答设置

### 3.3.5 主题讨论

单击活动创建页面上方的"主题讨论",进入主题讨论设置页面(如图 5-1-28),输入讨论标题,设置活动时长。单击"立即开始",进入图 5-1-29 所示页面,学生的回复会按照时间顺序依次显示在页面下方。主题讨论进行过程中,教师可以浏览学生的观点,进行回复、点赞和评分操作,还可以批量评分。

图 5-1-28 主题讨论设置

图 5-1-29 主题讨论区

### 3.3.6 随堂练习

为了检测学生对所学知识的掌握情况,教师可以组织随堂练习。单击活动创建页面上方的"随堂练习",进入随堂练习设置页面(如图 5-1-30)。练习题目的类型包括单选题、多选题、填空题、判断题和简答题,设置题目的题干、答案、是否允许参与者查看统计和正确答案等信息。

图 5-1-30  随堂练习设置

### 3.3.7  问卷

单击活动创建页面上方的"问卷",进入问卷设置页面(如图 5-1-31)。问卷可以设置单选题、多选题和简答题三类题目,编辑各题目的题干和选项,设置积分奖励、活动时长、是否允许参与者查看统计和匿名答题等信息。单击"立即开始",即可发布问卷。学生参与问卷后,教师可查看问卷的具体调查结果,包括某选项的选择比例、选择数量及选择人员等(如图 5-1-32)。

图 5-1-31  问卷设置

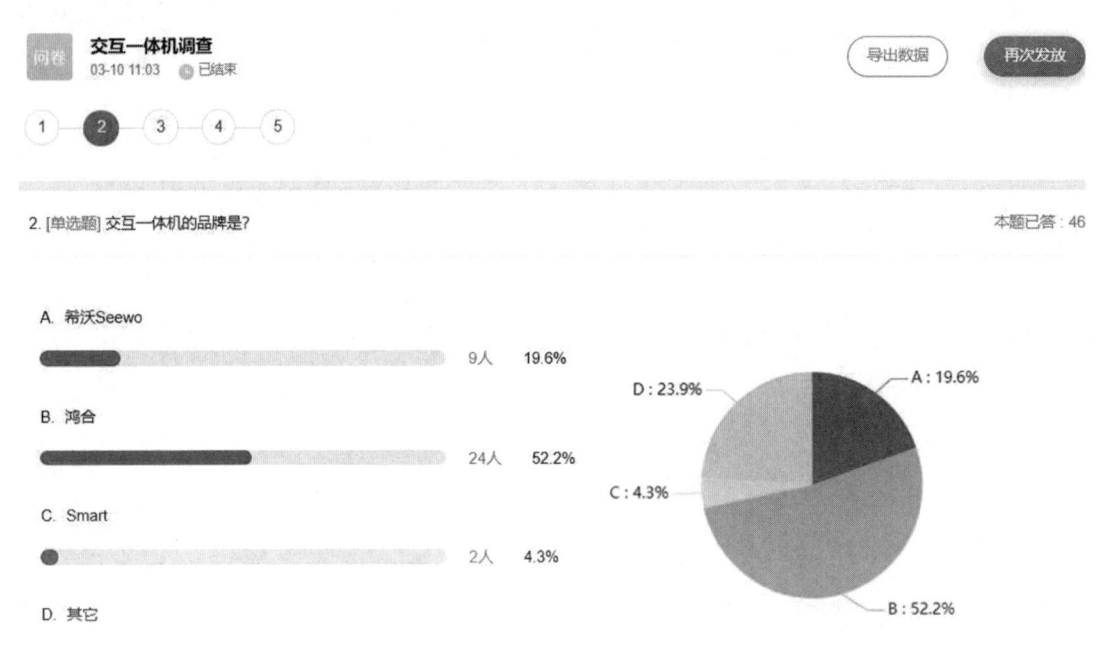

图 5-1-32　问卷调查结果

### 3.3.8　评分

单击活动创建页面上方的"评分",进入评分设置页面(如图 5-1-33)。可以输入评分分项,设置活动时长、是否去掉最低分和最高分、是否允许查看评分统计、是否匿名评分等信息。评分活动为多元化评价主体的实现提供了便利,提高了评价的客观性和准确性。

学生参与评分后,超星平台会自动计算并显示平均分(如图 5-1-34)。评分活动前,教师应向学生详细解释评分分项和分值,说明评分注意事项,要求学生客观公正地参与评分,确保评分结果的准确性。

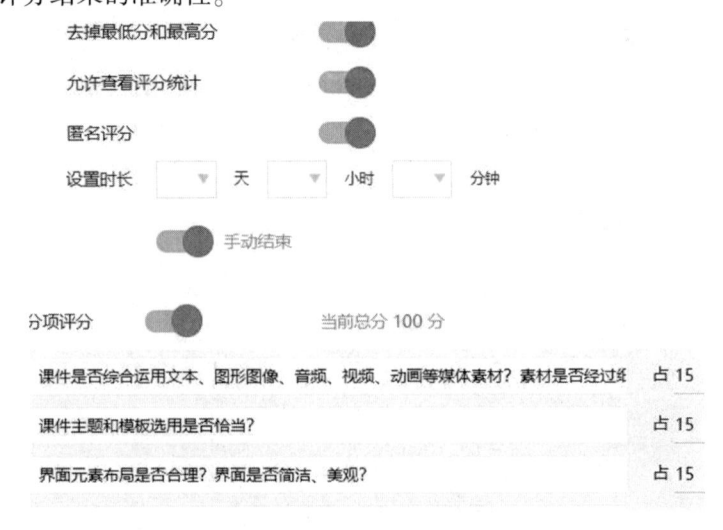

图 5-1-33　评分设置

模块五　在线课程建设及应用

图 5 - 1 - 34　评分结果

### 3.3.9　分组任务

实际教学过程中，教师经常需要组织小组进行合作探究活动，要求小组提交成果或作品，进行展示和评价，"分组任务"为这类活动的开展提供了便利和支持。单击活动创建页面上方的"分组任务"，进入分组任务设置页面（如图 5 - 1 - 35）。在页面左侧编辑好任务标题和要求，页面右侧设置分组方式和评价方式。可以采用教师评价、组内互评、组间互评、自评相结合的评价方式，总权重为 100%，每类评价都可以设置分项评分，最大程度保证评价过程的可操作性和评价结果的准确性。

图 5 - 1 - 35　分组任务设置

分组任务活动发布后，各小组提交本组作品，师生浏览查看作品并按照活动设置的评

177

价方式参与评价，超星平台自动计算并显示每位学生的成绩。评价前，教师应强调评价活动的严肃性和重要性，要求学生摒弃主观因素、实事求是地参与评价，对评价不规范的小组进行提醒和督促更正。

有些课堂互动活动设置好后可以立即开始，但是大部分活动需要教师在课前备课和教学设计时提前设置，然后随着课堂教学进度逐一开展，因此，这些活动设置完成后需要先行保存。单击具体活动创建页面的"保存"按钮，弹出图5-1-36所示的页面，可以将活动保存在不同分组中，条理分明，便于教师后期查看、开展与整理。

图5-1-36 活动分组设置

## 3.4 超星课程的管理与统计

【任务】

（1）练习操作班级管理、教师团队管理、助教管理、课程管理、班级分配、下载中心和操作日志管理等一系列管理操作。

（2）练习操作班级统计、资源统计、查看课程报告和课程统计，重点是班级统计中的"成绩管理"和"成绩权重设置"。

【知识储备】

### 3.4.1 超星课程管理

单击课程主页顶端的"管理"，进入超星在线课程的管理页面（如图5-1-13），可以进行班级管理、教师团队管理、助教管理、课程管理、班级分配、下载中心和操作日志管理等操作。

在"班级管理"模块中（如图5-1-13），教师可以进行以下操作：新建班级、通过多种方式添加学生、对全部或个别学生发送通知、进行班级设置（如图5-1-17）。

在"教师团队管理"模块（如图5-1-37）中，创建课程的教师可以管理教师团队，为该课程添加其他教师。单击右上角的"添加教师"按钮，可以通过手动添加、从教师库中添加、批量导入等方式添加教师。在教师列表中选择后期添加的教师，选中列表下方的

模块五　在线课程建设及应用

"显示到课程门户"复选框，则该教师会显示在课程门户"教师团队"一栏。选中后期添加的教师，单击教师列表下方的"权限设置"，弹出"权限设置"对话框（如图5-1-38），可以赋予该教师一定权限。教师权限不同，登录在线课程后，显示的模块内容和编辑权限就会不同。

图5-1-37　教师团队管理

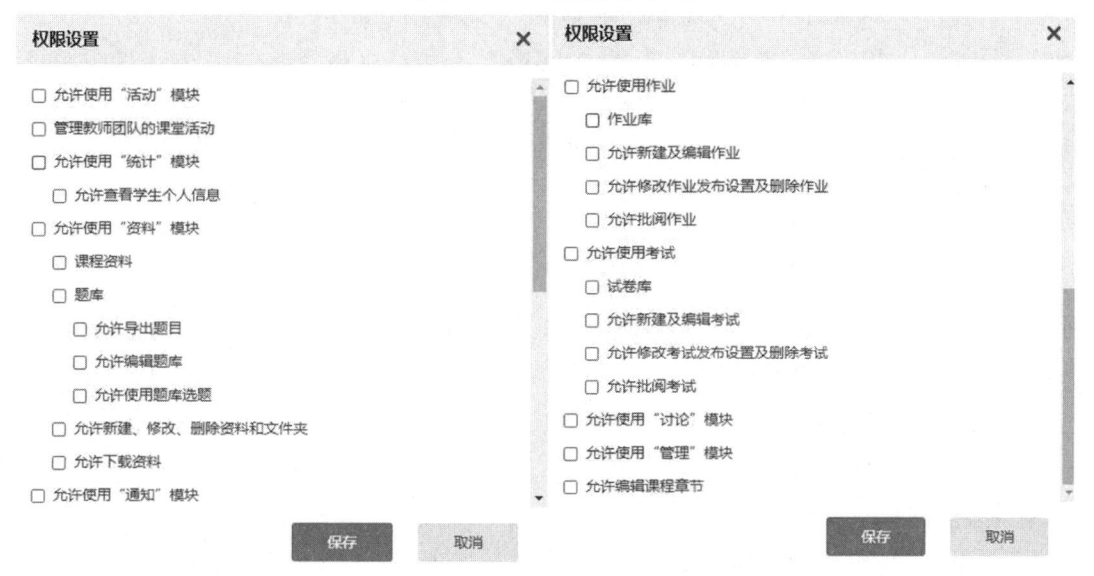

图5-1-38　教师权限设置

在"助教管理"模块（如图5-1-39），可以为课程添加助教。助教可以是教师或学生，通过手工添加或从库中添加。选中添加的助教，单击列表下方的"权限设置"，可以为该助教设置课程权限，权限内容同图5-1-38教师权限设置。

图5-1-39　助教管理

179

在"课程管理"模块（如图5-1-40），可以进行学生端设置、安全设置和课程门户设置。学生端设置主要是设置学生端超星在线课程主页显示的模块；安全设置用于设置是否加密考试、图库；课程门户设置主要包括通知服务设置、课程试读设置、课程章节设置、课程复用设置等。

图5-1-40　课程管理

在"班级分配"模块（如图5-1-41），可将当前课程中已有的班级分配给相关教师，这样相关教师就不需要自己导入学生名单了。单击班级右侧的"分配"，从教师团队和助教列表中选择一位或几位教师，即可完成分配。

图5-1-41　班级分配

"下载中心"模块可以显示从当前在线课程中导出的数据，比如批量下载的作业、各个班级的学习情况统计表格等（如图5-1-42）；"操作中心"模块记录并显示团队教师和助教对当前课程进行操作的时间和描述等信息，如图5-1-43。

图5-1-42　下载中心

模块五　在线课程建设及应用

教师管理日志 | 学生退课日志

| 姓名 | 操作时间 | 操作IP | 操作描述 |
|---|---|---|---|
| 祝爱芬 | 2021-10-24 07:28:39 | 111.36.139.196 | 作业进入回收站新建作业2021102... |
| 测试2 | 2021-10-22 16:10:24 | 111.36.139.196 | 创建作业新建作业20211022161024 |
| 祝爱芬 | 2021-10-22 16:06:23 | 111.36.139.196 | 添加教师 |
| 祝爱芬 | 2021-10-22 16:03:38 | 111.36.139.196 | 添加教师 |
| 祝爱芬 | 2021-10-20 10:58:17 | 111.36.139.196 | 手动导入学生2019小教本 |

图 5-1-43　操作日志

### 3.4.2　超星课程统计

单击课程主页顶端的"统计",进入超星在线课程的统计页面,在此可以进行班级统计、资源统计、查看课程报告和课程统计。

选择一个班级,可以进行图 5-1-44 所示的各类统计,还可以查看学生笔记热词、学生访问在线课程情况、课程任务点类型、课程学习进度等信息。

图 5-1-44　班级统计

单击"已发布任务点",可查看本课程各章节所有的任务点,包括视频、章节测验、文档等（如图 5-1-45）；单击"章节学习次数",可查看指定时间段学生学习课程章节的次数（如图 5-1-46）；单击"章节测验",可查看本课程设置的所有章节测验及提交人数、提交时间、学生成绩、测验题目的正确率等信息（如图 5-1-47）；单击"学生管理",可以查看每个学生的任务完成数、视频观看时长、参与讨论次数、章节学习情况以及详细的学习报告（如图 5-1-48）,精准把握个体学习数据；单击"讨论",可以查看师生发表和回复讨论的数量及具体内容（如图 5-1-49）；单击"教学预警",可以设置条件、筛选学生,进行教学督促和提醒（如图 5-1-50）；单击"课堂活动",可以查看各类课堂活动的发放次数、学生的参与次数及获得积分情况（如图 5-1-51）；单击"课程积分",可查看全部学生的课程积分及具体构成情况（如图 5-1-52）；单击"作业统

181

计"和"考试统计",可查看课程中发布的作业和考试情况;单击"成绩管理",可以查看学生总成绩及各项成绩构成(如图 5-1-53),还可以根据教学进展情况灵活设置成绩权重(如图 5-1-54)。

| 序号 | 任务名 | 类型 | 说明 | 学生完成数 | 详情 |
|---|---|---|---|---|---|
| 1.3、0.3 章节测验 | | | | | |
| 任务点1 | 《绪论》测验 | 章节测验 | 10(题) | 46/47 | 查看 |
| 2.1.1、1.1.1 微课视频 | | | | | |
| 任务点1 | 1.1 文本素材获取-新.mp4 | 视频 | 11.2分钟 | 47/47 | 查看 |
| 2.2.1、1.2.1 微课视频 | | | | | |
| 任务点1 | 1.2 图形图像素材获取-新.mp4 | 视频 | 14.9分钟 | 47/47 | 查看 |

图 5-1-45 已发布任务点页面

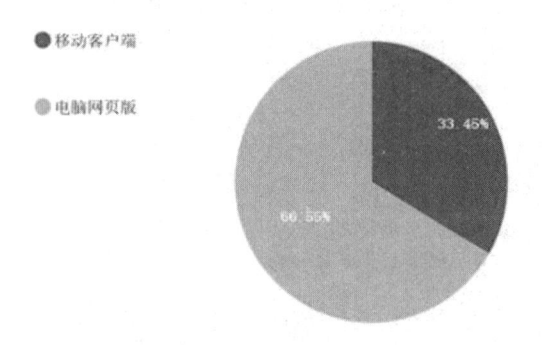

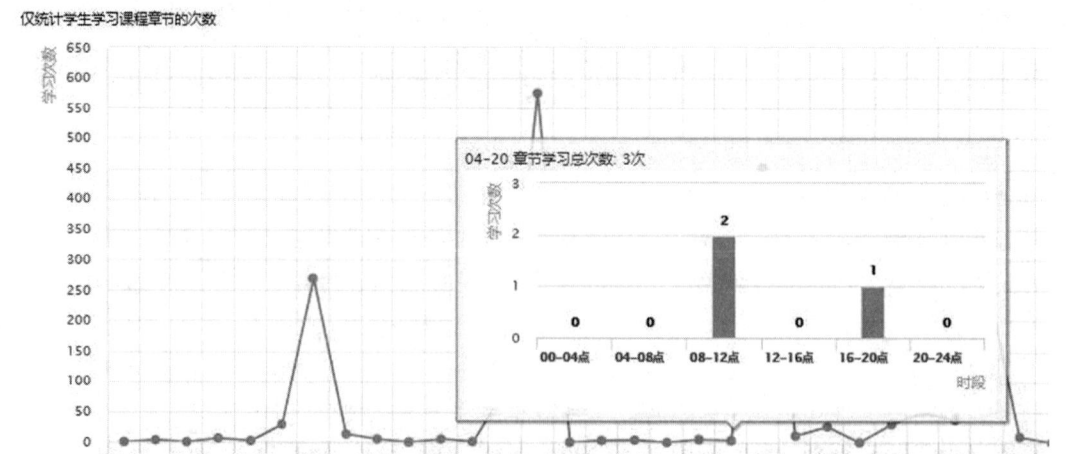

图 5-1-46 章节学习次数页面

2018级小学教育师范本科班 > 章节测验

共有 6 份章节测验

| 章节测验标题 | 所属章节 | 已交人数 | 待批阅人数 | 操作 | |
|---|---|---|---|---|---|
| 《第5章 微课课件制作》测验 | 6.4 5.4 章节测验 | 45/47 | 0 | 查看 | 统计 |
| 《第四章 演示课件制作》测验 | 5.5 4.5 章节测验 | 45/47 | 0 | 查看 | 统计 |
| 《第2章 交互一体机操作及运用》测验 | 3.5 2.5 章节测验 | 46/47 | 0 | 查看 | 统计 |
| 《第三章 互动式课件制作》测验 | 4.5 3.5 章节测验 | 46/47 | 0 | 查看 | 统计 |
| 《第1章 课件素材获取》测验 | 2.6 1.6 章节测验 | 45/47 | 0 | 查看 | 统计 |
| 《绪论》测验 | 1.3 0.3 章节测验 | 46/47 | 0 | 查看 | 统计 |

图 5-1-47 章节测验页面

2018级小学教育师范本科班 > 学生

学生总人数(47)

| 学生姓名 | 学号/工号 | 任务完成数 | 视频观看时长 | 讨论 | 章节学习次数 | 详情 | 学习报告 |
|---|---|---|---|---|---|---|---|
| 许晴 | 2018056039 | 32/32 | 344.8分钟 | 25 | 252 | 查看 | 查看详情 |
| 王敏 | 2018161141 | 32/32 | 299.4分钟 | 6 | 120 | 查看 | 查看详情 |
| 王明宇 | 2018161142 | 32/32 | 296.5分钟 | 24 | 205 | 查看 | 查看详情 |
| 薛喜慧 | 2018161143 | 32/32 | 235.8分钟 | 11 | 100 | 查看 | 查看详情 |
| 匡旭超 | 2018161144 | 32/32 | 368.9分钟 | 22 | 348 | 查看 | 查看详情 |
| 兰宁 | 2018161145 | 32/32 | 264.9分钟 | 10 | 156 | 查看 | 查看详情 |
| 王昙 | 2018161146 | 32/32 | 295.3分钟 | 15 | 154 | 查看 | 查看详情 |
| 齐珍珍 | 2018161147 | 32/32 | 249.2分钟 | 8 | 121 | 查看 | 查看详情 |

图 5-1-48 学生管理页面

2018级小学教育师范本科班 > 讨论

学生讨论统计数 | 教师讨论统计数

| 学生姓名 | 总讨论数 | 发表讨论 | 回复讨论 | 详情 |
|---|---|---|---|---|
| 李晓娜 | 9 | 0 | 9 | 查看 |
| 石阳 | 16 | 0 | 16 | 查看 |
| 齐珍珍 | 8 | 0 | 8 | 查看 |
| 王明宇 | 24 | 0 | 24 | 查看 |
| 桑周 | 16 | 0 | 16 | 查看 |
| 刘露炬 | 20 | 0 | 20 | 查看 |
| 钱鑫宇 | 7 | 0 | 7 | 查看 |

图 5-1-49 讨论页面

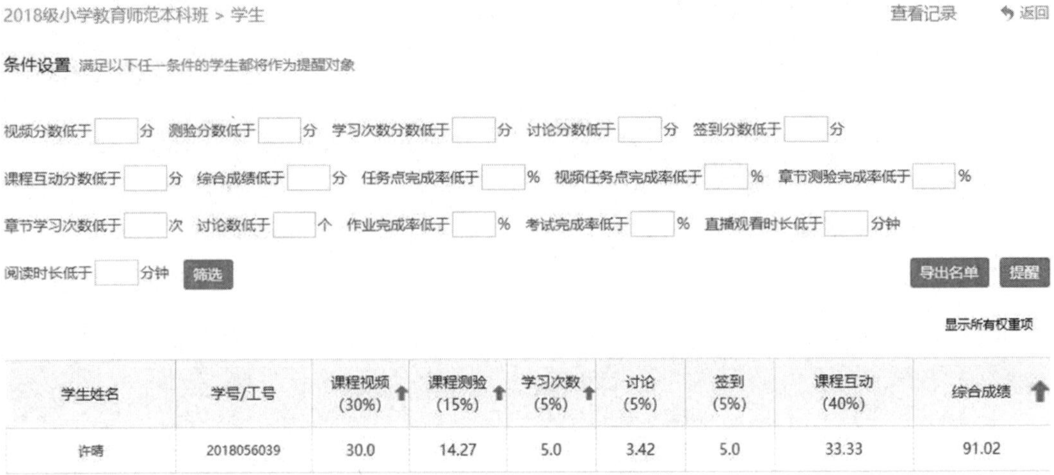

2018级小学教育师范本科班 > 学生　　　　　　　　　　　　　　　　　　查看记录　　返回

**条件设置** 满足以下任一条件的学生都将作为提醒对象

视频分数低于 □ 分　测验分数低于 □ 分　学习次数分数低于 □ 分　讨论分数低于 □ 分　签到分数低于 □ 分

课程互动分数低于 □ 分　综合成绩低于 □ 分　任务点完成率低于 □ %　视频任务点完成率低于 □ %　章节测验完成率低于 □ %

章节学习次数低于 □ 次　讨论数低于 □ 个　作业完成率低于 □ %　考试完成率低于 □ %　直播观看时长低于 □ 分钟

阅读时长低于 □ 分钟　筛选　　　　　　　　　　　　　　　　　　　　　　　　　　　导出名单　提醒

显示所有权重项

| 学生姓名 | 学号/工号 | 课程视频(30%) | 课程测验(15%) | 学习次数(5%) | 讨论(5%) | 签到(5%) | 课程互动(40%) | 综合成绩 |
|---|---|---|---|---|---|---|---|---|
| 许晴 | 2018056039 | 30.0 | 14.27 | 5.0 | 3.42 | 5.0 | 33.33 | 91.02 |

图 5-1-50　教学预警页面

统计 > 课堂活动　　　　　　　　　　　　　　　　　　　　　　　　　　　　返回

2018级小学教育师范本科班 ▼

签到　投票　选人　抢答　评分　随堂练习　问卷　分组任务　直播

学生总人数：47（人）

共发放投票：2 次　　　　　　　　　　　　　　　　　　　　　　　　　　一键导出

请输入关键字 🔍

| 姓名 | 学号/工号 | 院系 | 专业 | 行政班级 | 参与数 | 获得积分 |
|---|---|---|---|---|---|---|
| 刘露瑄 | 2018161153 | 教师教育学院 | 小学教育(师... | 2018级小... | 2 | 4.0 |
| 高雪颖 | 2018161156 | 教师教育学院 | 小学教育(师... | 2018级小... | 1 | 2.0 |
| 匡旭超 | 2018161144 | 教师教育学院 | 小学教育(师... | 2018级小... | 2 | 4.0 |
| 崔晨旭 | 2018161151 | 教师教育学院 | 小学教育(师... | 2018级小... | 1 | 2.0 |

图 5-1-51　课堂活动页面

> 课程积分　　　　　　　　　　　　　　　　　　　　　　　　　　　　　返回

|　　　　　　　　　　　　　　　　　　　　　　　　　　　　　导出活动详情　导出积分详情

| 详情

学生总人数（47）

| 姓名 | 学号/工号 | 院系 | 专业 | 行政班级 | 课程积分 | 操作 |
|---|---|---|---|---|---|---|
| 李浩东 | 2018176069 | 教师教育学院 | 小学教育(师范本科) | 2018级小学教育(师范本科)1班 | 33 | 查看 |
| 孙颖 | 2018161183 | 教师教育学院 | 小学教育(师范本科) | 2018级小学教育(师范本科)1班 | 31 | 查看 |
| 李丽 | 2018161184 | 教师教育学院 | 小学教育(师范本科) | 2018级小学教育(师范本科)1班 | 30 | 查看 |
| 刘露瑄 | 2018161153 | 教师教育学院 | 小学教育(师范本科) | 2018级小学教育(师范本科)1班 | 29 | 查看 |
| 郭英俊 | 2018161173 | 教师教育学院 | 小学教育(师范本科) | 2018级小学教育(师范本科)1班 | 28 | 查看 |

图 5-1-52　课堂积分页面

图 5-1-53　成绩管理页面

图 5-1-54　成绩权重设置页面

在"资源统计"中，可以查看资源基础统计数据、各资源类型分布及占比情况、各资源类型变化趋势情况等信息（如图 5-1-55、图 5-1-56、图 5-1-57）。

图 5-1-55　资源基础统计数据

单击"课程报告",可以查看课程成绩分析报告,包括各班级课程成绩综合情况、成绩对比情况等(如图5-1-58)。

**各资源类型分布及占比情况**

图5-1-56 各资源类型分布及占比情况

**各资源类型变化趋势情况**

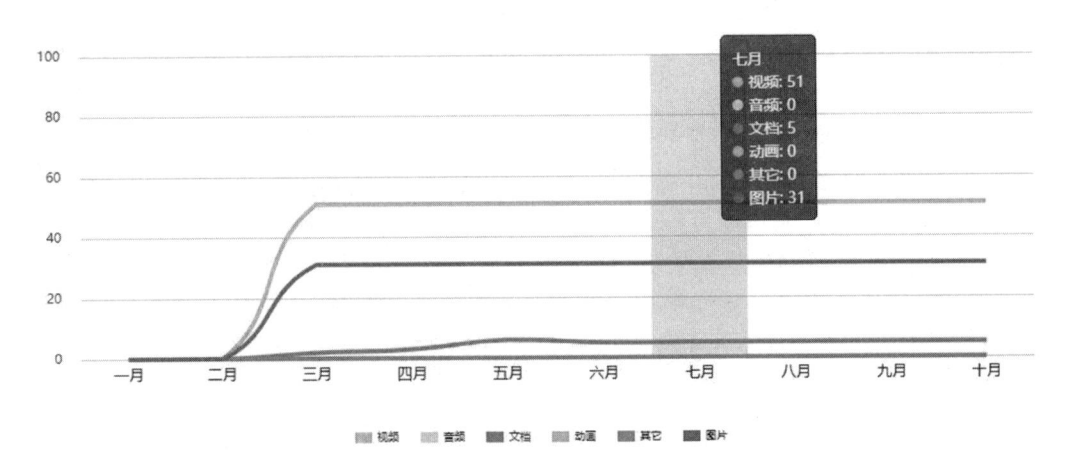

图5-1-57 各资源类型变化趋势情况

图5-1-58 课程报告页面

单击"课程统计",可以查看累计页面浏览量、累计选课人数、累计互动次数等信息,还可以查看课程介绍、教学团队、章节目录和课程评审信息(如图5-1-59)。

图 5-1-59 课程统计页面

# 4 项目评价

为确保项目实施的实效性,更客观准确地评价学习者表现,教师和学习者可使用下方提供的表格(如表 5-1)来检验并评价各个子项目的完成情况。项目进行过程中,学习者本人对各个子项目的完成情况进行实时自评,将分数写在相应位置;然后,每两个小组之间采取适当的方式(如观察、抽查、普查等)对对方组员各子项目的完成情况进行评价,将分数写在相应位置;在项目实施过程中,教师要担当好指导、定向、检查、督促的角色,确定学生的加减分。

各个子项目的"学习者自评分""组间评分"纵向相加后,写在"合计"一栏;教师对学习者的加减分写在"教师加减分"一栏;学习者该项目的最终成绩计算公式为学习者自评分×0.4+组间评分×0.6+教师加减分,将计算出的成绩写在"项目最终成绩"栏。

表 5-1 《超星在线课程建设》评价表

| 项目指标 | 分值 | 学习者自评分 | 组间评分 | 教师加减分 |
| --- | --- | --- | --- | --- |
| 1. 创建课程 | 30 | | | |
| 2. 添加班级和学生 | 20 | | | |
| 3. 创设课堂活动 | 30 | | | |
| 4. 超星课程管理与统计 | 20 | | | |
| 合计 | | | | |
| 项目最终成绩<br>(学习者自评分×0.4+组间评分×0.6+教师加减分) | | | | |

# 项目二 超星在线课程教学应用

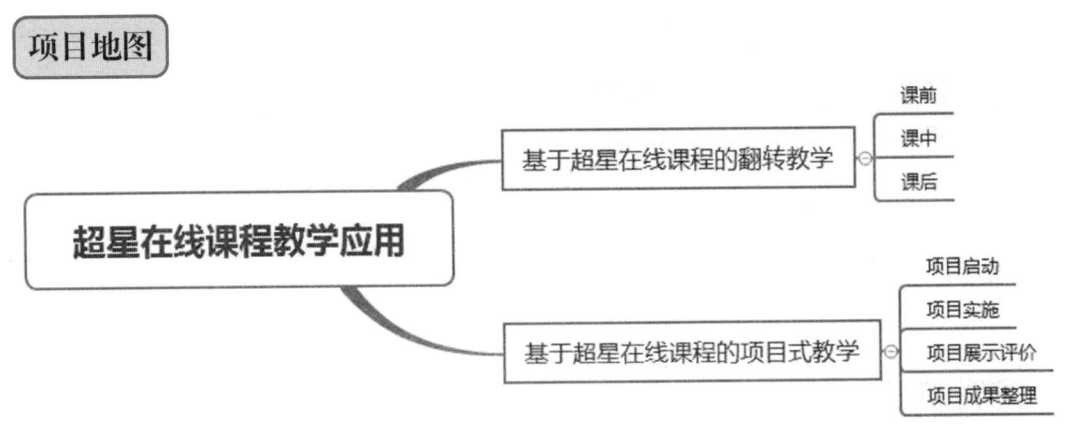

**项目地图**

```
                          ┌─ 基于超星在线课程的翻转教学 ─┬─ 课前
                          │                              ├─ 课中
超星在线课程教学应用 ──┤                              └─ 课后
                          │                              ┌─ 项目启动
                          └─ 基于超星在线课程的项目式教学 ┼─ 项目实施
                                                         ├─ 项目展示评价
                                                         └─ 项目成果整理
```

超星在线课程不仅仅是一种教学资源，还能与线下课堂教学结合使用，实现线上线下一体化的混合式教学。本项目重点介绍基于超星在线课程的各类课堂教学应用模式。

## 1 项目目标

（1）熟悉借助超星在线课程进行翻转教学和项目式教学的流程。

（2）能结合提供的案例，进行基于超星在线课程的翻转教学和项目式教学设计和实践。

## 2 项目环境与条件

（1）配备多台学生电脑的多媒体网络机房，网络通畅。

（2）学生电脑安装 Word、PowerPoint 等常用办公软件、媒体播放器、多媒体素材处理软件。

（3）学生自备智能手机和耳机，安装超星学习通 APP。

## 3 项目实施

### 3.1 基于超星在线课程的翻转教学

【任务】

（1）阅读【知识储备】中相关的文本材料，把握基于超星在线课程的翻转教学流程。

（2）参照提供的案例，以小组合作的方式设计一节基于超星在线课程的翻转教学，并付诸实践。

【知识储备】

"思维导图"是《现代教育技术》课程中比较重要的一章。目前很多中小学教师尝试在不同教学环节中运用思维导图,取得了很好的教学效果,因此,掌握思维导图的特点、绘制原则和绘制方法是未来教师专业能力发展的需要。下面的案例借助超星在线课程,采用翻转教学模式,让学生了解了思维导图的相关理论,学生通过思维导图的绘制和评价,掌握了思维导图的绘制方法和绘制原则。超星在线课程为翻转教学的顺利实施提供了强大的技术支持。

### 3.1.1 课前

教师制作微课视频,介绍思维导图的基本知识和技能,包括思维导图的定义、特征、功能、手工绘制方法和软件绘制方法,并将其上传到超星学习平台课程学习页面。然后设计自学任务单,引导学生明确微课内容、学习目标和学习过程(如图 5-2-1)。另外设置了一个讨论区,让学生提交疑难问题,便于师生合作交流解决。学生借助自学任务单,观看微课视频,提交存在的疑问,并完成课前测验(如图 5-2-2)。

**1. 微课内容**

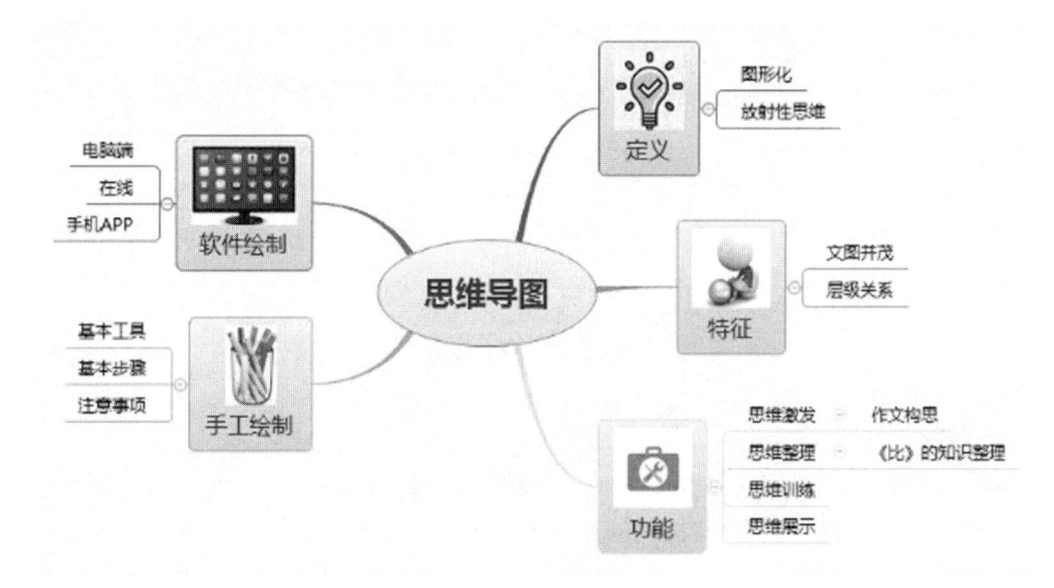

**2. 学习重点**

手工绘制思维导图的步骤和绘制要求;软件绘制思维导图的步骤和绘制要求。

**3. 学习目标**

(1) 了解思维导图的定义、特征和功能;

(2) 掌握手工和软件绘制思维导图的步骤和绘制要求。

**4. 学习过程**

(1) 认真观看8.1.2微课视频,过程中可暂停和反复观看,直到掌握所学内容。

(2) 完成8.1.3自主检测中的学习活动。

图 5-2-1 自学任务单

1. 观看下面的思维导图案例，分析其是否符合绘制要求，完成以下测验。

　　思维导图案例.jpg
　　184.18 KB

● 任务点

思维导图案例是否符合绘制要求？ [显示答案]

**1** 【判断题】
从纸张中心开始绘制。案例是否符合该要求？

**2** 【判断题】
主题图像足够大。案例是否符合该要求？

**3** 【判断题】
主题图像使用多种颜色。案例是否符合该要求？

图 5-2-2　课前测验

### 3.1.2　课中

（1）课前释疑

根据学生课前提交的疑问和测验情况，教师已经掌握了学生在学习中存在的疑点和难点，课堂上首先解答提及频率较高的问题，然后重点解释手工绘制思维导图的步骤以及"主题图像使用多种颜色""不同分支采用不同颜色""关键词要精炼""图形图像运用要适度适量"等绘制要求，确保所有学生都能顺利绘制出符合要求的思维导图。

（2）布置思维导图绘制任务

教师布置一个综合性任务，让学生运用思维导图的基本理论，围绕提供的文本材料，手工绘制一幅思维导图（如图 5-2-3）。利用超星学习通，发起"拍摄"课堂活动，将文本材料以图片的形式发送到班级群聊中，便于学生参考。

（3）学生绘制思维导图

学生拿出准备好的 A4 空白纸和若干彩色笔、黑笔，开始绘制思维导图。教师利用超星学习通的"计时器"功能，设置倒计时 30 分钟，全屏显示，学生根据剩余时间调整绘制的进度。学生绘制完成后，将自己绘制的思维导图拍照上传到超星在线课程讨论区（如图 5-2-4）。

（4）思维导图评价

教师讲授思维导图的评价标准，然后发布"随堂练习"，检测学生对该内容的掌握程度。确认大部分学生掌握思维导图的评价标准后，教师利用超星在线课程的"分组任务"

（如图5-2-5），将全班学生随机分成若干组，每组3人，采用组内互评的形式，通过评分和评语相结合的方式，对组内另外两名成员的思维导图作品进行评价（如图5-2-6）。教师再次强调思维导图的评价应从形式和内容两方面进行。根据评价情况，学生修改完善自己的思维导图。

1.运用思维导图的基础理论知识，围绕本章所学内容，手工绘制一幅思维导图。

2.绘制完成后，请提交在下方。

【物理学专业提交处】

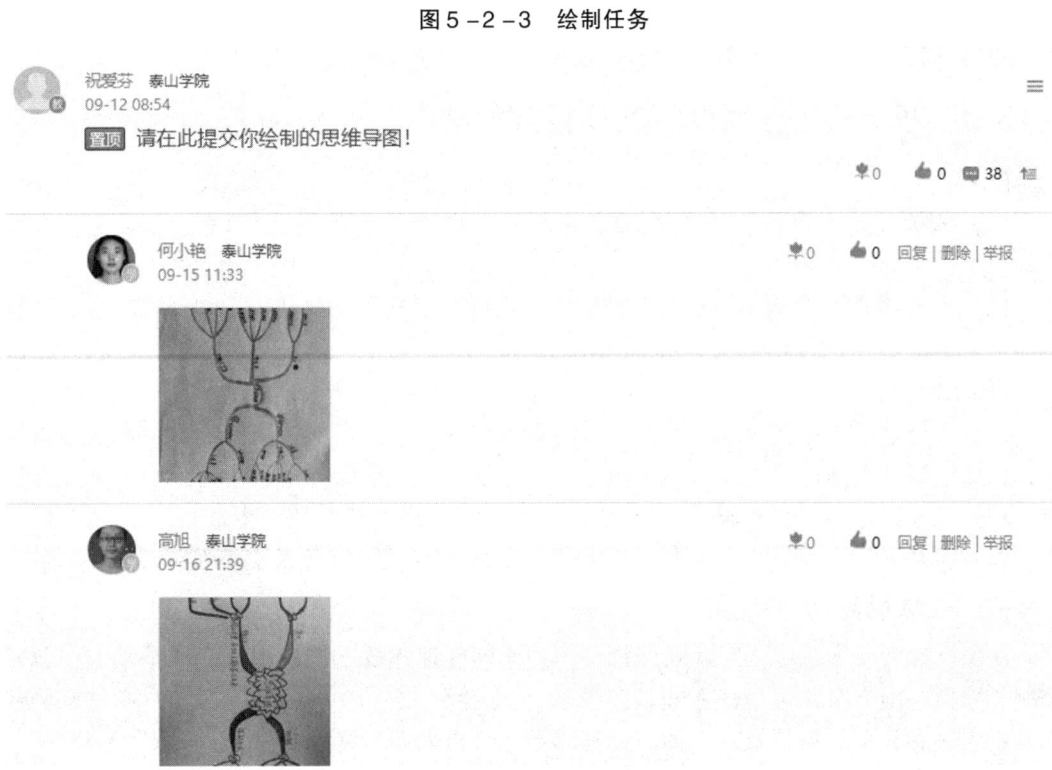

思维导图提交处　　　　　　　　　　　　　　　　　　　　回复

09-18 21:35　　周文浩：【图片】

【地理科学公费本科专业提交处】

请在此提交你绘制的思维导图！　　　　　　　　　　　　　回复

09-19 08:27　　李怡莹：【图片】

图5-2-3　绘制任务

祝爱芬　泰山学院
09-12 08:54
置顶 请在此提交你绘制的思维导图！

何小艳　泰山学院
09-15 11:33

高旭　泰山学院
09-16 21:39

图5-2-4　学生提交的思维导图

图 5-2-5 分组任务　　　　　图 5-2-6 组内互评

### 3.1.3 课后

教师发布"作业",学生提交修改后的思维导图,教师进行评分,作为学生平时成绩的一部分。经过课前和课中的学习,学生已经掌握了思维导图的绘制方法和绘制原则,并能运用思维导图进行知识内容的梳理。思维导图的应用范围远不止于此,所以教师在超星在线课程中设置了一个拓展模块,提供了思维导图在教学各个环节(包括备课、预习、板书、教学设计、学习评价、自主协作探究活动等)中应用的若干个视频案例,供学生课后随时随地观看,强化思维导图在教学中应用的意识、方法和能力。

## 3.2 基于超星在线课程的项目式教学

**【任务】**

(1) 阅读【知识储备】中相关的文本材料,把握基于超星在线课程的项目式教学流程。

(2) 参照提供的案例,以小组合作的方式设计基于超星在线课程的项目式教学,并付诸实践。

**【知识储备】**

项目式教学模式是教师围绕课程学习的重难点设计一个完整的项目,学生在教师指导下,经历项目方案制订、项目具体实施、项目评价、成果整理等一系列过程的一种教学模式。超星在线课程为项目式教学实施的全过程提供了便利和支持。下面以《小学课件制作》课程模块三"互动式课件制作"为例介绍一下该模式的设计及应用情况。

### 3.2.1 项目启动

前面已经学习和练习了互动式课件制作相关的理论和技术性知识,在此基础上,教师编制了项目实施方案,包括任务和具体要求(如图 5-2-7)、项目流程等。项目流程包括确定主题和分工、编写教案、编写课件脚本、素材采编、课件制作。

## 任务：

以小组为单位，自选一个完整的知识点，利用希沃白板5和相关软件，制作一个互动式课件，并现场说课展示。

## 具体要求：

1. 异质分组，4-5人一组，合作完成互动式课件作品。
2. 课件预计讲授时间为40分钟（1课时）。
3. 充分利用希沃白板5软件的各种互动功能增强课件的交互性。
4. 使用互动式课件授课时，合理利用希沃授课助手和班级优化大师，增强课堂互动，提高学生参与学习的积极性。
5. 遵循多媒体课件制作的一般原则。

图5-2-7　项目任务和要求

### 3.2.2　项目实施

学生分组，从教师提供的电子教材中选择一个教学主题，并参考教师提供的分工建议合理分工，将主题和分工上传到超星平台（如图5-2-8、图5-2-9所示）。

请组长在此提交本组互动式课件的主题和分工，注明所在小组。

**(1) 请从下面提供的电子课本中选择互动式课件的主题。**

语文 四年级下册
http://www.dzkbw.com/books/rjb/yuwen/xs4x_2019/
数学 四年级下册
http://www.dzkbw.com/books/qdb/shuxue/wsz4x/
英语 四年级下册
https://mp.weixin.qq.com/s?_biz=MzU1ODQ2NDc1Mg==&mid=2247511453&idx=3&sn=4a2191aee15f5fc7cce33bf7bef2a0l&chksm=fc24c602cb534f14701ae5fce38a91064fe83f5a7b821377148117dc3fbb90c321c230502f1mpshare=1&scene=23&srcid=1006DwX4TMYSSw9S2HWD8myv&sharer_sharetime=16019388120&sharer_shareid=d4a0925c756f2900206aca223c86e974#rd

**(2) 具体分工可参考以下安排：**

* *** 组
教学设计方案编写+说课展示：***
课件脚本编写：***
素材采集与处理：***
课件制作：*** ***

2017小教本1提交区--请小组长在此提交本组互动式课件... 　回复

图5-2-8　主题和分工任务

李梁
10-30 08:14

2组
主题：英语《restaurant》
教案设计：张栋建
课件脚本制作：李梁
课件制作：卜令程
素材收集说课：杜宝建

王淑娟
10-30 08:07

5组
主题：数学《多边形的面积》
教学设计方案编写+说课展示：胡博慧
课件脚本制作：王淑娟
课件制作：曹蕾
素材收集：王孝蕊

图5-2-9　学生提交的主题和分工

学生利用教师提供的模板编写教学设计方案。上课前，相关负责人已经编制好教案初稿。课堂上，教师首先指出各组教案初稿中存在的问题，然后布置任务，让小组各成员都仔细阅读教案初稿，写下自己的修改建议，然后小组讨论交流，共同修改教案直至定稿。图 5-2-10 是学生在超星平台上提交的教案终稿。

学生根据教案和课件脚本制作互动式课件，如果小组分工合理，4 课时就能完成课件，组长负责将课件终稿提交到超星平台（如图 5-2-11）。

图 5-2-10　教案终稿

图 5-2-11　提交的课件终稿

### 3.2.3 项目展示评价

由于学生人数多、组数多、课时有限，不允许进行现场授课，因此，采用说课展示的方式。教师提供说课展示的范例，强调说课展示应包含的主要内容，然后说明展示的流程。

为了更客观准确地评价各组作品和每位学生的表现，教师利用超星学习通设置了"分组任务"（如图 5 – 2 – 12），采用教师评价占 45%、组内互评占 10%、组间互评占 45% 综合评价的方式进行评价（如图 5 – 2 – 13）。

图 5 – 2 – 12　设置分组任务

各小组代表按照要求进行说课展示，其他同学利用"分组任务"进行组间互评，除了打分外，还可以提交文字评语（如图 5 – 2 – 14）。教师评价、组间互评、组内互评都进行完后，每个学生该项目的成绩会自动计算完成。

### 3.2.4 项目成果整理

说课展示完毕后，各小组根据教师和其他同学提出的建议认真修改互动式课件，将终稿上传到超星平台，并对项目进行反思总结。

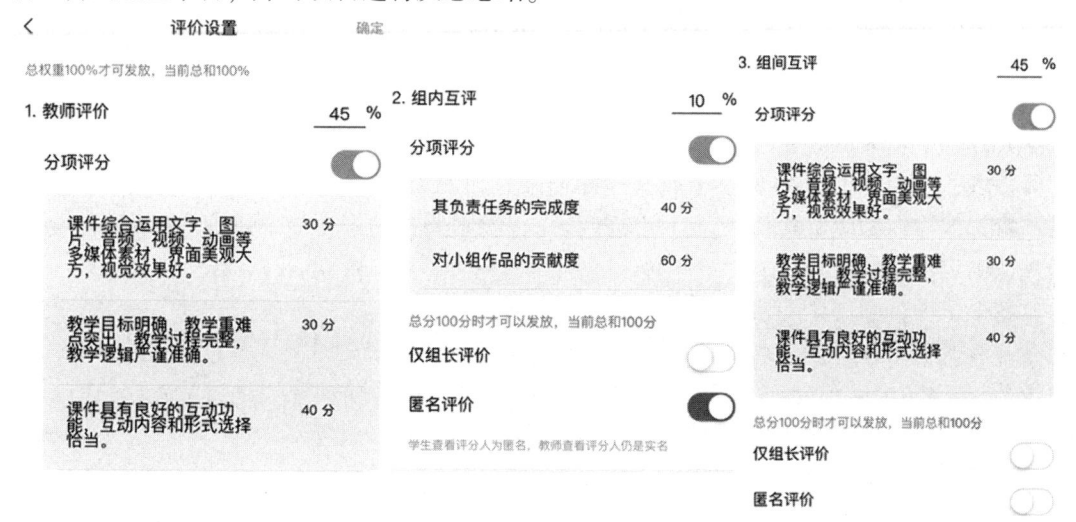

图 5 – 2 – 13　综合评价设置

图 5-2-14 组间互评结果

## 4　项目评价

为确保项目实施的实效性，更客观准确地评价学习者表现，教师和学习者可使用下方提供的表格（如表 5-2）来检验并评价各个子项目的完成情况。项目进行过程中，学习者本人对各个子项目的完成情况进行实时自评，将分数写在相应位置；然后，每两个小组之间采取适当的方式（如观察、抽查、普查等）对对方组员各子项目的完成情况进行评价，将分数写在相应位置；在项目实施过程中，教师要担当好指导、定向、检查、督促的角色，确定学生的加减分。

各个子项目的"学习者自评分""组间评分"纵向相加后，写在"合计"一栏；教师对学习者的加减分写在"教师加减分"一栏；学习者该项目的最终成绩计算公式为学习者自评分×0.4+组间评分×0.6+教师加减分，将计算出的成绩写在"项目最终成绩"栏。

表 5-2 《超星在线课程教学应用》评价表

| 项目指标 | 分值 | 学习者自评分 | 组间评分 | 教师加减分 |
| --- | --- | --- | --- | --- |
| 1. 基于超星在线课程的翻转教学 | 50 | | | |
| 2. 基于超星在线课程的项目式教学 | 50 | | | |
| 合计 | | | | |
| 项目最终成绩<br>(学习者自评分×0.4 + 组间评分×0.6 + 教师加减分) | | | | |

# 参考文献

[1] 潘克明,李书明. 教育技术项目实践 [M]. 北京:北京大学出版社,2011.

[2] 胡波. 现代教育技术基础与应用 [M]. 上海:上海交通大学出版社,2017.

[3] 张雪萍. 信息技术教育应用 [M]. 东营:中国石油大学出版社,2018.

[4] 方其桂. 微课制作实例教程 [M]. 北京:清华大学出版社,2015.

[5] 陈婷. "互联网+教育"背景下智慧课堂教学模式设计与应用研究 [D]. 江苏:江苏师范大学,2017.

[6] 金智勇,张立龙. 智慧教室"三位一体"模型构建及实践探索——以华中师范大学为例 [J]. 现代教育技术,2019,(4):75-81.

[7] 李康康,赵鑫硕,陈琳. 我国智慧教室的现状及发展 [J]. 现代教育技术,2016,(7):25-30.

[8] 张凯,杨再明. 智慧教室的构建与应用研究——以中国矿业大学为例 [J]. 现代教育技术,2018,(10):81-86.

[9] 丁海虹. 画出精彩课堂——例谈思维导图在高中信息技术教学中的应用 [J]. 中小学电教,2014,(11):68-70.

[10] 叶梓. 思维导图在科学教学中的应用 [D]. 浙江:浙江师范大学,2011.

[11] 张凯旋. "雨课堂"支持下的翻转课堂教学设计与实践研究 [D]. 吉林:东北师范大学,2020.

[12] 李莎. 基于"雨课堂"的混合式教学模式的设计与实践研究 [D]. 江西:赣南师范大学,2019.

[13] 李东瑾. 基于深度学习的智慧课堂设计与应用研究 [D]. 河北:河北师范大学,2020.

[14] 祝爱芬. 高校《现代教育技术》公共课翻转教学实践研究——基于超星泛雅学习平台 [J]. 电脑知识与技术,2020,(2):148-151.